高等学校工程类专业素质教育丛书
新形态·立体化

中文沟通与写作

第2版

王用源 ◎ 编著

机械工业出版社

语言表达能力是一个人综合素质的体现，已成为核心的职业能力。本书在吸收口语沟通、应用写作的最新研究成果和实践经验的同时，将两者融为一体，旨在培养和提高读者的口语表达能力和书面语表达能力。

　　全书分上下两篇。上篇讲解不同场合的沟通形式和沟通技能，对体态语言、日常社交、演讲语言、求职语言、职场语言等进行专题训练；下篇讲解常用应用文书的写作特点、格式要求、写作技巧等，并辅以贴近实际的案例分析，以帮助读者掌握并提高应用写作技能。本书下篇的写作部分已建设成在线开放课程，目前已上线中国大学 MOOC（爱课程）、智慧树网、学习强国、超星尔雅等学习平台，课程名称为"应用写作技能与规范"。

　　扫描书中二维码可观看视频讲解和阅读拓展资源。本书还提供 PPT 课件、教学大纲、教学参考资料等电子资源，读者可在机械工业出版社教育服务网（www.cmpedu.com）下载。

　　本书可作为普通高等院校、高职院校的素质教育或通识教育类课程的教材，也可作为普通读者自学和训练的参考书。

图书在版编目（CIP）数据

中文沟通与写作/王用源编著. —2 版 . —北京：机械工业出版社，2021.9
（2025.7 重印）

（高等学校工程类专业素质教育丛书）

ISBN 978-7-111-68967-6

Ⅰ.①中… Ⅱ.①王… Ⅲ.①人际关系学-高等学校-教材②汉语-应用文-写作-高等学校-教材　Ⅳ.①C912.1②H152.3

中国版本图书馆 CIP 数据核字（2021）第 165926 号

机械工业出版社（北京市百万庄大街 22 号　邮政编码 100037）
策划编辑：刘琴琴　责任编辑：刘琴琴　单元花
责任校对：孙莉萍　封面设计：张　静
责任印制：任维东
河北宝昌佳彩印刷有限公司印刷
2025 年 7 月第 2 版第 8 次印刷
184mm×260mm · 16.5 印张 · 374 千字
标准书号：ISBN 978-7-111-68967-6
定价：53.00 元

电话服务　　　　　　　　网络服务
客服电话：010-88361066　　机 工 官 网：www.cmpbook.com
　　　　　010-88379833　　机 工 官 博：weibo.com/cmp1952
　　　　　010-68326294　　金 书 网：www.golden-book.com
封底无防伪标均为盗版　　机工教育服务网：www.cmpedu.com

"工程类专业素质教育丛书"编委会

主　任：李家俊

委　员：金国藩　庄松林　张钟华　姚建铨　叶声华
　　　　葛墨林　韩　筠　郁道银　余建星　汪　曣
　　　　姜嘉乐　秦玉文　黎　明　张凤宝　王世斌
　　　　林　松　曾周末　杨秋波

秘　书：曾周末（兼）

"工程类专业素质教育丛书" 编写说明

一、试点学院与天津大学精仪学院

2010年，国务院办公厅印发的《关于开展国家教育体制改革试点的通知》（国办发〔2010〕48号）中提出，"设立试点学院，开展创新人才培养试验"。借鉴当年经济体制改革创办深圳等经济特区的成功经验，争取在全局性改革中起到突破性、示范性的作用。2011年，教育部在全国17所高校设立了"试点学院"，探索以学院为基本实施单位的综合性改革，定位为"教育教学改革特别试验区"。天津大学精密仪器与光电子工程学院（简称精仪学院）凭借多年积淀的育人传统、国内领先的学科实力和敢为人先的改革意识而位列其中，承担了这一光荣而艰巨的任务。

精仪学院自1952年为服务国家"一五"计划建设创建我国首个精密机械仪器专业以来，始终在服务国家重大需求和追踪国际学术前沿中培养高层次人才。学院将入选"国家试点学院"视为甲子之年所收获的一份珍贵"礼物"，是迈向世界一流的重要历史性机遇，坚持立足国情、放眼世界，真正按现代高等教育规律来办学，"敢碰改革关键点，敢趟改革深水区"，全力推进"一个核心，双轮驱动，三项抓手，四个突破"的改革路线图，以"工程科学实验班"为抓手探索工程领军人才选拔、培养、评价的新模式，以"课程质量提升计划"为抓手寻求培养质量提升的路径，以人事制度改革重构教育在追求学术品质基础上的育人意识，以"学院章程"建设为抓手构建"学术优先、育人为本"的学院内部治理结构与运行机制，顶层设计，全员参与，有序推进，全面探索高等工程教育综合改革的"天大经验"，被国际高等教育领域极富影响力的期刊——*International Higher Education* 评价为"中国大学安静的革命"。

二、创新人才是"长"出来的

正如《教育部关于推进试点学院改革的指导意见》（教高〔2012〕11号）中所明确的，创新人才培养体制是试点学院改革的核心。教育家叶圣陶先生对教育的思考发人深省：教育不是工业，把产品以固定的模式和流程批量生产出来；教育是农业，给予作物适当的土壤、养分和阳光，它们就能自己成长。钱学森先生也说，老是"冒"不出杰出人才。可见创新人才不是"拔"出来的，而是在适宜的土壤中"长"出来的。创新人才培养的关键是为学生营造独立思考、勇于创新的环境，丰富学生的学习体验，而课程就是这个"土壤"。

课程可以从通识教育和专业教育两个视角去定义，关于两者的关系正如哈佛大学《自由社会中的通识教育》报告（即哈佛"红皮书"）中所述，教育可分为通识教育与专业教育两部分。前者作为大学教育的一部分，主要关注学生作为一个有责任感的人和公民的生活需要，后者则给予学生某种职业能力训练。两者有区别，但并非相互对立和割裂。

知识、能力、素质是教育的三要素，高等教育不仅要传授知识，提高能力，还要提升素质。但素质教育是一种教育思想，是我国高等教育带有方针性的教育思想，是中国特色的教育思想体系中的重要内容，不只是一种教育模式。天津大学将人才培养目标定位为培养具有"家国情怀、全球视野、创新精神和实践能力的卓越人才"。落实这一培养目标，既需要通识教育，也需要专业教育，必须在素质教育思想的指导下深入推进，但如何在工程类专业中有效地开展素质教育是一个难点，这也正是试点学院改革的重点之一。因此，精仪学院萌发了组织出版"工程类专业素质教育丛书"的设想。

三、我们的思考与行动

天津大学的老校长李书田早在 20 世纪 30 年代就认识到，"工程师与社会科学之关系，殊为密切"，认为"工程师之有需于语文，不减于律师之有需于语文，其在工程合同及施工细则中之语文，尤须详明切要。"至于历史，他认为"是为研究工程学术者所必洞悉之前人历程，其启发与策励之功用极大，而开来尤须于继往"。

天津大学校长李家俊是天津大学国家试点学院改革领导小组的组长，他亲自挂帅，组建了"工程类专业素质教育丛书"编委会，编委会成员包括来自各个领域、行业部门的专家，其中"两院"院士 6 人，他们对中国当前的工程教育改革和发展有着深切的思考。天津大学精仪学院（国家试点学院）院长、教育部高等学校仪器类专业教学指导委员会主任曾周末担任秘书长。

几年来，根据"工程科学实验班"人才培养的需要，我们邀请了校内外对工程教育改革有着浓厚兴趣的专家，尝试性地开展了工程类专业素质教育的课程实践，得到了学生们的高度认可。

在前述基础上，经过反复论证，策划了下列图书。

（1）《工程科学导论》

本书旨在帮助学生形成工程科学的"大地图"，实现学生由中学向大学学习方式和思维方式的转换，同时激发学生的专业兴趣和学习动力。

（2）《科技文明史》

希望学生通过学习本书能够深刻体会科技文明发展的历史脉络，提升科技创新的历史自觉。

（3）《世界文明与跨文化沟通》

希望学生通过学习本书能够深刻体会世界文明的多样性，以适应全球化社会中全球范围内的工作和生活。

（4）《逻辑与批判性思维》

希望学生通过学习本书能够养成批判性思维的习惯，为日后的科技创新奠定思维基础。

（5）《中文沟通与写作》

表达与写作能力是大学素质教育的重要环节。北京大学陈平原教授曾提出："大学生一定要学会表达。有时候，一辈子的道路，就因这十分钟二十分钟的发言或面试决定，因此，不能轻视。"本书面向工程类专业学生的实际需求，强化沟通与写作实践的有效性。

（6）《研发项目管理》

研发项目管理是项目管理在研发领域的应用，帮助从业者更好地实现从"理论"到"技术"或"产品"。在当前工程教育中，研发项目管理尚未得到足够的重视。

（7）《发明、创新与创业》

本书涵盖创新思维、创新方法、创新模式、创新案例、技术转移体系、创业等，告诉学生如何从 idea（想法）出发，将"产品"转化为"商品"，培养其创新精神与创业意识。

教育部原副部长、中国高等教育学会名誉会长周远清同志为本丛书作序，机械工业出版社对本丛书的出版给予了大力支持，在此一并感谢。

"工程类专业素质教育丛书"编委会

2015 年 11 月

冯·卡门有句名言：科学家研究已有的世界，工程师创造未来的世界。工程作为经济增长和社会发展的主要驱动力，是造福人类的不竭动力源泉，推动人类从蒙昧走向文明、从游牧文明走向农业文明、工业文明，走向信息化时代。时至今日，人类生活的各个方面无不打上了工程的印记。在这一过程中，工程的社会属性得到越来越高的重视。联合国教科文组织的专题报告——《工程：发展的问题、挑战与机遇》中开宗明义地提出，"在社会、经济和文化的大背景之下，工程既是一项科学、技术和创新的活动，也是一项人文和社会活动。工程是少数几个可以将人文社会同科学技术连接起来的活动之一。"

中国是世界工程教育大国。据统计，目前我国开设工科专业的本科高校有 1047 所，占本科高校总数的 91.5%；高校共开设工科本科专业 14085 个，占全国本科专业总数的 32%；高等工程教育本科在校生 452.3 万人，研究生 60 万人，占高校本科以上在校生规模的 32%。

中国的工程教育一向有着重视专业教育活动的传统，但当前全球经济社会发展的新趋势要求我们以更广阔的视角来审视我国工程教育未来的发展，必须在一贯重视专业教育的同时强调素质教育。2015 年 3 月修订的《工程教育认证标准》中明确了对学生毕业时应该掌握的知识、技能和素养，即毕业要求中对工程知识、问题分析、设计/开发解决方案、研究、使用现代工具、工程与社会、环境和可持续发展、职业规范、个人和团队、沟通、项目管理、终身学习等提出了明确要求。上述毕业要求中大多都依赖于素质教育活动。

天津大学精密仪器与光电子工程学院作为国家教育体制改革领导小组设置的"试点学院"之一，致力于探索工程科技创新人才培养的新模式，遵循教育规律，勇于教育实践，基于全球视野进行了工程类专业素质教育的探索，积淀形成了系列丛书，以更好地推广试点学院的改革经验，很为可贵，很值得有关学校和工程类专业的教师参阅。

相信在全面建成小康社会的进程中，在广大教育工作者的共同努力下，我们一定会形成"中国特色、世界一流"的工程教育体系，一定会从工程教育大国走向工程教育强国，一定会培养出更多的高素质、高水平的工程技术人才。

教育部原副部长，中国高等教育学会名誉会长
2015 年 11 月

第 2 版前言

党的二十大报告指出："教育、科技、人才是全面建设社会主义现代化国家的基础性、战略性支撑。"高等学校肩负着人才培养的重要使命，要培养造就大批德才兼备的高素质人才。党的二十大报告提出要"发展素质教育"，沟通与写作类通识教育是落实素质教育的重要途径之一。

《中文沟通与写作》出版以来，得到了很多读者的认可，选作教材的部分高校也提出了一些完善建议。为及时反映近几年的教学改革情况，落实课程思政育人理念，融入课程思政元素，我们对教材进行了修订，现将修订情况说明如下。

一、引入在线课程资源

近年来，编者在做好传统课堂教学的同时，积极响应教育部建设在线开放课程的号召，主动参与信息技术与教育教学的融合。鉴于学校和学生对沟通与写作类通识课程的迫切需求，编者于 2018 年年初建成天津大学第一门通识教育类在线开放课程"应用写作技能与规范"，并上线中国大学 MOOC（爱课程）、智慧树网、学习强国、超星尔雅等学习平台，截至 2021 年 3 月，选课人数逾 30 万。此线上课程 2020 年获评首批国家级一流本科课程。在此次修订中，本书精选了部分慕课视频以二维码的方式呈献给读者，全套视频可在上述学习平台中观看。

二、增减部分章节内容

除了文字表述上的修改以外，全书的修订主要包括三个方面：①补充了新的教学内容；②删除或调整了部分内容；③增加了部分课堂训练和思考练习题。

具体而言，增加"即兴讲话艺术"一章，旨在提高读者即兴讲话的语言组织和表达能力；增加"学术类应用文"一章，旨在提高大学生撰写学术论文和毕业论文的能力；删去第 1 版中"第五章 主持语言艺术""第十二章 写作技巧及规范"和部分"附录"内容，删去的内容将以电子资源的形式继续呈献给读者。沟通部分增加了部分课堂训练项目，供上课师生课堂训练选用，也可用作期末口试题；写作部分设计了思考练习题，供读者练习之用。在练习题中融入课程思政理念，任课教师将党的二十大报告相关内容与课堂训练相结合，发挥课程思政育人作用。

三、提供大量电子资源

书的内容是有限的，本书主要介绍常见常用的沟通形式和应用文文种，但难以满足不同高校对课程内容的个性化需求。根据教学实践情况，我们将不断丰富教学内容，并以电子资源的形式进行持续性拓展，如补充规章制度类文书写作、申论写作等电子资源。另外，为发挥课程思政的育人功能，在案例的选取和分析上，我们也做了一些努力。读者可登录机械工业出版社教育服务网（www.cmpedu.com），下载本书的相关电子资源，具体包括配套 PPT 课件、教学大纲、教学参考资料等，相关资源将持续更新。

欢迎广大读者继续批评指正。

编著者

2023 年 5 月

第1版前言

国家试点学院是高等教育领域的一项综合性重大改革项目，是探求高等教育内涵式发展之路的"特别试验区"。2011年，天津大学精密仪器与光电子工程学院入选"国家试点学院"，成为国家教育部首批17所试点学院之一。2012年，教育部发布了《关于推进试点学院改革的指导意见》（教高〔2012〕11号），该指导意见明确提出"坚持育人为本、德育为先、能力为重、全面发展的要求，全面实施素质教育，推进人才培养模式改革"；要求"改革教学方法，开展启发式、探究式、讨论式、参与式教学，培养学生创新思维，提高教学效果"。

天津大学试点学院积极探索改革实施方案，设置了工程类专业素质教育课程，这类课程的教学重点在于启发思想，培养学生自主学习和创新知识的能力，使学生在攀登学术高峰的道路上、在多元化的社会流动中，面对多变的挑战和机遇，能够批判性地思维、创造性地工作、主动地学习和掌握新的知识与技能。在工程类专业素质教育体系中，沟通与写作能力是大学素质教育和综合能力培养的一个重要环节。据报道，世界一流大学对学生沟通与写作能力的培养非常重视，绝大多数世界一流大学都会开设表达与交流的相关课程并提供咨询与辅导，以培养学生相应的表达与交流能力。许多学校专门针对理工科专业的本科生开设阅读与写作、表达与交流、沟通训练等类型的课程。大多数美国著名大学以不同形式要求本科生掌握一定的沟通技能和写作技能，并作为完成学士学位的必要条件。由此可见，加强本科生沟通与写作能力的训练对人才培养具有重要的作用，开设此类课程也有利于完善理工科专业的素质教育体系。

根据天津大学试点学院"工程科学实验班"的培养方案，"中文沟通与写作"作为工程类专业素质教育核心课程之一被纳入天津大学本科教学改革项目，2014年春季学期已面向首批工程科学实验班本科生成功开设。本书即为参与天津大学本科教学改革项目（国家试点学院专项）的初步成果。就"中文沟通与写作"这门课程来说，重在对人际沟通中表达方式、思维、心理、体态等方面的知识进行讲解，并通过课堂训练，锻炼学生的中文沟通技能；通过对事务文书、日常文书、党政机关公文、学位论文的讲解和练习，突出应用写作的实用性和技能性，提高学生的应用写作能力。

本书是配合天津大学国家试点学院工程科学实验班的课程教学改革而编写的。根据首批工程科学实验班的教学实践，考虑到本课程的推广与应用，增强教材对不同专业的适用性，本书对教学大纲进行了适当调整，结构上采用模块式安排，各个章节相对独立，教师和同学们在使用时，可根据不同专业的需要进行选择和拓展。

在有限的教学课时内，我们本着基本、实用的原则，不求全，不采取"工具书"式的编写方式，立足学生实际，注重应用教学，讲究学以致用。本书分为两篇：上篇为中文沟通，下篇为中文应用写作。根据章节内容，本书设置了"课堂训练""教学提示""视频观摩""案例分析""思考练习题"等模块。教师使用本书时，可以灵活安排"课堂训练"，适当讲解"教学提示"。例如，可在讲解基本理论、基础知识之前安排学生试练，以便发现问题，再引导学生学习、训练；也可在讲解知识点和基本技能后再安排学生练习，以观察学生对基本技能的掌握和运用的娴熟程度。

课程考核方式的改革也应符合素质教育的要求，我们建议摒弃传统的知识识记能力考核和试卷考试形式，而由反映整个学习过程和学生自主学习情况的多种检测指标来综合评定。具体来说，本课程的考核内容主要考查学生运用所学知识以增强沟通与写作的实践能力。课程考核由只看单一的考试分数转变为将学生课堂训练、平时作业、小组讨论、口试等多种形式融合在一起的全面考查，并以此作为评判标准。课程考核目的从单纯的指导学生提高综合能力，转移到提高个人综合素质和健全完善的人格上来。

本书具有以下特点：

注重训练的针对性。针对沟通心理、倾听技巧、体态气质、表达方式、思维方式等内容设计课堂训练，提倡边学边练。让学习者了解相关沟通艺术，使其不再"难以启齿"。

注重选材的生活化。本着贴近学生、联系实际的原则，精心设计口语沟通和应用写作的课堂训练和课后练习题。选择学生身边的场景、学习中所需的文种，调动学习的积极性和主动性，让学生"身临其境"。

注重案例的代表性。在沟通案例和写作案例的选取上，不论是范例还是病文，不求"高大上"，力求例文的代表性、评析的朴实性，易于同学们接受，避免"遥不可及"。

注重教学的互动性。本书在不同章节设计了用于师生互动的"教学提示"，以便教师指导学生练习、学生互评和教师讲评，意在增强课堂教学的生动性和参与性，避免"纸上谈兵"。

在本书的编写过程中，我们查阅并参考了大量资料，注重对最新知识和成果的吸收，努力体现学科的最新发展和时代特色。为了"贴近学生"，密切联系大学生实际，尊重学生主体地位，激发学生学习的积极性和主动性，本书采用了大量教育领域的案例、大学生身边的案例，以求教学和练习具有很强的针对性和可操作性。编写时，我们还参考、借鉴和引用了同行的诸多研究成果和资料，结合实践经验选用了一些案例。由于时间仓促，未能与原著者一一联系，在此向在本书中直接引用和参考的已注明和未注明的教材、专著、文章、案例的编著者和作者深表歉意，并致以诚挚的谢意。

本书的编写结合了编者近年来教学实践的经验，但由于编者学识有限、教学经验不足等缘故，难免会存在一些不足甚至失误之处。恳请各位专家、读者批评指正。

编著者
2015 年 11 月

二维码清单

（续）

名　　称	二维码	页码	名　　称	二维码	页码
17　扫码看资料：公文的源流简况		113	27　扫码看案例：天津大学简报——天津大学开通在线开放课程提高学生应用写作能力		150
18　扫码看视频：计划的写作技巧		123	28　扫码做练习：第九章客观题		151
19　扫码看资料：标点符号使用规范		124	29　扫码看资料：常用客套用语精粹		152
20　扫码看资料：标题层级的规范		124	30　扫码看案例：入党申请书		153
21　扫码看视频：总结的写作技巧		132	31　扫码看案例：贺信与贺词		155
22　扫码看视频：事迹材料的写作技巧		138	32　扫码看视频：求职简历的写作技巧		171
23　扫码看视频：述职报告的写作技巧		144	33　扫码看案例：开幕词案例分析		174
24　扫码看视频：新闻的写法		146	34　扫码看案例：闭幕词案例分析		176
25　扫码看视频：简报的写法		148	35　扫码做练习：第十章客观题		178
26　扫码看案例：教育部简报——"双一流"建设		150	36　扫码看资料：公文的行文规则		182

（续）

目　录

下　篇

上 篇

中文沟通是指以汉语为媒介并辅以体态语等伴随语言现象进行人际交流，使人与人之间、人与社会组织之间达成思想上的一致，感情上的畅通，从而提高个人的学习效率、工作效率，助力事业发展。

第一章
语言沟通概说

━━━━━ **第一节　沟通的性质和功用** ━━━━━

一、沟通的含义

何谓"沟通"？"沟通"的内涵丰富，定义繁多。"沟通"和"交际"意义基本相当。《现代汉语词典》对"交际"的解释是："人与人之间的往来接触；社交。""交际"在英文中的对译词通常认为是"communication"，而"communication"又可译为"交往、沟通、交流、传播"等。"沟通"是指人与人之间、人与群体之间思想与感情的传递和反馈的过程，以求达成思想一致、感情通畅。沟通的工具很多，如语言、文字、旗语、信号灯、电报代码、音乐、舞蹈、体态语等都是人们用以沟通的工具。沟通可分为语言沟通和非语言沟通，其中语言沟通是人类特有的一种非常有效的沟通方式。

"交际"可分为成功的交际和不成功的交际。人际交往中的沟通一般指成功的沟通，"沟而不通"通常不被认为是严格意义上的沟通。可以说，交际的重点在于行为和行动，沟通则更强调结果和效果。

二、语言沟通

语言沟通，也叫语言交际，是以语言为媒介来传递信息、交流思想、传达感情，以求达到某种目的的社会行为。语言是人们交流信息、感情的约定俗成的符号系统，是人类最重要的交际工具和思维工具。瑞士语言学家费尔迪南·德·索绪尔（Ferdinand de Saussure）（1966）把语言活动分为两个部分：语言（langue）与言语（parole）。语言是由语音、语法、语句等符号组成的结构系统。语言符号是同一社会成员约定俗成的，用来表达思想和情感的交际工具。简单地说，语言是工具；言语则是对工具的使用，是人们的语言实践。人在交往时要说话，要凭借语言这一工具来表达自己的思想和情感，也要凭借语言去理解别人的思想和情感，这就是人与人之间的语言沟通。

语言符号有两种形式：一是声音，二是文字。相应地，语言沟通也有两种基本形式。一是口语沟通，即人们依靠有声语言进行沟通，以听、说为其外在特征，以有声的语言为其表现形式。现在有了电视电话、网络电话等声音载体，突破了有声语言的时空限制。二是书面语沟通，以文字记载为其外部特征，以书面印刷的载体为其表现形式，现在很多平面媒体也可以承载文字。在日常生活中，口语沟通比书面语沟通更宽泛、更直接，也更重要。除了运用现代电子设备外，口语沟通基本上可以被看作是面对面的沟通，它可以表现出语言的重音、语调、停顿、节奏、断续变化和说话者个人的语音特色及说话的感染力。人们还可以利用实物、身姿、手势、表情、眼神等语言以外的非语言沟通来弥补口语沟通的不足或表达一些特殊的态度和情感。

人类的书面语沟通是建立在文字的基础之上的，书面语沟通很早就产生了。汉字、古埃及文字、楔形文字、古印度文字、玛雅文字等都是世界上较早的书面语沟通工具。书面语沟通是在口语沟通的基础上产生的，是对口语沟通的补充和延伸。由此可见，口语是第一性的，书面语是第二性的。

三、大学生需要提高语言表达能力

党的二十大报告指出，"人才是第一资源""坚持为党育人、为国育才""深入实施人才强国战略"。随着市场经济体制的不断深化，社会对人才培养提出了更高的要求，高等学校也在对人才培养目标进行调整，以适应社会需求。语言表达能力是一个人综合素质的体现之一，已成为核心的职业能力。

2018 年，清华大学在"清华新闻网"上发布了一条题为《清华将在 2018 级学生中启动"写作与沟通"必修课　2020 年覆盖所有本科生》的信息。这一条信息发布后，各大媒体纷纷转载，网友讨论非常热烈，纷纷点赞，基本上没有负面的评价。这说明社会对大学生进行语言表达能力培养的迫切需求和期待，不少学校也开始重视并大力建设"沟通与写作"类课程。

语言表达能力包括口语表达能力和书面语表达能力，它是指利用口头语言和书面语言进行表情达意时，运用字、词、句、段、篇、章的能力，是人们交流思想、表达思想的重要工具，是学好专业、成就事业的利器。对大学生来说，如果缺乏书面语表达能力，会导致不会写或写不好读书笔记、实验报告、汇报材料、毕业论文等，甚至会影响以后的事业和前途。在求职过程中，大学毕业生首先需要展示的才能就是语言表达能力，或者说需要用语言表达能力去展示其他方面的能力。

提高语言表达能力的目的就是使人与人之间、人与社会组织之间达成思想上的一致，感情上的畅通，能实现更好的人际沟通，从而提高个人的学习效率、工作效率，助力事业发展。完成好大学生活各个阶段的沟通任务，有意识地加以训练，沟通能力将与日俱增。

四、怎么学好语言沟通

语言沟通能力不同于人的长相，它可以通过训练获得并渐臻完美，经过专门训练、日常锻炼来获得较强的口语表达能力，甚至可以弥补一个人其他方面能力的不足。作为一门通识教育类课程，语言沟通能力的训练宜于重实践、轻理论，实用为重，解渴为要。

（一）把讲台当舞台，训练心理素质

要实现良好的人际沟通，首先需要具备良好的心理素质，特别是面对公众讲话时，更需要具备较好的心理素质。训练心理素质，就是锻炼学生在大庭广众之下，无论面对什么情况，都能大胆、从容、自信地表达自己的思想和观点的能力。同时，在沟通过程中，学会察言观色，洞察听话者的心理反应，能使沟通交流更有针对性、更有效率。因此，本课程注重学生心理素质培养，特别是自信心培养，将讲台作为公众演说的舞台，通过课堂发言、演讲、排练、汇报展示等形式，培养学生的舞台自信心。

（二）通过勤学苦练，讲标准普通话

普通话以北京语音为标准音，以北方话为基础方言，以典范的现代白话文著作为语法规范，是通行于中国及海外华人华侨间的通用语言。《中华人民共和国宪法》第十九条规定："国家推广全国通用的普通话。"《中华人民共和国国家通用语言文字法》更明确确立了普通话"国家通用语言"的法定地位。练习普通话，要掌握基本的现代汉语语音、词汇和语法知识，掌握正确的发音和发声技巧。来自方言区的同学，要力争通过训练，将普通话讲得较为准确、流利。

（三）主动上台练习，训练演讲能力

从广义上来说，任何当众讲话均可视为演讲。无论是专题演讲还是即兴讲话，都要面对观众发表自己的意见。演讲是沟通中的单向形式，是一种独白体。要达到理想的效果，演讲应以讲为主，以演为辅。演讲者要与观众在思想和情感上进行互动。通过课堂即兴讲话训练，锻炼学生的演讲技巧、互动能力，同时培养学生语言表达的综合能力。

（四）多做即兴发言，训练思维能力

沟通不仅讲究能说会道，还要能思善想。要拥有良好的语言表达能力，沟通者要思维敏捷、清晰，有时候讲话还需要具有一定的深度。在平时生活中，有些人倒是能侃侃而谈、滔滔不绝，然而一旦上台发言、公开演讲，因为紧张、舞台压力等，会变得面红耳赤、语无伦次。因此，课堂训练应有意识地在紧张的状态下培养思维能力。

（五）规范肢体语言，训练优雅体态

语言沟通是通过有声语言实现的，但是语言沟通不只是单纯的有声语言交流，常常还需要体态语言来辅助交流。在公众交流中，需要遵循一定的体态要求，讲究形象、气质，在"舞台"上讲究"台风"并做到举止优雅。因此，在课堂训练中，学生要有意识地提高演讲、发言时的体态语言修养，做到体态自然得体、落落大方。

（六）参与课堂点评，训练倾听能力

沟通多为双向的交流。善言者一定善听，只善言而不善听，往往给人以无礼的印象。沟通的双方在沟通中互相倾听，才能清楚地了解对方的沟通目的，在不损害自身利益的前提下提供对方期待的东西，才会实现共赢。在课堂训练时，同学们应尽全力相互配合，参与点评活动，以达到取长补短、携手共进的教学效果。

此外，沟通训练还应包括交谈能力训练、诵读能力训练、辩论能力训练等，本书难以涵盖沟通交际的所有方面，因此在"沟通能力"的选择上有所取舍。在训练沟通能力的同时，我们还必须注重学习基础文化知识，培养创新思维能力、组织能力以及其他能力，了解并掌握一般的礼仪知识。就这门课程来说，教师要当好"导演"，学生要做好"演员"。教师要通过引导学生积极参与课堂训练和课后拓展训练，使学生在沟通方面从"敢说"到"能说"再到"会说"。

课堂训练⊖

1. 无语练胆训练。

教师点名，请两位同学轮流走上讲台，然后微笑着，目光从前到后目视台下所有同学而不讲话，让视线笼罩全场，使台下每位同学都感到你在关注着他；台下的同学微笑着看着台上同学的面部，时间为 20 秒或直到台上的同学不感到十分紧张为止。

【教学提示】 这是一个克服紧张情绪的实训。教师点名后，学生起身，大大方方、稳步走向讲台。学生从讲台一侧上台，不要低头，将目光投向讲台另一侧的同学，边走边移动视线，走到讲台中央后，站定。站的位置不要离讲台太近或倚靠讲台，建议与讲台保持 10~15 厘米的距离，这个位置有利于控场，也有利于在讲话中做一些手势而不至于触碰讲台。站定后，学生保持微笑，目光从左到右或从右到左扫视全场，相当于跟在场的每一个人打照面。

无语练胆也是一种控场能力的练习。登台亮相，是控场的第一步。一登台，不要急于开口，要做好两个动作。第一个动作是用目光扫视一下观众，先用目光语开始交流，告诉大家"让我们认识认识"。第二个动作是微微点头致意或微笑着注视观众，表达对观众的尊敬。这一系列动作，就是上台发言之前的准备，然后面向一侧同学说"各位同学"，再面向另一侧同学说"大家好！下面……"，当众发言就此展开。

2. 大声练胆训练。

请相对内向、说话声音小的同学上台随便讲自己最快乐（气愤、难忘）的事情，或者大声朗读文字片段。要求声音洪亮。

【教学提示】 自信心是口语表达成功最重要的因素。有了自信心才能够在沟通交流中情绪饱满、意气风发。树立自信心，一定要做好充分的心理准备。教师要引导学生树立自信心。教师对不善言谈的同学要多加鼓励，多作肯定性评价。

3. 树立自信训练。

请同学上台即兴发言。你认为你的朋友是怎么看待你的，朋友们都说你具有哪些优点？

【教学提示】 "当局者迷，旁观者清。"有时候自己难以发现自身的优势或优点，通过

⊖ 本书沟通部分专门设置了课堂训练题，供任课教师指导学生进行课堂训练时选用。学生进行课堂训练时，请到讲台上发言。教师对学生的发言情况进行点评，也可请台下同学进行互评。部分训练题附有教学提示，供教学参考。

朋友们的评价，并善于捕捉他人对自己正面的评价，可以逐渐增强自我认知过程中的自信心。

4. 请谈谈提高语言表达能力可以从哪些方面入手？

5. 请谈谈你对"发展素质教育"的理解和认识。

6. 请谈谈你对"三全育人""五育并举"的理解和认识。

第二节　沟通的构成要素、特点和要求

一、沟通的构成要素

沟通主要包括沟通者、信息、目的、环境和工具五个基本要素。

沟通者，是这五个要素中最主要的要素。沟通者，既是沟通活动的物质承担者，又是沟通目的、沟通环境、沟通工具的选择者。沟通环境各不相同，沟通工具多种多样，人们往往会根据不同的沟通目的，选择不同的沟通环境和工具。例如，年轻人谈对象，最理想的沟通环境是花前月下，最好的沟通工具则是缠绵不断的情话。

信息，即沟通的内容。人们要交际，就是要传递信息、交换信息。人会产生交际的冲动，是因为需要传递信息；没有需要沟通的内容，人们也就不会产生交际冲动。人们往往根据不同的信息内容去选择不同的沟通方式。

目的，即沟通的意图。并不是所有的沟通都会有成效，但是所有的沟通都应该有目的。没有沟通目的的行为是人的一般行为，不是沟通行为。沟通目的是区别人的沟通行为与一般行为的重要特征。

环境，是沟通者所处的地点、时间、场合的总括。环境影响着人们沟通的欲望，影响着人们对沟通方式的选择。一般来说，良好的环境有助于沟通的开展，恶劣的环境则阻碍沟通的开展，但环境的好和坏是相对的。沟通环境还包括文化环境和社会环境，文化环境影响着每一个人的沟通过程。

工具，即传递信息的载体。交流内容的传递需要经过一定的渠道，采用一定的沟通工具。它包括语言工具和非语言工具，也包括沟通方式、语言的选择、某些实物等，文字、图形、音响、灯光等在一定的条件下也能起到传递信息的作用。在日常沟通中，人们往往不会只使用一种工具，一般将有声语言、表情语言、肢体语言等一并使用，几种语言互为补充。

二、沟通的特点

（一）社会性

沟通是人与人之间进行的一种社会活动。在沟通过程中，能怎样做，不能怎样做，需要注意什么，这些会因社会群体的不同而存在一定的差异。不同的社会群体、不同的民族具有不同的沟通习惯和沟通方式，人际沟通具有较强的社会性和民族性。

（二）目的性

不是所有的沟通都会有成效，但是所有的沟通都应该有目的。沟通不是受本能驱使的简单活动，而是在一定意识的支配下，表现为一种有目的、有计划、有对象的活动。沟通活动发生、运行、终止的全过程都带有或明或暗的目的性。

（三）个体性

人际沟通都是一个个具体的个体交往。由于每个人有不同的社会阅历、性别、性格、文化程度、职业习惯等，每个人的沟通能力就不同，沟通方式和沟通习惯也不尽相同，因此沟通具有很强的个体性。

（四）协同性

信息沟通的过程是沟通者之间相互影响、相互作用、相互尊重、协同运作、共同完成的过程。沟通者之间的协同配合是人际沟通取得成功的重要因素，在特定场合、特定情景下，沟通者也可以故意采用不合作的态度来影响沟通效果。

三、沟通的基本要求

（一）人际沟通的道德要求

道德是一种社会意识形态，是人们共同生活及其行为的准则与规范。道德是指以善恶为标准，通过社会舆论、内心信念和传统习惯来评价人的行为，调整人与人之间以及个人与社会之间相互关系的行动规范的总和。道德往往代表着社会的正面价值取向，起着判断行为正当与否的作用。

重视个人道德修养，是中华民族的传统美德之一。在人际沟通中重视道德修养，遵守必要的行为规范，做到举止得体，落落大方，这不仅可以塑造美好的沟通形象，而且是为人处世不可或缺的精神素养。笼统地说，沟通中的道德主要包括诚实、守信、正直和宽容四个方面。

诚实，即忠诚老实，就是忠于事物的本来面貌，不隐瞒自己的真实思想，不掩饰自己的真实感情，不说谎，不作假，不为了不可告人的目的而欺瞒别人。诚实是做人最基本的出发点。在人际沟通中，假话大话满天飞，言语华而不实，这些都是不可取的。

守信，就是讲信用，讲信誉，信守承诺，忠实于自己承担的义务。守信就是要做到"言必行，行必果"。在人际沟通中，就是言而有信，信守承诺，说出的话就要"君子一言，驷马难追"，承诺的事就要兑现，签订的合同就要履行，属于自己的责任就要勇于承担。

正直，是指人要坚持正义，不做小人之事。正义表现在两个方面：一是做人要正直，不要为"五斗米折腰"，不要向金钱和名利低头；二是遇到不正直的事情要敢于抵制和斗争。

宽容，就是大气和大度。人都有犯错误的时候，对自己的错误要严格要求，知错立改，而对别人的不足要容忍，允许别人改正错误，做到严于律己、宽以待人。在人际沟通中，对一些人、一些事，只要不是原则错误，不影响大局，不必斤斤计较。

此外，中国的传统道德还讲究尊他和自谦。一个人只有懂得尊重别人，才能赢得别人的尊重。恪守礼仪，养成尊重别人的习惯，才能拥有良好的沟通环境，从而成就大业！自谦是指不自满，肯接受批评，并虚心向人请教。有真才实学的人往往虚怀若谷，谦虚谨慎；而不学无术、一知半解的人，常常骄傲自大，自以为是，好为人师。

（二）语言表达的基本要求

在人际沟通中，语言表达的基本要求主要表现在适时、适量和适度三个方面。

1. 适时

说在该说时，止在该止处，这就叫作适时。可有的人在社交场合该说时不说。例如，见面时不及时问候，离别时不及时告别，失礼时不及时道歉，对别人的请教不及时解答，对求助不及时答复。反之，有的人该止时不止，在热闹喜庆的气氛中唠唠叨叨诉说自己的不幸，在别人悲伤忧愁时嘻嘻哈哈开玩笑。这都是社交时不懂得适时的具体表现。

该说的时候一定要说，不能畏缩，不能胆怯。少说一句，别人也许就无法理解你的意思，就无法达到语言沟通的目的。在一些场合，需要表达你的立场、观点，体现你的语言力量，这时你一定要说出自己的话。少说了一句话，也许就少了教养、少了礼貌或者少了应有的规范。因此，有教养和品位的人不会随意少说话，总会适时地表达，说出适时的话语。

2. 适量

适量，既指说话的多少适当，也包括说话的音量适宜。应该指出的是，适量并不都是少说为佳，适量与否应以是否达到了说话目的为衡量标准。

适量，首先表现在话语要适可而止。一个观点、一个意思表达明白即可，不要啰里啰唆。当然，话语多少的适量并不排除为达到说话目的的必要重复，应根据对象、环境、时间等因素的不同要求，该多说时不少说，该少说时不多说，该重复的也要重复。有的人作自我介绍时啰啰唆唆，拖泥带水；祝酒时说上半个钟头，独自兴致勃勃；批评他人他事铺天盖地，没完没了……这样既影响说话效果，又影响自己的社交形象。

语言表达的适量还包括声音大小适量。大庭广众之下说话音量宜大一些，私人拜访交谈音量宜适中，如果是密友、情人间交谈，小声则可以表现亲密无间、情意绵绵的特殊关系，给人一种亲切感。

3. 适度

语言表达的适度，主要是指根据不同对象把握言谈的深浅度，根据不同场合把握言谈的得体度，根据自己的身份把握言谈的分寸等。

事情有缓急，说话有轻重。俗话说："话不要说绝，路不要走绝。"人与人之间难免会因某种原因产生摩擦，这时如果把话说得过重，就会激化矛盾；相反，如果克制自己的情绪，就会让事情平息下来。

开玩笑也需要注意说话的分寸，不要以开玩笑的方式来捉弄人，不要拿别人的隐私开玩笑。开玩笑要因人而异，要分清场合。如果你在社交场合遭到别人挖苦时，马上抓住对方的弱点，给以迎头痛击，那么将会产生什么效果呢？也许你自认为是胜利者，可在别人眼里，你却是一个心胸狭窄、不善言辞的人。

![课堂训练]

1. 请同学上台朗读教材中"适量"部分的文字，要求用不同音量进行朗读，练习对音量的控制能力。练习一遍后，再进行半脱稿练习。

2. 举例说明沟通五要素在不同情境中的具体作用。

3. 请谈谈网络沟通和面对面沟通的优点和缺点。

第三节　沟通的主要方式

人际沟通的方式多种多样。按照沟通手段的不同，沟通可以分为语言沟通和非语言沟通。语言沟通以语言、文字符号为媒介，它是人类最重要的沟通方式。语言沟通又可以分为口语沟通和书面语沟通，口语沟通以语音为媒介，书面语沟通以文字为媒介。非语言沟通是语言沟通的辅助手段，它是以语气、停顿、语速等副语言手段和以表情语、手势语、身势语等体态语言为媒介的沟通方式。

一、口语沟通

（一）口头语体和书面语体

语体与语言有着密切的关系，人们只要运用语言进行沟通，其言语必然从属于某一种语体。所谓语体就是人们运用语言进行沟通所形成的语言运用体系，是适应不同沟通领域的需要而形成的语言的功能变体。离开了语言运用就不可能有语体，同样，离开了语体也就不可能有语言运用。人们在进行语言沟通时，不仅要遵守语言规范，还要善于使用各种相应的语体，否则会影响沟通效果。

口语和书面语是人们运用语言的两种不同表现形式。在语言沟通中，因口语和书面语所凭借的媒介以及所使用的场合的不同，会呈现不同的特点，并逐渐形成不同的语体风格，即口头语体和书面语体。但口头语体和书面语体并不等于口语和书面语。许多书面语体存在口语的表现形式，比如叙事性的文艺作品就有大量的口语化描述，演讲语体中也经常出现书面语的形式。

（二）口头语体的种类

根据不同的场合、不同的沟通目的，可以将口头沟通分为不同的类型，每种类型有其特殊的沟通形式和语言特点。根据口头沟通的语言特点，可分为演讲语言、辩论语言、播音语言、主持语言、教师语言、谈判语言、推销语言、求职语言、领导语言、采访语言、答辩语言、朗诵语言和外交语言等。

这些不同类型的沟通语言又可根据沟通交流的主体特点分为独白体和对白体。独白体是说话者独自完成与观众的沟通和交流的语言形式，而对白体是至少要由两个及以上的说话者进行沟通与交流的语言形式。

二、书面语沟通

（一）书面语沟通与书面语体

除口语沟通外，书面语沟通也是一种重要的沟通形式。书面语沟通使用的媒介是文字。由于媒介的性质不同，口语沟通和书面语沟通的性质和规律也有差异。口语沟通对语境的依赖性很强，并且可以借助副语言和体态语言等辅助手段。而书面语沟通凭借的是文字，没有对话时的语言环境，没有对话时的情态、体态的补充，也不是即兴或漫无边际的交谈，出现省略、重复、跳跃的情况比较少。书面语的语言加工程度要远远超过口头语体，而且可在写出初稿后加以修改，再正式成文。因此，书面语沟通可以字斟句酌，精心地遣词造句和谋篇布局，追求语言的准确规范和形象生动。在书面语沟通过程中，要使用符合书面语体的词汇和句式。

（二）书面语体的种类

书面语体包括的种类较多，常见的有公文语体、科技语体、政论语体和文艺语体四种。

1. 公文语体

公文语体是党政机关、企事业单位、社会团体以及人民群众采用法定公文或事务性文书来处理公务而形成的一种书面语体。

不同的文书具有不同的写作要求和表达形式，因此公文语体还可细分为党政公文语体、事务文书语体、经济文书语体、法律文书语体、外交文书语体和商务文书语体等。公文语体有以下语言特点：具有固定的程式和规范的格式；每类文种有其固定的习惯用语；用词简明、准确；句式周密、严谨。

2. 科技语体

科技语体是一种专门性的实用语体，它是为满足科学技术领域特定的交际目的、内容、任务的需要而形成的，具体表现为由与科技领域相适应的词汇、语法、辞格等语言符号以及符号、图表、公式等非语言符号共同组成的表达体系。

科技语体可以分为科技论著体、科技报告体、科技情报体、科技教科书体和科技普及体等。科技语体的语言特点表现为：用词准确，注重选词的专业性；表达严谨，注重表意的单一性；重视非语言符号的使用，注重表达的科学性。

3. 政论语体

政论语体是论述社会政治生活中的各种现实问题，阐明某种政治主张和社会生活准则的语言体式，如报刊社论。其语言表达以科学论证的逻辑性、说理性与艺术描绘的形象性、情感性相交织为特征，用词上多采用社会政治词汇，并综合运用其他各种词汇成分。

政论语体可分为论证体、评论体、宣言体和决议体等。政论语体的语言特点表现为：用语准确有力，观点鲜明；论述逻辑严密，说服力强；表达鲜明生动，感染力强。

4. 文艺语体

文艺语体是一种具有突出艺术特征的语言体式。文艺语体主要借助形象思维，通过语言来描绘形象，向读者揭示作品蕴含的意思；其他几种语体则主要借助逻辑思维，直接用语言向读者传递信息、说明道理。

文艺语体的种类有散文体、韵文体和戏剧体等。散文体是指散文、小说等使用的语体，在语言材料和修辞手法的选择上几乎不受什么限制，讲求句子连贯流畅，句式错落有致，辞格不拘一格。韵文体是指诗歌、词曲等使用的语体，其语言富有音乐美。戏剧体是指话剧、歌剧和地方戏等使用的语体，戏剧体的语言特点是个性化、口语化和富有动作性。总的来说，文艺语体重视各种修辞手法的运用，追求语言的艺术美。

三、副语言沟通

（一）副语言及其沟通功能

1. 副语言

从发音的角度讲，人类的交际活动主要分为有声语言交际和无声语言交际两类。有声是相对于无声而言的。无声类主要包括表情、眼神、姿势、动作等体态语言。有声类主要包括常规语言和副语言。常规语言是指我们平时交谈时运用的分音节语言，副语言是有声音而没有固定语义的语言。

副语言可分为辅助语言和类语言。辅助语言包括音质、音强、音高、音长、语调、语速、停顿、沉默等⊖。类语言包括笑声、哭声、呻吟声、叹息声、咳嗽声、口哨声等。辅助语言往往与常规语言同时发生，类语言可单独使用，在具体的语境中有相对独立的语义。

副语言与常规语言的区别在于两个方面：一是常规语言是分音节的语言，而副语言的语音形式都不是正常的分音节语言；二是常规语言绝大多数有较为确定的语义，而副语言本身没有固定的语义，只有在具体的语境中才能表达特定的意义。正因为副语言的语义的不确定性，所以在沟通中适当地运用副语言能产生特殊的表达效果。

2. 副语言的沟通功能

副语言的沟通功能主要有以下四个方面。

（1）强调功能。副语言借助重音、停顿或语速、语调的变化等形式强调所要表达的内容。

（2）替代功能。副语言有时能直接替代常规语言并产生特别的表达效果。例如，当甲问乙："你家儿子考上大学没有？"乙一声"叹息"，就等于回答了甲："没有考上，别提了。"

（3）暗示功能。副语言的声音在特定场合具有特定的含义，常作为一种"声音暗示"。例如，咳嗽声可以表示默契、暗中提醒；打哈欠可以表示厌烦；打喷嚏可以表示嗤之以鼻；笑声可以表示蔑视。

（4）否定功能。同样的语句因说话者的语调、语气或重音的不同，可以表达截然不同的语义。例如，"你可真有出息！"既可以是直接肯定对方有出息，也可以是对对方没出息

⊖ "音质、音强、音高、音长"是语言的物理性质，而"语调、语速、停顿、沉默"是语言的韵律特征，它们都是伴随常规语言出现的，不能独立使用，它们是常规语言的重要组成部分，此处将它们合称为辅助语言，意在与类语言相区别。

的讽刺。这句话的否定意义就是通过加重"真"字的语音并放慢其语速来表达的。

（二）副语言的运用

1. 音质

音质也叫音色，指声音的特色，是一个声音与其他声音相互区别的根本标志。每个人都有独一无二的音质，我们可以根据声音判别其人。

音质的好坏对人际沟通有很大影响。一个人声音是否浑厚，是否有磁性，是否悦耳动听，都将对沟通效果产生一定的影响。男性应充满阳刚之气，女性应体现阴柔之美。如果男子说话扭扭捏捏，一副"娘娘腔"，女子说话大大咧咧，缺乏女人味，这就属于音质的性别错位，这种错位往往会对人际沟通产生消极影响。

2. 音强、音高、音长、语调

音强是声音的大小，也称为音量，它与发音体的振动幅度大小有关。音量的大小能反映说话者的性别、年龄、性格，也能传递说话者的情绪和态度。在沟通中，应结合沟通环境对自己的音量进行控制，如根据距离、场合、听众人数等情况调整音量；如果有话筒，就需根据话筒的扩音效果进行调整，确定你和话筒的最佳距离。

音高指声音的高低，它决定于发音体振动的快慢。一般来说，成年男子声带长而厚，所以声音低；成年女子声带短而薄，所以声音高。老人往往声音低，小孩声音高，也是同一道理。我们可以控制声带的松紧来调节音高，让声音动听、悦耳。

音长指声音的长短，它决定于发音体振动时间的久暂。音长在沟通交流中也具有交际功能。说话者为了强调某些特定的信息或让自己的表意更明确，往往可将某些字音故意拖长。

语调是指说话者为了表达意思和感情而表现出来的抑扬顿挫的语句调子，也称句调。在普通话中，语调有升调、平调、降调和曲折调四种，其中升调和降调最常用。升调多用于疑问句、反诘句，或者表示紧张、愤怒、号召、警告等感情的句子。降调多用于感叹句、祈使句，或者表示自信、赞扬、祝愿、沉痛、悲愤等感情的句子。平调多用于叙述、说明，或者表示思索、冷淡、追忆等感情的句子。曲折调多用于表示讥讽、嘲笑、夸张、双关、诧异等感情的句子。

3. 语速和节奏

语速是指朗读或说话时在一定的时间里容纳一定数量的词语，也就是说话的快慢。语速在沟通交流中的作用在于说话者可以利用语速来调整感情，以更好地表情达意。

语速的选择取决于多方面的因素，如说话者自身声音的特质、说话者试图营造的氛围、听话者的构成以及说话的场合等。语速的快慢受多种因素的制约：表达紧张、焦急、慌乱、热烈、欢畅等心情时语速要快，表达沉重、悲痛、缅怀、悼念、失望等心情时语速要慢；在急剧变化发展的场面语速要快，在平静、严肃的场面语速要慢；在辩论、急呼时语速要快，在闲谈、絮语时语速要慢；在进行抨击、斥责、控诉时语速要快，在进行陈述、说明、追忆时语速要慢。

一般来说，语速控制在 200～250 字/分钟有利于说话者进行表达，也有利于听话者理解。语速控制要顾及听者的感受，说得太快，听者跟不上说话者的思路；说得太慢，听者会觉得无聊乏味。如果是讲课、演讲，可适当放慢语速，给听者留点思考、理解的时间。

节奏主要是指语言表达上的快慢、抑扬顿挫、轻重虚实等各种循环交替的语音形式。没有起伏、平淡乏味的声音是说话者缺乏激情的体现，也会使表达的内容索然无味。因此，我们应根据实际情况调节语速、音量、音高等，形成合适的节奏，从而更有效地传递所要表达的思想和情感。

4. 停顿

停顿是指朗读或说话过程中声音的断和连。说话时，我们既不能一字一停、断断续续地进行，也不能字字相连，一口气念到底。无论是说话者还是听众，无论是生理需求还是心理需求，语言表达中的停顿都是必不可少的；它既是显示语法结构的需要，更是明晰表达语义、传达感情的需要。

停顿分为常规停顿和超常规停顿。常规停顿包括语法停顿、逻辑停顿（呼吸停顿）和强调停顿，它并没有产生特殊的语义；而副语言中的停顿是一种超常规的停顿。停顿能传递特殊的信息，并产生特别的表达效果。适当的停顿可以为说话者赢得思考的时间，也可以为听话者思考和理解提供一定的时间。超常规的停顿还可用于引起沟通另一方的注意，主要起到警示作用。例如，教师在讲课时，学生在下面说话，教师就停下来，停顿的时间过长后，学生就会意识到并立即停止说话。

5. 重音

重音是指说话或朗读时把句子里的某些词语念得比较重的语言现象。重音包括语法重音和强调重音两种。

在不表示特殊的思想和感情的情况下，根据语法结构的特点把句子中的某些成分重读的，就称为语法重音。

为了表示特殊的思想和情感而把句中某些成分念得特别重的现象，就称为强调重音，也称逻辑重音。强调重音的位置受说话的环境、说话人的特殊要求和表达需要所支配。逻辑重音的强度比语法重音要强。

6. 类语言

类语言包括笑声、哭声、呻吟声、叹息声、咳嗽声、嘘声、口哨声等。

不同的笑声往往反映出沟通者不同的心态，不同的哭声也隐含着沟通者不同的情绪。

笑是类语言与体态语言的结合，其声音属于类语言，其笑貌属于体态语言。人类的笑多种多样，如狂笑、欢笑、嬉笑、傻笑、耻笑、奸笑、冷笑、苦笑、嘲笑、假笑、哈哈大笑、捧腹大笑、笑弯了腰、笑出了眼泪、皮笑肉不笑等。哭，也如此，如恸哭、痛哭、号啕大哭、痛哭流涕、鬼哭神嚎、哭笑不得、欲哭无泪、潸然泪下、抱头痛哭等。

叹息声是一种比较典型的情绪表现形式。当人们感到失望、压抑、无奈、困惑的时候，往往情不自禁地发出叹息声，借以排解内心苦闷的情绪。例如，当别人向你诉说令人悲伤的事情时，你适时地叹息一声，这叹息是表示同情、予以安慰的意思。当你在生活或工作中遇到不如意的事情时，别人问及了你，你的一声叹息也等于回答了别人，不愿多说也无须多说。一个经常性地长吁短叹的人，似乎总是在向别人诉苦，久而久之，别人的同情也会转为厌烦。

咳嗽声本来只是一种生理现象，嗓子发痒或呼吸系统病变会引起咳嗽。但它有时也是一种功能性发声，人们有意发出咳嗽声并借此传递特定的信息，如提醒、警示。咳嗽声还可用来填补语空，如果在说话时出现因一时的思维障碍而可能导致讲话突然中断，说话人习惯用咳嗽声来填补语言间隙，从而使说话显得连贯。

嘘声表达语义的功能是非常明显的，而且情绪化色彩很强，在公众场合用得较为普遍。嘘声常常表现为观众的一种否定、对抗甚至是反抗的负面情绪，比如足球比赛中球迷的嘘声就是一种负面情绪的表达。

口哨声，古代称为啸声，撮口作声，打口哨。后来啸声又包括了叫声，如仰天长啸就是抬头朝天大声呼叫，形容情绪高昂、意气风发的样子，一发不可收拾；也指为排遣郁闷而仰头呼叫的情态。古人常以此抒发悲愤之情或以此述志，如岳飞的《满江红》："怒发冲冠，凭栏处，潇潇雨歇。抬望眼，仰天长啸，壮怀激烈。三十功名尘与土，八千里路云和月。"

四、体态语言沟通

此部分将在第二章"体态语言交际艺术"中讲解。

课堂训练

1. 气息控制训练。

请连续快读，一口气读完下面这段《一树枣儿》绕口令。

出东门，过大桥，大桥底下一树枣儿，拿着竿子去打枣儿，青的多、红的少。一个枣儿，两个枣儿，三个枣儿，四个枣儿，五个枣儿，六个枣儿，七个枣儿，八个枣儿，九个枣儿，十个枣儿；十个枣儿，九个枣儿，八个枣儿，七个枣儿，六个枣儿，五个枣儿，四个枣儿，三个枣儿，两个枣儿，一个枣儿。

2. 请同学们课后选择不同体裁的文学作品进行朗读，练习把握朗读中的停连、重音、语气和节奏，将练习作业录制为音频文件发给任课教师点评。建议分别选择唐诗、宋词、现代散文作为朗读材料。

【扫码看资料】
《荷塘月色》

3. 请同学们课下朗读《荷塘月色》，并用录音设备记录下来，然后自己反复地听，对停顿、节奏、语气、音量、语速等进行自我评价，看看哪些地方需要调整，调整后再次进行录音，听听自己是否有所进步。

扫描二维码，可阅读《荷塘月色》文本。

扫描二维码，可收听天津大学文学院语言学及应用语言学2018级硕士毕业生郭凯同学的朗诵示范。

【扫码听音频】
《荷塘月色》朗读

第四节 沟通的基本原则

人际沟通要获得成功并取得理想的效果，必须遵循一定的沟通原则。这些原则不是人们随意规定的，而是沟通活动自身规律的反映。人际沟通的基本原则是沟通活动中运用语言手段和非语言手段表情达意、进行信息交流时所必须遵循的准则，它贯穿于沟通过程的始终，是一种制约性的因素。

沟通的环境不同，沟通类型又多种多样，因此，人际沟通所遵循的原则也不是单一的。人际沟通所应遵循的原则较多，最基本的原则有合作原则、尊重原则、得体原则、相容原则。

一、合作原则

合作原则是由美国语言哲学家 H. P. 格赖斯（H. P. Grice）首先提出来的。格赖斯认为，在所有的语言沟通中，为了达到特定的目标，沟通者之间存在一种默契，一种双方都应该遵守的原则，这种原则就是会话的合作原则。合作原则，也有人称之为"配合原则"。合作原则不仅是一般的原则，而且是最基本的原则，是其他原则的基础和前提。

合作原则要求每一个参与语言交际的沟通者在整个沟通过程中所说的话必须符合本次沟通的目的或方向。具体来说，就是要求沟通者在通常情况下要保证话语的信息量、真实性、相关性以及注意说话的方式。在实际沟通中，人们有时故意违背合作原则。例如，说话人悄悄地、不让听话人发觉地违背合作原则，从而将听话人引入歧途，令其上当受骗；说话人公开宣布不合作，不遵守某一准则；说话人可能面临两难境地，处于顾此失彼的局面；说话人有意不遵守某一准则，但他相信听话人能觉察到这一点，并认为说话人仍然是合作的。

二、尊重原则

尊重原则是指沟通双方通过言语、体态语向对方表示出谦虚、赞誉、恭敬、宽容等，包括人们为维护和谐的交际关系所作出的种种努力。在沟通交流中，沟通者之间的相互尊重是维护公共秩序、促进人际关系不可缺少的因素。因为人人都有自尊心，都有受人尊重的需要，都期望得到别人的认可和赏识。尊重能够引发人的信任、坦诚等情感，缩短交往的心理距离。

尊重原则是人们进行愉快交流的润滑剂，在沟通中具有不可替代的功能和作用。尊重原则主要表现为礼貌待人、真诚信任、平等友善、理解重视等方面。

礼貌待人体现在言与行两个方面。礼貌用语常挂嘴边，可以让他人感到一种温暖和亲切。举止优雅得体，给人以文明、庄重的感觉。认真地倾听别人的讲话，洗耳恭听也是尊重他人的具体表现。

真诚信任就是要做到说真话，以坦诚的心取信于人，这也是沟通交流时欲取得良好谈话效果的重要前提。此外，还要做到感情真挚，态度诚恳，诚恳而真挚的态度是沟通目的得以实现的基础。

平等友善是人际沟通中体现出来的态度。我们不仅要尊重他人的人格、他人的个性习惯、他人的权力地位、他人的情感兴趣和隐私，还要尊重彼此存在的外显或内在的心理距离，要有人人平等、一视同仁的谈话态度，切忌给人居高临下、自以为是的印象。

理解重视是对他人表示更高层次上的尊重，是互相之间深入了解、有效沟通的内在因素。理解并重视他人，首先应该在人际沟通的不同场合都要重视并合理使用表达尊重的礼貌语言（口头语言和体态语言），以体现出尊重对方的主观意向。

三、得体原则

所谓得体原则，就是在沟通交流中所使用的语言必须合乎交际情境，所使用的非语言手段要合乎社交礼仪的基本要求。人际沟通的得体原则主要表现在内容得体和方式得体两个方面。

内容得体，就是要求语言表达的内容符合沟通目的。沟通目的可分为"求和"和"求成"两种。求和，注重人际关系的友好，希望缩小人际距离，所以语言交际时，沟通者常常围绕"求和"，选择该说的话，避开不该说的话。求成，则是沟通者对某一沟通结果的不断追求，沟通者为达到特定的沟通目的，会有意识地选择合适的话语内容，避开不合适的话语内容。

方式得体体现在多个方面。区分对象，因人而异，选择与不同沟通对象、不同交际关系、不同沟通目的、不同沟通环境等相适应的沟通方式。例如，跟师长、领导沟通，要尊敬、礼貌；与下属、晚辈沟通，要和蔼、亲切；与儿童沟通，尽量采用儿童语言与之交谈，等等。在进行沟通时，应根据沟通的时间、地点、场合等因素，选择符合此时此地的沟通方式，恰当地利用说话时机，把握时间因素，力求入情入境、合情合理。

四、相容原则

人际沟通的相容原则是指在处理人际关系时，沟通者要有宽广的胸怀，对一些非原则的问题、无关大局的小事不必斤斤计较，要用辩证的观点看待人和事，以达到沟通的目的。

相容原则首先要求在日常沟通中应严于律己，宽宏大量，恭敬待人。孔子曰："己所不欲，勿施于人。"在沟通中，明确沟通目的，采用宽容的态度对待他人，准确地运用沟通语言，把握语言的分寸，不仅能反映一个人的文化修养和道德水平，而且有助于扩大交往空间，滋润人际关系，消除人与人之间的紧张和矛盾。

现今的社会是一个多元化的社会，社会的复杂性导致个性的丰富性，这必然引起个体之间冲突的加剧，要与周围的人保持良好的人际关系，就必须学会与他人和谐相处，求同存异，具备宽宏豁达的心理品质，多为别人着想，做到以诚相待，营造良好的沟通氛围。

在沟通中，免不了思想的碰撞、意见的交锋，这就需要沟通者能做到求同存异，善于持保留意见。求同存异，就是不要任何事情都固执己见，要善于多从对方的角度和处境认识对方的观念、体会对方的情感、顾及对方的利益，尽量避免争辩，这样才能够最大限度地理解别人，从而找到达成共识的最佳途径。

课堂训练

1. 你认为怎样才能在沟通中体现尊重原则？

2. 请扫码查看礼仪常识的相关资料，并谈一谈学习礼仪常识的重要性和意义。

3. 接送客人出入厢式电梯，应遵循什么原则？请几位同学上台模拟练习。

【扫码看资料】
礼仪常识

【教学提示】 迎来送往离不开尊重原则，需要遵循一定的礼仪要求。出入有人控制的电梯时，陪同者应后进后出，让客人先进先出。把选择方向的权利让给地位高的人或客人，这是礼仪的一个基本规则。出入无人控制的电梯时，陪同者应先进后出，并控制好开关按钮。当然，如果客人初次光临，对地形不熟悉，你应该为他们指引方向。

电梯站位也有上座和下座之分。所谓上座，就是最舒适、视野最好、最尊贵的位置，越靠里面的位置，越尊贵。上座是电梯操作板之后最靠后的位置，下座就是最靠近操作板的位置。

第五节　沟通的两个问题

人际沟通中有很多需要注意的问题，如角色定位、文化差异、思维方式、社交礼仪等，下面仅从心理准备、倾听能力方面谈谈其重要性。

一、心理准备

要想拥有良好的人际沟通能力，沟通者需要具备良好的心理素质。掌握人际沟通的心理知识，克服沟通交流中的不良心理，对于获得人际沟通的成功有着重要的意义，对成功建立、保持和发展良好的人际关系也至关重要。下面就如何在人际沟通中克服羞怯心理、消除自卑心理和控制猜疑心理作一简要介绍。

（一）克服羞怯心理

羞怯心理包括害羞和胆怯。害羞是沟通过程的一种心理表现，如不敢注视对方、面红耳赤、手足无措等。胆怯是沟通准备阶段的常见心理状态。羞怯在一定程度上也是缺乏自信的表现，在沟通中表现为不敢与人交流或不善与人交流。

如果羞于与异性交流，就需要调整心态，正确认识异性之间的交往，不必过分拘谨。主动与异性交流是克服害羞心理的第一步。勇敢行动，尝试与异性接触，并开口与异性说话，如常去一些社交场合，找机会与异性交谈等。如果性格不够开朗，就需多交朋友，多跟身边性格开朗、外向的朋友在一起，逐渐培养自己大胆、开朗的性格。

第一次登台演讲、第一次讲课、第一次当众发言……我们往往显得异常紧张，事先准备好的讲话、讲课内容，一到台上就乱套了，大脑神经活动暂时紊乱、记忆发生障碍、思维错乱等，都是怯场的表现。紧张心理是很普遍的一种生理反应，每个人在上台演讲、会议主持，面对众人说话，或是参加重要比赛时，都会或多或少出现紧张心理。即使是一个身经百战、技艺超群的人，同样也会紧张，只是紧张程度不同而已。

　　如果你是因经验不足而怯场，就需要在日常生活中直接和间接地学习和练习，不要因为一两次的失败而退缩，要学会在失败中总结经验，去迎接下一次的成功；驾驭舞台的能力是一次次登台不断积累而成的。另外，我们还要正确看待怯场现象。心理学研究表明，潜意识通常接受的是肯定的信息，"别紧张""不要害怕"之类的自我暗示反而会使自己变得更紧张、更怯场，所以要多给自己传递肯定的信息。不要将紧张情绪看作怯场，而要看作一个积极信号、一种舞台兴奋，有助于自己集中注意力并充满激情。

（二）消除自卑心理

　　自卑是沟通者对自身能力、水平、品质等评价过低的自我意识，也是一种不自信的表现。由于缺乏自信，觉得自己一切都不如人，对自己的能力、知识、才华没有信心，不愿与人交流，逐渐变得自惭形秽、自我封闭、脱离群体。产生自卑心理的原因多种多样，就沟通中的自卑心理来说，需加强训练，增强沟通技能，从而树立自信心。

　　如果有点口吃或普通话不标准，不敢在众人面前说话，就需要加强练习，相信勤能补拙。如果性格内向、感情脆弱，就需要在自己的朋友圈中，慢慢学会感情排遣，培养多方面的兴趣爱好，把心理感受、生活中的喜怒哀乐与挚友交流，再慢慢扩大自己的交际圈，广交朋友。如果觉得自己技不如人、能力欠佳，就要努力去发现自己的长处，相信自己的能力，从完成身边的小事中获得成就感，并从中认识到自我价值，积少成多，逐渐培养自信；还要善于捕捉他人对自己正面的评价，以增强自我认知过程中的自信心理。

（三）控制猜疑心理

　　猜疑是一种主观臆断的、过分敏感的、以假设为出发点来看待和处理沟通对象言行的心理现象。猜疑心理是人们对人际关系持有的不正确的价值观念引起的。猜疑心理是沟通交流的一大障碍，也是人际关系的大忌。

　　在生活中，有的人总是以一种怀疑的眼光去看人，对别人怀有强烈的戒备心理。在沟通中，猜疑、戒备心理的主要表现为对沟通对象不信任、不真诚、不友好，甚至敌对，成了"以小人之心，度君子之腹"；信奉"害人之心不可有，防人之心不可无"，总担心别人算计自己，处处提防他人；过分相信自己的直觉和想象，喜欢捕风捉影。

　　我们需要正确与人交往，与人为善，树立正确的价值观；要控制自己的情绪，遇到事情不应仅凭直觉行动，要三思而后行，不能用猜疑代替事实；要学会信任别人，主动与被猜疑者敞开心扉，以坦诚的心态、平等交流的方式主动与被猜疑者交流自己的困惑，以消除误解。同时，我们要保持心理健康，培养自己豁达的心胸。

二、学习倾听

　　常言道："会说的不如会听的。"在人际沟通中，不仅要敢说、能说、会说，还要会听、善听、倾听。

（一）倾听的作用

1. 倾听的重要性

在各种沟通场合中，倾听都是沟通的重要环节，可以说，没有倾听就没有沟通。有研究表明，在日常语言沟通中，听说读写传递的信息量比例是不同的，听占45%，说占30%，读占16%，写占9%，足见"听"在沟通中的重要地位。

倾听是达成沟通意图、取得共识的重要手段。不少人可能会认为良好的口才是成功沟通的决定性因素，其实并非如此。倾听是接收口头语言和非语言信息、确定其含义并对此作出反应的过程，所以沟通者之间的交流不是某一方的独白，而是在相互倾听、相互理解的基础上达到沟通目的的过程。沟通者通过倾听可以准确地抓住对方的说话要点，领会对方的说话意图，从而提高沟通交流的质量。沟通者如果不去倾听或不会倾听，就容易产生沟通误解。

2. 倾听的功用

对沟通个体来说，倾听具有重要的功用，对个人发展具有重要意义。

1）倾听是获取信息、开阔视野、调查发现事实真相、了解对方意见想法等的最便捷的途径。"听君一席话，胜读十年书"，这句俗语说明了倾听是获取信息、开阔视野的重要途径。

2）倾听能在尊重他人的同时，提升自己给别人的良好印象，是改善双方关系的有效方式之一，可增进彼此的理解与信任。

3）倾听是为自己争取主动权的关键，倾听能使人更真实地了解对方的立场、观点、态度和沟通方式。在时机未到时选择倾听并保持沉默是一种大智若愚的艺术。

4）倾听可改善周围环境的气氛，有利于身心健康与获得成功。有心理学家指出，善于倾听的人容易克制冲动，控制愤怒。一个较为平和的人际环境，对于成功与健康是有百益而无一害的。

5）倾听与说话一样，也具有说服力，它常常使人不花费任何力气就能获得意外的收获。

对企事业单位、社会团体来说，倾听同样具有重要的作用。

（二）倾听的策略

听，有多种表现，如洗耳恭听、倾耳细听、俯首听命、偏听偏信、言听计从、闭目塞听等。在沟通中，提倡"理解倾听"。理解倾听，就是通过语言和非语言手段的沟通交流，了解对方的思维观念，感受对方的内心世界，做到理解对方。在人际沟通中，要多听少说，还要掌握倾听别人说话的技巧。倾听是为了理解对方，为了实现某些沟通目的或达成共识。要做到"理解倾听"，需要掌握一些基本的倾听策略。

【扫码看资料】
倾听的"珠穆朗玛峰"七层次

1. 端正态度，营造良好环境

端正倾听态度，就是倾听者要保持良好的精神状态，集中注意力。别人与我们谈话时，需要放下手中的活，认真听对方讲话。如果事务缠身，也需要调整自己的情绪，使自己静下心来，仔细地听别人讲话。不能心不在焉、一心二用，否则别人会认为我们不尊重他。

2. 积极配合，提供积极反馈

在倾听他人讲话时，我们应目视对方，身体前倾，表情自然，以表示对讲话者的兴趣和尊重。在倾听过程中，可借助一些目光语和肢体动作予以配合，如肯定的眼神、赞许的点头、鼓励的手势等，这样可使沟通对象感到轻松自然，没有顾虑地把话说完。另外，还可以采用做笔记的方式来表达积极配合的态度。

3. 适时参与，给予正面鼓励

讲话者在说到兴头上时，会留下许多空当，如能及时地回应对方讲话的内容，对方将把我们视为知己。适时参与就可能要插话，插话时需请求对方允许。研究聆听课题的学者认为，聆听的目的不仅是信息交流以及理解内容，聆听还能使别人感到愉悦，甚至起到疗伤的作用。

4. 主动呼应，走向深入沟通

在讲话者停顿时，提出一些与谈话内容有关的问题来请教或作出建设性的反馈，能证明我们不仅在听，而且在思考。这种情况会使讲话者大为感动。如要提问，建议提一些开放性的问题。另外，复述讲话者传递的信息也是一种呼应。通过复述，倾听者可以确定自己是否完全理解了对方的信息，这样能减少对信息的误解和错误的推测。

5. 言行得体，合乎社交礼仪

言行得体，就是在沟通中所使用的语言必须合乎交际情境，所使用的非语言手段要合乎社交礼仪的基本要求。要选择与不同的沟通对象、不同的交际关系、不同的沟通目的、不同的沟通环境等相适应的沟通方式。在沟通交流中，切不可随意打断别人说话，即使对方说的话不准确或有错误，也不必当面评论或直接纠正。

课堂训练

1. 积极心理训练。

通过课堂训练，任课教师注意观察同学们的心态和积极性，给不够自信、不够积极的同学一些锻炼机会，请这类同学上台朗读特定内容，为以后的发言、演讲做好心理训练。

【教学提示】 任课教师要了解班级中哪些同学有过舞台经历，哪些没有，并做好记录，以便在课堂训练中有针对性地培养学生的沟通心理素质。

2. 学会倾听训练。

假如你作为大学新生代表，参加学校举办的"校长与新生代表的见面座谈会"，请描述你在会上将如何在做好自己发言准备的同时去倾听其他同学的发言。

【教学提示】 参加座谈会或总结会时，很多人都不太在意别人的发言，有时候是由于自身经历、阅历不足，常常只会顾及自身。在整个座谈会中，有些人总是在想自己怎么发言，不停地打腹稿，因而失去了倾听别人发言的机会。

不去倾听，不会倾听，也就不会有流畅的讨论和环环相扣的交流。其他人的发言信息和独到的观点就可能被忽略、被遗漏，使我们无法弄清楚讨论的焦点问题以及问题的来龙去脉。

在参加座谈会时，如何选择发言时间和组织发言内容，如何把握好发言的顺序和时机，都需要掌握一定的技巧。如果你没有勇气第一个发言，你可以选择第四个或第五个发言。发言时，要善于承前启后，赞扬、肯定前面的发言，发言后期待后面的发言更精彩。学会倾听，才能对别人的发言进行有针对性的赞许，才能将自己的发言融入大家的发言中，从而达成一些共识。

有时候，如果你不积极发言，等轮到自己发言时，你会发现想说的内容可能被前面的发言者说得差不多了，能讲的内容已所剩无几。因此，我们要学会倾听，从前面的发言中获得新的启发，可以重新组织自己的发言内容。

【扫码看资料】
关于倾听的故事

3. 你在公共场合讲话时是如何克服怯场心理的？

4. 扫描二维码，谈谈这个故事中蕴含的倾听艺术。

第二章
体态语言交际艺术

在人际沟通中，体态语等伴随语言现象随处可见，无时无刻不在使用。体态语具有重要的辅助作用，因此，学习了解体态语方面的基本知识，有利于提高沟通效果。

第一节　体态语概说

一、体态语的含义

体态语言，又称"肢体语言""动作语言""无声语言""行为语言"等，我们把手势、身势、面部表情、眼神以及沟通者之间的空间位置关系等一系列与沟通双方的身体姿态有直接关系的伴随语言手段，称为"体态语"。它是用表情、手势、目光、姿态等来传递信息和表达情感的辅助工具，是一种伴随语言。

体态语言很早就出现了，可以说，有了人类，就有了体态语言。美国人类学家路易斯·亨利·摩尔根（Lewis Henry Morgan）在《古代社会》（*Ancient Society*）一书中说："即使我们不说那些蒙昧人，就是在野蛮人当中，遇到他们彼此方言不同而要互相交谈的时候，仍然以手势为共同的语言。美洲土著曾发展了一种这样的语言，由此可见，要形成一种适用于普遍交谈的手势语言是可能的。根据他们使用这种语言的情况来看，这种语言使用起来既很文雅，又富于表情，还能使人感到有趣。这是一种自然符号的语言，所以它具有通用语的要素。发明一种手势语言比发明一种音节语言要容易；而且，因为手势语言也要方便得多，所以我们作出假定，认为手势语言的出现早于音节分明的语言。"

可见，体态语言有着漫长的历史，即使不说它先于有声语言，至少也是与有声语言同时发生和发展的。为此，人们常常把它叫作语言交际过程的"第二种表现方法"。

二、体态语在沟通中的重要性

体态语言是一种特殊且重要的沟通工具。在人际沟通中，人们常用它来弥补有声语言交流思想的不足。体态语言的这种沟通功能，早在春秋时期就有相关论述。如《礼记·乐记·师乙篇》提到：

"故歌之为言也，长言之也。说之，故言之；言之不足，故长言之；长言之不足，故嗟叹之；嗟叹之不足，故不知手之舞之、足之蹈之也。"

这就是说，有声语言和体态语言都具有交际功能，而当有声语言表情达意不够用时，体态语言就显得尤为重要。例如，在许多场合非语言要比语言更具有雄辩力，高兴的时候开怀大笑，悲伤的时候失声痛哭，认同对方的时候深深地点头，都要比语言更能表达当事人的心情。

体态语言重要到什么程度呢？据美国心理学家阿尔伯特·梅拉比安（Albert Mehrabian）的交际效果公式：交际双方交际的信息效果＝7％的文字+38％的声音+55％的表情；另据美国传播学教授杰夫瑞·费利波特（Jeffrey Philpot）的调查，人类有65％的意义成分来自非语言沟通，而只有35％的意义成分来自语言沟通。美国学者米迪 C. 皮尔（Mindy C. Peary）认为，即使是最保守的看法，在某一沟通过程中，35％的社会信息是通过语言传递的，其余65％的信息是由非言语手段传递的。从以上数据来看，非语言沟通在传递社会信息过程中占据着极其重要的位置。在生活中，有些人偏向依赖言语符号，但更多的人偏向依赖非言语手段进行沟通。实际上，非语言沟通的可信度往往要大于语言沟通的可信度，因为非语言沟通的表现形式常常是人的情绪和情感的自然流露。

体态，也是一个人的仪态，是内在气质的外在表现。人们可以通过得体的仪态向他人传递个人的学识与修养，并能够以其交流思想、表达情感。在沟通中，使用这种无声的语言，可以向他人展示一个人的道德品质、人品学识、文化品位等方面的素养。

三、体态语的分类

陈望道先生曾将体态语分为"表情的""指点的"和"描画的"三类。后来有人认为体态语包括眼神、手势、坐姿站相、笑容等；有的人认为体态语包括表情、眼神、手势、身势等；有的人认为体态语包括身体距离、身体接触、身体动作和面部表情等；有的人将体态语交际首先分为动态的无声交际、静态的无声交际和服饰语言交际三大类，每类下再分小类，如动态的无声交际中又分目光语、体态语。

随着对体态语的深入研究，人们对体态语的认识越来越深入，对体态语的分类也逐渐清晰。体态语包括的内容很多，一般来说，可包括表情语、手势语、身势语、空间语、身体接触、服饰穿着等。从人们通常运用人体不同部位的姿势、动作、表情等传递信息的情况来看，体态语可具体区分为表情语、手势语和身势语三大类。

四、怎样学习体态语

（一）明确学习的目的和作用

体态语在沟通中有着非常重要的意义，是人们在日常生活中须臾不可离开的一种非语言沟通手段。我们学习体态语，从了解一般知识到正确地使用和准确地解读，都是为了提高沟通能力，适应工作与生活的需要。

（二）培养观察能力和沟通能力

体态语是一门学问，是一门艺术，也是一种技能。学习时，我们要在努力掌握基础知识的同时，坚持观察并分析别人的表情、手势、身势，并且有意识地总结自己在体态语表达和接受方面的经验教训。两种途径有利于提高体态语表达能力：一是通过观察，模仿典范的、优雅的体态语；二是在沟通中有意识地使用合理的体态语，养成良好的体态语表达习惯。

（三）积累心理学知识和社会经验

心理学是揭示体态语的钥匙，一个人的动作、姿态、表情，总是受思想和感情支配。没有一定的心理学知识，很难掌握其中的奥秘。社会经验也是非常重要的，有丰富社交经验的人，他的体态语表现能力一般来说是很强的。因此，不能孤立地学知识、单纯地模仿动作，要在积累社会经验的基础上进行学习、训练。

第二节 体态语的功能和特点

一、体态语的沟通功能

在日常沟通中，体态语是一种无声的伴随性语言，对有声语言起到配合、替代和补充的辅助作用。体态语的沟通功能主要体现在以下四个方面。

1. 辅助传递信息的功能

体态语的伴随性特征决定了它具有辅助性功能。在常规沟通中，体态语一般是配合有声语言使用的，人们有时会不自觉地运用体态语来表情达意。有意识地使用体态语，可以吸引听话人的注意力。如教师在进行课堂教学时，不能站在一个地方一动不动地讲课，而应辅以丰富的体态语（教态），吸引学生的注意力。演讲、辩论、谈判也是如此。体态语可以用来印证有声语言，增加有声语言的可信度。例如，小孩子表示友好、保守机密或者永不反悔时，就采用拉钩的方式来表明各自的决心。

有时，体态语不是为了印证有声语言，而是表示相反的意思。例如，在男女恋人之间，女生嘴里说"讨厌"，但心里未必就"讨厌"，在这种情况下，往往辅以一些撒娇的动作，或者使用特殊的语气来说出"讨厌"二字，故作娇嗔。

另外，体态语可辅证说话人的讲话内容。例如，一个平翘舌不分的来自方言区的同学，在说"四"或"十"的时候，担心口语表达不清，就伸出四个指头，或者伸出十个指头来辅助表达。

2. 单独传递信息的功能

体态语不仅对语言沟通有辅助功能，它还可以暂时离开有声语言，单独传递信息、交流感情。这种临时独立充当沟通手段的功能，称为替代功能。

经过人类的长期实践，非语言符号特别是体态语已自成一体，有些已具有替代言语的功能。例如，哑剧演员的表情和动作、舞蹈演员的姿态动作、交通警察的指挥手势、裁判员在体育竞技场上所做的各种手势等，都能独立地传递信息，起到沟通的作用。

有时，体态语甚至比言语传情达意更为明确、深刻。用体态语替代有声语言传情，尤其是表达青年男女之间的爱恋之情，会更细腻、更丰富，表达效果更好。例如，男女之间的爱慕之情，在无以言表时，可用体态语传情，如"眉目传情""暗送秋波""挤眉弄眼""眉来眼去"等就是描写体态语（眉目语）的一些说法。又如，"老乡见老乡，两眼泪汪汪"的情感流露比千言万语更能体现老乡相见时的感情。再如，列夫·托尔斯泰在长篇小说《安娜·卡列尼娜》中写的这样一段话："大人发现安娜后，朝她走过去，眼睛直勾勾地瞧着她，脸上出现甜蜜的笑容，同时像在咀嚼什么东西似的舔着自己的嘴唇……"这里综合描写了人物的步姿语、目光语、微笑语，将一个仪表堂堂但心地肮脏的"大人"刻画得惟妙惟肖，真可谓入木三分。

3. 强化有声语言的功能

体态语的强化功能是人们运用一些非语言手段使语言表达的内容更加鲜明、更加突出。这时，语言和体态语在表达的意义上应该一致，若不一致，就可能使对方困惑不解、疑窦丛生，最终导致沟通失败。例如，如果一个领导在台上讲话，说"我下面讲三点意见"，同时，比画了一个"三"的手势，就是强化作用；如果手上比画了一个"四"的手势，观众就会产生疑惑。在演讲中，富有节奏感的手势，还可以增强语言表达的语势，让语言表达更有力度。

4. 调节沟通心理的功能

有些体态语是人们有意使用的，而有些体态语则是无意识的动作，也就是说，体态语可以不经意地根据沟通的需要进行自我调节，以适应沟通的需要。例如，两个人谈话时，一方用眼神和语调示意接下来该另一方说话了，以此来调节他们之间目前的交际格局和相互关系。有时，沟通者运用体态语是为了调节自己紧张的情绪。人在紧张的状态下，会做出一些下意识动作，如摆弄手中的东西或两手互相捏来捏去，无意中会向对方传达出自己内心紧张的信息。例如，同学们上台发言时，就会因紧张做出一些无意识的手部动作；在求职面试时，体态语能反映应聘者的一些心理素质，这也是面试官考查的一个方面。

二、体态语的特点

不同学者对体态语的特点有不同的看法。有人将体态语的特点概括为社会性、个体性、对象性、动态性、不可回收性、复杂性等；有人将其总结为民族性、时代性、社会性、规定性等；有人将其概括为共同性、社会性、民族性、准确性等。在此，综合各家观点，主要介绍以下五个特点。

1. 社会性

语言沟通和非语言沟通都是在一定社会条件下进行的，因此，体态语必然带有一定的社会特点和时代烙印。体态语的运用必然受沟通对象的年龄、性别、身份、地位、文化程度、生活环境、伦理道德、宗教信仰等社会因素的影响。有时，不了解这些社会因素的差异，就不能顺利地进行沟通。一个文明的人和一个粗鲁的人，在体态语的使用上肯定大不相同。反过来说，一个人的体态在一定程度上能反映自身的修养和文明程度。

2. 广泛性

在日常沟通中，只要人们开口说话，就会有意或无意地使用伴随性体态语，辅助有声语言传情达意，使用场合具有广泛性。在不开口的情况下，也可以用体态语传递某些信息。例如，在本来就需要安静的场合，年轻人常常口中发出嘘声，或同时用右手食指垂直地贴近嘴唇。又如，在大庭广众之下，要想让大家安静，往往手臂前伸，手掌伸开，掌心向下，由上向下慢慢挥动，同时说："请大家安静！"再如，老师讲课时，两个同学在交头接耳，旁边的同学要制止他们，又不能用有声语言，就可以用肢体动作，轻轻触碰一下，或者在他们桌子上用手指点一点，这就完成了不用有声语言传递信息的沟通任务。

3. 直观性

在日常沟通中，有声语言传递信息主要是通过说话人的发声器官和听话人的听觉器官来实现的，可以不依赖视觉的感知。而体态语则以它的动作、姿势、表情等直接作用于对方的视觉神经和触觉神经来传递信息、交流思想，具有直观性的特点。例如，各种球类比赛时，裁判将左手横着，右手竖起并将手指靠着左手心，双方队员一看就知道，裁判命令"暂停"。再如，举起右手伸出食指和中指，组成"V"字，即表示"胜利"，一看就懂。但值得注意的是，正反两种"V"字手势有着不同的含义。

4. 隐喻性

所谓隐喻性，就是暗示性，是指沟通者无意中用动作证实了他的有声语言或动作的真实性或含意。其特点是体态语与内心活动形成明显的反差，即"言"与"行"的不一致性。小孩子犯了错误，在大人面前说谎话，他总是不自然的，或者脸红，或者手背在身后，或者目光躲闪，这些体态语就表明他在撒谎。又如，一个胆小的人晚上独自路过一片坟地，他吹着口哨，步子踏得很重，好像什么都不怕。谁知此时此地他心里直打鼓，手脚也在颤抖，当快要走出坟地时，他不顾一切地跑了起来。这就表明，他前面的一些体态语言是装出来的，"手脚颤抖"才是他的真实心理反应。后一体态语明白地告诉别人，那些吹口哨、步子迈得很重等，都是对恐惧心理的掩盖。但是越掩盖，就越隐喻他的恐惧。隐喻性与直观性是不矛盾的，可以说，这是直观性的一种曲折表现形式。

5. 民族性

体态语是在长期的交际活动中由一定的民族或社会成员约定俗成的，它的形式与内容的关系是比较固定的，这就是它具有民族特点的原因。体态语的民族性主要由每个民族不同的生活习惯、不同的审美观念所构成。下面着重说明一下体态语的民族差异性，以利于跨文化沟通。

1）同一体态语，有时会因民族文化的不同而有不同含义。以点头和摇头为例，大多数民族都用点头表示赞成、同意，用摇头表示反对、不同意，但是保加利亚人、尼泊尔人以及我国的独龙族和佤族同胞却相反，在他们的文化里，摇头表示同意，点头表示反对。又如，中国人竖起大拇指表示称赞、夸奖、了不起等意思；竖起小拇指则表示蔑视、贬低、差劲等意思。日本人竖起大拇指表示老爷子，翘起小拇指表示情人。再如，西方国家将向他人摆出OK手势看作和竖起大拇指一样，都是一切顺利的意思，但是在欧洲南部，这种手势则表示贬低对方一钱不值，在巴西或土耳其，更是一种侮辱对方人格的行为。

2）表示同一语义，各民族使用的体态语有所区别。例如，不同民族见面礼节的体态语就有不同的方式，中国人通过握手或点头问好，日本人以鞠躬表示问好，欧美一些国家的人一般以拥抱或接吻表示问好，瑞典的拉普人则是以互相擦鼻子为礼。就吻手礼、亲吻礼来说，亲吻次数和亲吻方式在各民族中也有差异。又如，表示吃得很饱了，中国人是把手掌抬到齐脖子的地方，动作与俄罗斯人相仿，法国人是把手抬到嘴唇上边快到鼻子的地方，加拿大人用右手掌举至额头的动作表示吃饱了。

3）随着各民族交际的深入，文化上互相学习、互相吸收、互相借鉴的事例也日益增多。体态语存在着兼收互容的发展趋势。例如，见面礼节具有民族性，有些可发展为世界性的体态语。俄罗斯人 19 世纪以前的见面礼节是接吻、拥抱，后来才从英国借入握手致意的习惯，现在握手已成为国际通用的礼节。因此，体态语的民族性是需要注意的，这种特性确有稳定的一面，但也不可看成是一成不变的，要用发展的眼光来看待民族性。

虽然有些体态语的民族性逐渐淡化，已成为国际通用体态语，但有些民族差异性需要交往对象高度重视。在跨文化沟通中，要慎重考虑对方的文化背景和生活习惯，以免造成误会。例如，在我国，人们交朋会友、坐下谈话时，常自然地跷起二郎腿，而在东南亚国家，这一身势语会被视为极不礼貌，极不友好，要是你在不知不觉中把脚颠来颠去，以致鞋底朝向了对方，或者你稍微碰了对方一下，甚至会被认为是不可忍受的。因此，我们使用体态语时，必须注意它的民族差异，尊重各民族使用体态语的习惯，同时又要懂得它的发展性，这样就不会造成沟通障碍，或者带来不良影响或后果。

第三节 体态语的运用

体态语包括的内容很多，大致包括表情语、首语、手势语、身势语、空间语、身体接触、服饰穿着等。下面，对常用体态语的意义和运用方法进行简要介绍。

一、表情语及其运用

这里所说的表情主要指人的面部表情。表情语是通过面部表情交流情感、传递信息的体态语，是体态语的重要组成部分。据研究报道，在 70 万种人体语言中，表情语就有 25 万种，约占人体语言种类的 35.7%，其中使用最广泛、表现力最丰富的是目光语和微笑语。

（一）目光语及其运用

1. 目光语的含义和功能

人人皆知，眼睛是心灵的窗户。目光语是运用眼的动作和眼神来传递信息和感情以实现沟通的语言，能表达最细微、最精妙的差异，能显示出人类最明显、最准确的沟通意图。美国诗人拉尔夫·沃尔多·爱默生（Ralph Waldo Emerson）曾说："人的眼睛和舌头所说的话一样多，不需要字典，却能够从眼睛的语言中了解整个世界。"有心理学家认为，人的视线活动概括了 70% 的体态语表达领域。

李瑟斯（Leathers）提出了目光在沟通方面的六个功能：说服他人，表现注意力、兴趣和激情，表达情感，调整交流过程，表示权力和身份，给别人留下印象。下面主要介绍常用的三种功能。

（1）目光能塑造自我形象，能给人以鲜明的"第一印象"。目光炯炯，给人以健康、精力旺盛的印象；目光迟钝，给人以衰老、身体虚弱的印象；目光明澈，给人以坦诚的印象；目光浑浊，给人以糊涂的印象；目光闪烁，给人以神秘、心虚的印象；目光如炬，给人以威严、正义的印象。《诗经》中的"美目盼兮""美目扬兮""美目清兮"，指的就是年轻女子的目光语能给人以美丽、迷人的印象。

（2）目光"会说话"，能传达细微、复杂、强烈的思想感情。黑格尔在《美学》中说："不仅是身体的形状、面容、姿态和姿势，就是行动和事迹、语言和声音以及它们在不同生活情况中的千变万化，全部要由艺术化成眼睛，人们从这眼睛里就可以认识到内在的、无限的、自由的心灵。"目光语所传达的极为细微、深刻、美妙、复杂的思想感情，有时连具有丰富表现力的有声语言也无法超越，无法替代。优秀的表演艺术家都非常重视"眉目传神"，历来有"上台全凭眼""一眼有神，满场皆活"等说法。人物的喜、怒、哀、乐、娇、痴、呆、傻、嗔、怨、恨、羞、骄、横、媚、俏、昏、灵等各种复杂感情，常常是靠目光语来表达的。例如，横眉冷对、怒目圆睁是仇人相见的眼神；眉目传情、暗送秋波，是恋人交流感情的形式；眼神呆滞、愁眉紧锁，则是忧愁痛苦的表现。

（3）自然流露的目光语，能反映人物的遭遇、性格和深层心理活动。目光语的运用分为无意识和有意识两种。无意识的目光语，是内心世界的自然表露，从这一点来看，也是"目如其人"。鲁迅曾说："要极省俭地画出一个人的特点，最好是画他的眼睛。"他笔下的祥林嫂初到鲁镇做工时，对她的描写是"只是顺着眼"，表现出其善良的性格。但是，经过夫死子亡之后，她已经完全麻木、绝望，并且濒临死亡，这时对她的描写是"只有那眼珠间或一轮，还可以表示她是一个活物"。从这里可以看出目光对表现人物性格及深层心态所起的重要作用。

2. 目光语的运用

凡富有经验的语言沟通者，总是能够恰如其分地、巧妙地运用目光语，并与有声语言协调、配合，去表达千变万化的思想感情，调整沟通现场的气氛。除了目光语的传神外，沟通中目光语的运用，还与沟通者目光的投向、注视的频次、注视的方式、控制对方眼神的方法等密切相关。这几个方面处理得好，沟通效果就会很好，现分述如下。

（1）目光的投向。目光注视的部位不同，表明双方的关系不同，投入的信息也不同。注视一般可分为三种：亲密注视（亲人、恋人之间），社交注视（酒会、舞会、茶话会等友谊集会）和公事注视（洽谈业务、贸易谈判、对外交往等）。不同学者对不同注视的视线区域有不同的看法。有人认为，社交注视的视线区域为对方脸部的三角部位，即以两眼为上线，嘴为下线，也就是双眼和嘴之间的区域，而亲密注视的视线区域为对方两眼与胸部之间的三角形区域。也有人认为社交注视的视线区域在对方的双眼与腹部之间的三角形区域，而公事注视的视线区域为以两眼为底线、上至前额的三角形区域。我们认为，应根据沟通双方的具体情况而定，因为在沟通中，目光语的运用不是单方面的，有时对视会使双方感到尴尬。为了避免对视，你可以看着对方的眉毛以上到发际之间的区域，除非对方离你很近，否则对方不会察觉你不愿和他对视。

另外，不同民族注视的习惯也存在差异。南欧人常常把注视对方看成是冒犯的行为；日本人在谈话时注视的是对方的颈部，而不是面部。因此，在目光语沟通中，一定要考虑文化差别这一因素。另外，即使是同一民族，如"亲密注视"，注视妻子、儿女、兄弟姐妹的目光也有区别，这些都要灵活掌握。

（2）注视的频次。目光注视对方时间的长短和频次，也是很有讲究的。

长久不注视对方，则会被认为是冷落对方，或者是对对方不感兴趣；长时间地盯着对方，被认为是失礼的行为，或者是向对方挑衅。刚一注视就躲闪，则会被看作胆怯和心虚。

在沟通中，如果不喜欢对方，注视对方的次数就会较少，因为注视是一种表示喜欢的信号。当沟通者希望得到对方的赞同和关注时，注视对方的频次就会较多。陌生人之间通常都是目光接触后立即移开视线。如果与陌生人目光接触后迟迟不移开视线，则包含着好奇、喜欢、感兴趣等含义。

（3）注视的方式。注视的方式能够确切地表明沟通者的态度。注视的方式可分为环顾、专注、虚视等。

环顾，即视线向前做有意识的自然流转，以照顾全视野内的沟通对象的注视方式。这种方式适用于有较多观众的场合，如进行学术报告、讲课、演讲等。视线笼罩全场，可以使每个观众都感觉到你在同他说话，从而满足他们的交际心理，提高对方倾听的兴致。此外，这种方法还可使你通过多角度的视线接触，比较全面地了解观众的反馈，以便随时调整自己的话题等。使用"环顾"时，视线应有节奏地流转，应放慢流转速度，不可目空一切、盛气凌人。

专注，即目光注视着对方。如果是在交谈者较多的场合，则指把目光较长时间地停留在某一个人身上（然后再变换注视对象）的方法。在两个人的沟通交流中，注视可以完成感情和情绪的微妙交流。双方通过察言观色，有助于感受对方的心理及其变化。对沟通者来说，专注特别适用于启发、引导、赞许、鼓励等感情类话题的交谈。此外，目光专注还表示对对方的尊重，对对方话语的重视等。目光专注的合理使用是交谈风度和涵养的重要体现。当然，如果要特意表达其他意思，可以故意不使用目光专注。例如，当发现对方有意地看看手表或游目四顾时，你应当"读懂"这一目光语，这可能是对方希望结束谈话的暗示，这时最好知趣地结束谈话。当然，专注不是要求沟通双方进行目光接触，对视是很尴尬的，你可以时不时地看着对方的眉毛以上到发际之间的部位，这样可以避免对视。需要指出的是，专注是指有感情的注视，目光自然柔和，而不是目光的固定，更不是"死盯"。

虚视，即目光似视非视的方法，通俗的说法就是"视而不见"。这种方法只适用于与众人进行沟通的场合，如大型课堂、演讲等。虚视不是目光漂浮不定，虚视也有中心区。中心区一般应为观众席的中部或后部。虚视时，演讲者眼睑的调节肌能得以松弛，容易达到虚视的效果。特别是当众讲话时，若需要思考，虚视就可以用于边思考边讲话，可以给观众以认真、努力和机敏的印象。对于怯场的人，虚视是最好的视线投射方式，因为"视而不见"是减轻说话人心理压力的最好的应急办法之一。

除了以上三种方法外，还有其他视线投射方式。当对对方非常重视，或者在谈论严肃的话题时，一般需正视；当对某人表示轻蔑或者反感时，可采用斜视；当对某人毫无兴趣，甚至厌恶时，可以采用耷拉眼皮的方式。

（4）控制对方的眼神。运用目光语控制对方的眼神，是目光语运用的高境界。一般来说，处于沟通强势地位的一方更易控制对方的眼神。例如，你作为一名教师上课时，如果你是向对方讲解问题或传授知识，需要用图画、实物、手势、激光笔等作为辅助，那么你应设法控制对方的眼神。当然，主要是靠你的注视使对方不便"走神"，让他觉得你时刻在"盯"着他、注视他，也可以用一支笔或激光笔指着多媒体课件、图画或实物，同时念出所指的部分。你注视对方是为了使对方聚精会神地接收你传递的信息，你设法控制对方的眼神也是出于同样的目的。

（二）微笑语及其运用

1. 微笑语的含义和功能

人的面部表情是非语言沟通的重要手段之一。人的面部表情主要是由眼、眉、嘴和面部肌肉的变化而形成的。眉、嘴和面部肌肉的变化多种多样，如愁眉苦脸、眉飞色舞、咬牙切齿、喜笑颜开、嚎啕大哭、嬉皮笑脸等。因篇幅有限，下面仅介绍微笑语。微笑是沟通的润滑剂，对人际关系的良好发展、人际交往的愉快和谐有着非常重要的作用。

微笑语是通过略带笑容而不出声音的笑来传递信息的体态语言。微笑语是一种具有强烈感染力的体态语，也是一种跨文化的通用体态语。微笑的功能也是多方面的。

（1）微笑有助于身心健康。常言道："笑一笑，十年少。"人们常说开怀大笑是最好的良药。有研究认为，笑可以增强人的免疫系统，改善呼吸，减轻压力，提高心率，增强疼痛耐受力，使人进入积极的情绪状态，锻炼肌肉，增强心理承受能力，以及其他的身体益处。笑有助于身心健康，延年益寿。微笑是健康长寿的途径，又是身体健康的标志。

不仅如此，微笑还可以美化人们的外形，陶冶人们的情操。因此，发自内心的微笑，还是美好心灵的外现。外国一位著名的政治家曾说："一个人的微笑价值百万美元。"据调查，很多政治家、外交家、演员、公关人士，他们能取得事业上的成功，除了因为他们有出众的才华，还因为他们那颇具魅力的微笑。

（2）微笑能改善沟通环境。沟通环境对沟通结果有着重要的影响，构成沟通环境的一个重要因素是人际关系。在沟通交流中，人际关系并不都是很好的，有时对方抱有很不欢迎、很不友善的态度，关系很不融洽。遇到这种情况，沟通者可以主动用微笑语去加以改变。改变沟通环境，微笑语比有声语言更方便、更直观、更得体、更有效。美国著名的心理学家和人际关系学家戴尔·卡耐基（Dale Carnegie）在谈到"处理人际关系的艺术"时提到：卡耐基要求几千名工作人员做这样一件事——对他们周围每天遇见的人都报以微笑，并将结果反馈回来。不久收到了纽约场外交易所斯坦哈特的来信，上面说："现在，当我出门上班时，我微笑着向公寓电梯司机打招呼，我微笑着向门卫打招呼；在地铁票台要求换零钱时，我向出纳员微笑；当我来到场外交易所，我向同事们微笑。我发现人们很快也对我微笑。我以愉快的态度对待前来找我发牢骚、诉苦的人，我微笑着倾听他们的诉说。这样一来，我发现调整工作容易得多了。微笑每天都给我带来很多美元。"斯坦哈特就这样改变了其所处的不良环境，与自己的部下友善融洽，和睦相处。微笑给他带来了愉快的工作环境，微笑也给他带来了经济效益。

（3）微笑能增强沟通亲和力。"相逢一笑"是常用的见面体态语。微笑是沟通交流的润滑剂，微笑能增强沟通亲和力，应当贯穿人际沟通的始终。当面对许多人时，最好在你和听话人交融的笑声中结束谈话，使你的笑貌在大家的脑海里留下一个好印象。有时，人们要表达某种思想感情，但是在特定的时间里，只可意会，难以言传，这时就可以用微笑来进行思想沟通，完成沟通任务。

总之，微笑的魅力是多方面的，微笑能使"强硬的"变得温柔，"困难的"变得容易，"刁难的"变得通融，"对立的"变得和解，"疏远的"变得亲近，"友好的"变得更友好。微笑能弥补嫌隙，微笑能化解嗔怨，微笑能增进友谊。微笑是沟通双方情感的桥梁。

2. 微笑语的运用

在运用微笑语传情达意时，我们要做到以下几点。

（1）笑得自然。微笑是发自内心的，是美好心灵的外现。发自内心的笑才能笑得自然、笑得亲切、笑得美好、笑得得体。不能为笑而笑，无笑装笑。笑不由衷、巧言令色是很容易被识别出来的，因此，不论是哪一种笑，只有发自内心的笑、同对方会心的笑，才能真正使对方的心弦产生共鸣。

（2）笑得真诚。微笑语既是自己愉快心情的外露，也是纯真之情的奉送。它意味着："我喜欢你，你使我高兴，见到你很高兴。"真诚的微笑令对方内心产生温暖，有时还可能引起对方的共鸣，共同陶醉在欢乐之中，加深双方的友情。

（3）笑得合适。微笑并不是不讲条件的，也并不是可以用于一切沟通场合的。它的运用，是很有讲究的。首先，场所要合适。在吊唁、葬礼、扫墓等场合，就绝对不能有一丝笑容，而应当表现出肃静、沉静、伤感。当你同对方谈一个严肃的话题，或者告知对方一个不幸的消息时，或者你的谈话内容使对方感到不快时，也不应该微笑，应及时收起笑容。其次，程度要合适。微笑是一种礼节，是在向对方表示尊重，也是自己仪容的展现，但也需把握好度。笑得太放肆、太过分、太没节制，就会有失身份，引起对方的反感。最后，对象要合适。对不同的沟通对象，应使用不同含义的微笑，传递不同之情，表达不同之意。对恋人，微笑是传达爱慕之情；对同事、朋友、顾客，微笑是在传达友好之意；对长辈，微笑表示尊敬；对晚辈，微笑表示慈爱；对敌对者的笑与上述微笑不同，是一种冷笑、讥笑，带有轻蔑、讥讽、鄙视等含义。

二、首语及其运用

（一）首语的含义

首语，就是头部动作传递的信息，首语的表现力也是较强的。这里说的首语，是指头部的整体活动传递的信息，包括点头、摇头、歪头（侧头）、昂头、低头等，不包括头部单独的部位或器官的动作。

点头，可以表达这样一些意思：致意、同意、肯定、承认、赞同、感谢、应允、满意、认可、理解、顺从等。

摇头，可以表达这样一些意思：不满、怀疑、反对、否定、拒绝、不同意、不理解、无可奈何等。

歪头（侧头），可以表达这样一些意思：思考、天真，如小孩子在听大人谈话或思考一个问题时，喜欢歪着头，并配合托着面腮，咬着手指等动作。

昂头，可以表达这样一些意思：充满信心，胜券在握，踌躇满志，目中无人，骄傲自满；头一直往后仰，还可表示陶醉。

低头，可以表达这样一些意思：顺从、听话、委屈、无可奈何、另有想法等。

在首语方面，我国有很多相关成语，既是首语用法的总结，又是首语的解读和说明，如点头哈腰、昂首阔步、搔首弄姿、俯首低眉、俯首帖耳、摇头晃脑、探头探脑、缩头缩脑等。

（二）首语的运用

首语的运用，我们要做到以下三点。

一是头部动作要明显，尤其是当它发挥替代功能时，到底是点头还是摇头，动作要稍大一些，让对方看清，对方才能正确领会，正确解读；不能似是而非，造成对方误解。

二是注意配合其他沟通语言使用。如点头时配合一个"嗯"，就不至于被误会。也可以配合其他体态语使用。有些成语就体现了这一特点，如"点头哈腰""昂首阔步"等，都是配合了其他体态语。

三是注意民族习惯。如马来半岛的塞孟人表示同意是将头向前伸，土耳其人表示否定是把头抬起，特别是保加利亚和印度某些地方的人，他们用点头表示否定，用摇头表示肯定，与我们恰好相反。同这些民族的人交往时，要先弄清他们的首语用法，以免引起误会。

三、手势语及其运用

（一）手势语的含义

手势语是人体上肢所传递的交际信息，也是一种表现力很强的体态语。它包括手指、手掌、手臂及双手发出的能够承载交际信息的各种动作，其中尤其是手指语、握手语、鼓掌语和挥手语的交际功能最强。

手势语是多种多样的，它主要由做出手势的位置、手掌、拳头、手指与手型构成。下面列举一些手势语及其含义。

1. 手势位置

做出手势的位置大体可分为三个区域：上位、中位和下位。

1）上位：肩部以上为上位，多用来表示希望、理想、号召、鼓动、祝贺等情感。一般手势向内、向上，手心也向上，其动作幅度较大。

2）中位：腰部至肩部区域为中位，一般是社交活动与日常生活中做出手势的位置。如果是双手在这个区域运动，就含有很强的沟通交际色彩。其动作要领是单手或双手自然地向前或向两侧平伸，手心可以向上、向下，动作幅度适中。

3）下位：腰部以下为下位，一般表示憎恶、反对、鄙视、失望等消极否定的意思。除表示无奈、生气等相对消极的意思外，一般不在这个区域做出手势。腰部以下可称为手势语的禁区。

2. 手掌

1）手心向上，胳膊微曲，手掌稍向前伸：表示贡献、请求、赞美、欢迎等意思。

2）手心向下，胳膊微曲，手掌稍向前伸：表示抑制、否认、制止、不喜欢等意思。

3）两手叠放：表示团结一致、联合、一事依赖于另一事或命运攸关、休戚与共等意思。

4）两手分开：表示失败、失望、分离、空虚、消极等意思。

5）手心向外的竖式手势：表示对抗、分隔、不相容的矛盾或互不同意对方的观点等意思。

3. 拳头

1）握紧拳头：表示挑战、团结、一致对外、警告、示威等意思。

2）举起双拳在空中晃动：表示号召人们起来斗争、奋斗等意思。

4. 手指

1）伸出拇指：表示称赞、夸耀等意思。

2）伸出小指：表示轻视、蔑视、挖苦人等意思。

3）用手指指向某一事物或方向：向听者示意事物和方向。

4）用手指的不同形状表示不同的数目。

值得注意的是，各民族都用手势语表示一定的意义，但是同一手势在不同民族中可能表示不同的意思。即使是在同一民族中，由于地域习惯的不同，同一手势也可能会有不同的意义。在某些国家，左右手有严格的分工；右手干净，用以待客；左手接触脏物品，不能拿东西给人。因此，我们在使用手势语时，要因人、因地而异，以免犯了别人的禁忌。

（二）手势语的运用

在日常沟通中，手势语的运用范围很广，使用频率也相当高。例如，在街上"打的"时，用招手表示呼唤；当应答是否需要某件东西时，用摇手表示不需要或者谢绝；在会议中征求意见时，举手表示赞同或支持；当不能满足对方要求时，用搓手表示为难；用叉手表示自信心和优越感；用摊手表示坦诚或无可奈何；用拱手表示行礼或者道谢；用背手表示自由自得或正在思考等。

手势语十分丰富，能表示各种意义，它常常被用来弥补有声语言的不足，起辅助或者强化作用。在特殊情况下，手势语可以代替言语而独立存在，例如，聋哑人之间以手势语代替有声语言来传递信息，其沟通效果与口语交际没什么两样。

根据功能来看，手势语可分为情感型手势语、指示型手势语、象征性手势语、摹状性手势语和习惯性手势语等。手势语是人们内心活动的外化表现，恰当的手势语体现沟通者的风度、仪表和文明程度。因此，运用手势语要遵循文雅、得体、一致的原则，避免指手画脚，避免养成不文明的手势语习惯。

四、身势语及其运用

（一）身势语的含义

身势语是通过静态和动态的身体姿势传递沟通信息的一种手段。在当今社会，得体的身势语不仅是修身养性的基本要求，而且还是沟通中用来展现仪态、传递信息的重要体态语言。

静态的身势语包括立、俯、坐、蹲、卧；动态的身势语只有步姿语。重要的身势语为立、坐、步，次要的身势语为俯、蹲、卧，后三种身势语在人际沟通中较少运用。

身势语在社交活动中起着极其重要的作用。例如，同样是立姿，演说家讲演时，挺身直立，头稍微昂起，给人以风度翩翩、善于鼓动的印象；下级听上级的指示时，低头、微微屈腰地站着，给人以谦虚、恭敬、顺从的印象。同样是坐姿，男性张开两腿而坐，显得自信、洒脱、豁达，欧美男性习惯跷二郎腿；女性膝盖并拢侧身而坐，显得庄重、矜持、有教养。可见，体姿不同，性别不同，传递的信息也不一样。

（二）身势语的运用

1. 坐姿语的运用

坐姿语是通过各种坐的姿势来传递信息的体态语言。我国古代非常讲究坐姿。"端坐""危坐""斜坐""跪坐""倚坐""盘坐"，讲的是坐的各种姿势，有些坐姿在现代社交场合中已不再使用。"坐立不安""坐卧不宁""如坐针毡"，是描述和形容坐者的心态；"陪坐""请坐""请上坐""排座次"等，是将坐姿直接与坐者的身份（主客）、地位（尊卑）、关系（师生）相联系。可见，坐姿本身就是在用不同的方式传递不同的信息。无论是在过去讲究礼仪的时代，还是在今天讲究沟通艺术的时代，都要特别注意坐姿。

坐姿的一般要求是：入座时，应当轻而稳，不要给人毛手毛脚、不稳重的印象；坐的姿势要端正、大方、自然；无论什么坐具，都不要坐得太满；上身要挺直，不要左右摇晃；腿的姿势要配合得当，一般不能跷二郎腿；交谈时，上身要稍许前倾，表示对对方的尊重和自己的专心。上身需后仰时，幅度不能太大，否则会给人困扰、无聊、想休息的印象。

坐姿有三种基本类型：

（1）正襟坐姿。这种坐姿多用于外事谈判、严肃会议或主席台就座等情况。这种坐姿的要求是上身挺直、精神集中、两手平放于膝上或手按着手，双脚并拢或略微分开。女性可采用双膝并拢或脚踝交叉的姿势。这种坐姿传的信息是庄重、尊重对方和公众。但要注意不可过于紧张，以免造成呆板僵直的形象。

（2）半正襟坐姿。这种坐姿介于正襟坐姿和轻松坐姿之间，适用于交谈、接待、座谈会、联谊会等场合。坐的姿势较轻松，如头部稍稍后仰，背靠椅背，手随便放在扶手上，一条腿可架在另一条腿上。采取这种坐姿能让人感到轻松、自在、不拘谨，可以营造和谐、融洽的气氛，缩短沟通双方的心理距离。但身子不能左右摇晃，腿不能不停地抖动。

（3）轻松坐姿。轻松坐姿即非常自由自在、随便的坐姿。身子可以斜着，手可以交叉放在胸前或两手抱着后脑，可以跷二郎腿。这种坐姿只适用于非正式沟通场合，而且沟通双方应是老朋友、同学、邻居，或是常在一起的亲戚等，彼此非常熟悉，并且又不是正式交谈，只是在家中或宿舍里随便聊天。

坐姿的运用，需考虑以下几种情况。

一是选用什么样的坐姿是受沟通环境制约的。例如，国家领导人在接见外宾时，采用正襟坐姿；到灾区视察，在灾民家中嘘寒问暖时，采用半轻松坐姿；在家中休息时，采用轻松坐姿。所谓"坐有坐相"，很重要的一方面是指坐得"得体"。

二是在现实沟通中，往往几种坐姿结合起来运用，它们之间没有不可逾越的界线。例如，沟通双方在谈判开始时，气氛还不融洽，彼此还不了解，双方的目的还不清楚，便采用正襟坐姿。等到谈判有了较大进展，气氛比较融洽，相互的了解逐步加深，各自目的已经达到，就自然而然采用半轻松坐姿。这是因为，一则正襟坐姿不能维持太久，二则后面这种坐姿更适合变化后的沟通环境。

三是要牢记：一个人的坐姿是他的素养和个性的显现。得体的坐姿可以塑造沟通者的良好形象，否则会使人反感。

2. 立姿语的运用

立姿语是指通过站立的姿态传递信息的身体语言。立姿语与坐姿语密切相关，正如"站有站相，坐有坐相"这一要求。立姿有"静立"、"侍立"（垂手）、"直立"（昂首）、"挺立"、"侧立"等。

性别不同，立姿的要求也有所不同。男士应尽量体现刚毅，立姿为两脚平行分开，大体与肩同宽，两手交叉，垂放于前胸，或自然下垂。女士应尽量体现优雅，立姿为脚跟并拢，脚尖分开呈小八字形，双手交叉放于腹部。

立姿大致可分为庄重严肃型、恭谨谦虚型、傲慢自负型和无礼粗鄙型。

（1）庄重严肃型。腰板挺直，全身直立，精神振作，给人以庄重、严肃的印象。如进行就职演说、大会讲话、被人介绍、接受奖励等，一般都采用庄重严肃型立姿。

（2）恭谨谦虚型。略微低头，垂手含胸站立，给人以谦虚、诚恳、恭谨的印象。如三顾茅庐中，刘备见孔明于草堂春睡，他不让别人叫醒孔明，自己就这样在旁边站立许久，关羽、张飞都急不可耐了。这恭谨的立姿语体现了刘备求贤若渴的态度，也让他赢得了孔明的忠心耿耿，直到"鞠躬尽瘁，死而后已"。又如，"程门立雪"（《宋史·杨时传》）这个典故：杨时40岁时，去洛阳拜程颐为师。一天，杨时前往程颐家求教，见程颐正在椅子上坐着打盹，杨时便一直恭谨地在门外站着。等到程颐醒来时，门外已经下了一尺深的雪。程颐是当时的大学者，这种立姿体现了杨时尊重师长、诚心求学的态度。

（3）傲慢自负型。两手交叉放在胸前，两脚向外分开，斜倚式站立，睥睨他人，给人以傲慢、自负、骄矜的印象，让人气愤。

（4）无礼粗鄙型。歪斜着身子，一条腿在前，一条腿在后，或交叠着双膝站着，抖动着脚尖，给人以无礼、粗鄙的印象，让人看了反感或厌恶，自然也就谈不上跟他沟通了。

对一个有教养、有身份、善于沟通的人来说，无论面对何种情况，都不应采用"傲慢自负型"或"无礼粗鄙型"立姿。

3. 步姿语的运用

通过行走的步态传递信息的语言称为步姿语。关于步姿，人们在日常生活中有各种说法，如"健步如飞""稳步前进""步履艰难""步履蹒跚""亦步亦趋""行色匆匆""踱来踱去"等。人们在沟通场合采用什么步姿，也是很有讲究的。

根据人们行走时的步态，步姿大致可分为四种类型：自如轻松型、庄重礼仪型、稳健自得型、沉思踱步型。

（1）自如轻松型。行走时，心情轻松，步子的幅度不大不小，速度不快不慢，上身直立，两眼平视，双手自然摆动，或一手提包或托着大衣。这种步姿的语义是"自如轻松、安详平静"，适用于一般会面、前去访问、出席会议、走进社交场合等。这种步姿比较大方、随便，而又稳重，是使用频率很高的步姿。

（2）庄重礼仪型。行走时，上身挺直，步伐矫健，双膝弯曲度小，步子幅度、速度都适中，步伐和手的摆动有很强的节奏感，眼睛正视前方。这种步姿所传递的信息是庄重、热情、礼貌。领导在检阅仪仗队、参加剪彩、登上主席台、作报告或颁奖等隆重场合，适合用庄重礼仪型步姿。一般群众在接受检阅、领奖、被重要领导人接见时，也应采用这种步姿。

（3）稳健自得型。行走时，步履稳健，昂首挺胸，步伐较缓，步幅较大。这种步姿表示愉悦、自得、有骄傲感等意思。如当实现了自己的某个理想或某个目标时，当重大谈判达成协议时，当演讲或表演获得极大成功时，人们常常自觉或不自觉地使用稳健自得的步姿，以表现自己的兴奋、踌躇满志和志得意满。

（4）沉思踱步型。行走时，迈步速度时快时慢，快的时候，步子急促；慢的时候，俯视地面，步伐缓慢，或偶尔抬头回顾，或不时停下搓手。总的步态是"踱来踱去"。这种步姿表示焦急、心事重重、集中思考等意思。

五、空间语及其运用

（一）空间语的含义

空间语是沟通者运用空间距离传递信息的一种途径，又称"空间距离""人际空间""近体度"等。每个人的身体都占据固定的空间，在日常沟通中，人们会有意无意地与他人保持着适当的空间距离。沟通者对空间的运用可表明双方关系、各自地位、态度、情绪等。

每个人都有自己的"人际空间"，社会交往中也有各种成文或不成文的空间划定。大学生在日常学习生活中，已经在有意或无意地使用空间语了。例如，上课时，同学们可以相邻而坐，坐成一排，但上自习时，一般是隔行入座，这就是保持个人空间的典型做法。再如，恋人之间在一起时，距离的远近常常是爱情成熟与否的标志，两个人从面对面交谈，到并肩而坐或并肩而行，再到拥抱、接吻，从空间距离的由远而近表明爱情已趋成熟。

（二）空间语的运用

爱德华·特威切尔·霍尔（Edward Twitchell Hall）认为每个人都有自己的空间需要，并分出四种距离：亲密距离、个人距离、社交距离和公众距离。每种距离都与双方的关系相称，他还把这种相称性以数字化的方式表示出来。

1. 亲密距离

亲密距离为 0~45 厘米。亲密距离的近范围为 0~15 厘米，是人际交往的最小距离。此时交际者彼此间可能肌肤相触，互相感受到对方的体温、气味、气息。亲密距离的远范围为 15~45 厘米。身体上的接触可能表现为挽臂执手或促膝谈心，体现出相互之间亲密友好的人际关系。亲密距离只用于情感上高度亲密的人之间。

2. 个人距离

个人距离为 46~122 厘米。个人距离的近范围为 46~76 厘米，正好能亲切握手，友好交谈，这是与熟人交往的空间距离。陌生人进入这个空间会构成侵犯。个人距离的远范围是 76~122 厘米，任何朋友和熟人都可以自由地进入这个空间。人际沟通中，亲密距离和个人距离通常都在非正式的社交情境中使用，在正式社交场合则使用社交距离。

3. 社交距离

社交距离为 1.2~3.7 米。社交距离超出了亲密距离或个人距离的人际关系，体现一种社交性或礼节上的较正式关系。社交距离的近范围为 1.2~2.1 米，一般在工作环境和社交聚会中，人们都保持这种距离。社交距离的远范围为 2.1~3.7 米，表现为一种更加正式的交往关系。例如，国家领导人或企业代表之间的谈判、工作招聘时的面试、大学生的论文答辩等场合，往往双方之间会隔一张桌子，以保持一定的距离，保持庄重的气氛。

4. 公众距离

公众距离一般在 3.7 米以上。这是公开演说时演说者与听众保持的距离。公众距离的近范围为 3.7~7.6 米，远范围为 7.6 米以上，这是一个几乎能容纳所有人的距离。在公众距离这一空间的交往，大多是当众演讲，当演讲者想与某个特定的听众交流时，他往往需要走下讲台，在两个人的距离缩短至个人距离或社交距离时，才能实现有效沟通。

人际沟通时，空间距离的远近是沟通双方是否亲近、是否友好的重要标志，也是区别不同类型沟通的重要依据。因此，在沟通交流中，选择正确的距离是非常重要的。

除了以上讲述的表情语、首语、手势语、身势语、空间语外，还有身体接触（如握手礼、拥抱礼、吻手礼等）、服饰穿着等。

课堂训练

1. 搜集并学习不同民族的体态语，了解不同民族在体态语方面的差异。
2. 请查阅并学习服饰穿着方面的相关礼仪知识。
3. 请谈谈你对目光语运用的认识和理解。
4. 请谈谈"微笑"对人际沟通的作用。
5. 请简要阐述体态语对语言沟通的作用。

6. 站姿训练。

抬头，双目平视，嘴唇微闭，面带微笑；双肩放松，双臂自然下垂；挺胸收腹，直立站好，双腿可稍微分开，身体重心放于两腿中间。与人正式交谈时，身体直立并微微前倾。若在非正式场合，男士可双臂抱胸或双手插兜。站立时双腿不要弯曲，双手不要叉腰。女士可以一只脚略前，一只脚略后。

【教学提示】　站姿应给人庄重大方、信心十足的印象，因而一要挺拔，二要轻松自然。

7. 坐姿训练。

走到座位前，转身后轻稳地从椅子左边入座。女士穿裙装入座时，应用手将裙稍稍拢一下，不要坐下后再站起来整理。双目平视，面带笑容，微收下颌。双肩平正放松；双臂弯曲将手放在膝上，或放在扶手上，掌心向下；双膝自然并拢，以一拳距离为宜；双腿平行或前后稍错开；双脚并拢或交叠（男士可略分开）。起立时，右脚向后收半步，从椅子左边站起。谈话时可以有所侧重，此时上体与腿可同时转向一侧。久坐时男士可叠腿，但勿抖动。如果在长辈或上级面前，上身应微向前倾。坐时不能大腿分叉、瘫坐在椅子上摆弄手指或其他东西。

【教学提示】　坐姿应给人安详、庄重的印象，因而一要优雅，二要气派。

8. 步态训练。

双目平视，微收下颌；双肩平稳，双臂自然摆动。挺胸收腹，重心稍向前倾。步伐自然有力，步幅适当，起脚要有节奏感。走路时讲究的礼节：两个人同行，尊者在右；三个人同行，尊者在中；男女同行，男在左，女在右（因为同行的礼仪以右为尊，且右侧者更安全）；上楼男在后，下楼女在后；与上级、长辈同行，不应超越，若须超越应致歉；若在狭窄通道、走廊与长辈或女士相遇，应站住让路。

【教学提示】　步态应具有动态美，因而要轻松敏捷、和谐稳健。教师可在课堂上模拟一场颁奖典礼，请学生扮演获奖者上台领奖。

第三章

日常社交语言艺术

日常交际是每个人生活中不可或缺的重要组成部分。美国心理学家亚伯拉罕·哈罗德·马斯洛（Abraham Harold Maslow）把人的各种需要归纳为生理需要、安全需要、社交需要、尊重需要和自我实现需要五个层次。社交需要处于第三层次，社交是人的最基本需要。一方面人是群体动物，有着强烈的归属感，渴望有所归属，渴望成为社会群体的一员，渴望与他人沟通，这就是社会学中所阐释的所谓人的社会化；另一方面，人又是有感情、有理性的高级动物，人的需要不仅包括物质需要，更包括精神需要，而精神需要又是人类特有的，越是人类特有的就越是高级的。如果一个人不与他人沟通，会对其心理或生理造成很大的危害。

日常交际的种类繁多，不少教材将日常交际划分为相对独立的交际形式，如称呼、招呼、介绍、交谈、约请、拜访、接待、致谢、告别、赞美、批评、安慰、劝说、拒绝等，下面主要介绍几种常用的交际形式。

第一节　称呼与招呼

一、称呼的语言艺术

称呼，也叫称谓，是指人们在日常交往中所采用的彼此之间的称谓语。人际交往，礼貌当先；与人交谈，称谓当先。人际交往从称呼开始，称呼亲属、朋友、同志或其他有关人员时，使用规范性称谓用语，既能表示友好、尊重，又能恰当地体现出沟通者之间的关系、亲疏距离。在人际沟通中，沟通者选择正确、适当的称呼，反映自身的教养、对对方尊敬的程度；称呼得体可使对方感到亲切，获得心理上的满足，使沟通顺畅，交往成功。可见，正确地掌握并运用称呼的语言艺术，是人际沟通成功不可缺少的礼仪因素。

（一）社会交际称谓词语

1. 礼俗性亲属称谓语

礼俗性亲属称谓是一种广泛的非亲属的亲属称谓。为了表示礼节和亲切，人们常借用亲属称谓来称呼别人。如邻里乡亲之间，虽然没有亲属或亲戚关系，但人们总是按性别和年龄，分别称呼对方为王大爷、李大叔、赵大伯、王奶奶、李大婶、赵大妈、刘大哥、张姐等。小孩子称不认识的妇女为姨、阿姨，询问路人时称陌生的老人为老大爷、大娘、大婶、大叔、大哥等。有些地方的人在称呼对方时往往在对方的名字后加上一个亲属称谓，如大山叔、源哥、梅姐、玲妹等，这样显得更亲切。

2. 现代社交称谓语

（1）对有名望有地位老者的称谓语。可采用"姓+老"，如"张老、王老、徐老、郭老"等；也可以采用"姓+名首字+老"，如称呼"吕叔湘"为"吕叔老"；还可以采用"姓+先生"或"姓+公"，如"张先生、王先生、吕公、李公"等。

（2）对社会长者的称谓语。可采用"姓+亲属称谓"，如"王大爷、刘大伯、李奶奶、张大妈、陈大婶、赵阿姨"等。注意，"大爷"这一称谓语，有两种发音，即"dà yé"和"dà ye"。作为亲属称谓时，"大"为去声、"爷"为阳平，此时大爷一词的词义为"爷爷的哥哥"，如大爷（dà yé）、二大爷、三大爷等，但也有地方称为"大爷、二爷、三爷"；在北方方言中，"大爷（dà ye）"用来称呼父亲的哥哥，指比父亲年长的哥哥，老大为大爷（dà ye），其余依次在前面加上数字，如二大爷（dà ye）、三大爷、四大爷。当"大爷"用作社会称呼语时，有三种含义：一是对老年男性长辈的尊称，一般指 60 岁以上的老年男性，不论年龄大小，一律与父亲同辈分，此时读"dà ye"；二是指社会地位较高或傲慢自恃的男性，旧社会中常用，此时读"dà yé"；三是作为自以为是的自称，此时读"dà yé"。

（3）一般社会交际的称谓语。

姓+先生（男性、女性知识分子）：王先生、郭先生。

姓+太太，姓+女士：黄太太、刘女士。

姓+职务或职称：王部长、李院长、张书记、冯教授、刘工程师（刘工）。

姓+老师（学校教师或艺术家）：王老师、周老师、苏老师。

姓+师傅（多用于工人、厨师）：李师傅、王师傅。

老+姓+同志，大（小）+姓+同志（用于同事）：老刘同志、老王同志、小吴同志。

职业+同志：司机同志、警察同志、售货员同志。

职务（面称时有时不加姓）：局长、书记、处长、科长、老师、大夫、主任。

通称（在不知对方姓名的情况下打招呼）：同志、师傅、先生、阿姨、叔叔、大娘、大哥、大姐、老弟。

特称（对熟人的特称有亲昵感）：小妞儿、小胖子、大个子、大胡子、小猴子。

有很多场合也可用姓名来称呼，关系亲密的人可直呼其名，家人、好友之间可用昵称。称呼姓名时，如果姓名是三个字的，可以直接称其名字；如果姓名是两个字的，就需要一起说出姓和名。

以上称谓中，有些称谓反映了宗法社会家庭关系，每一种称谓都代表一种社会名分。有些新的称谓则是促进社会和谐的有利因素，有助于社会成为一个团结和睦的大家庭，使人际关系友好和谐。

（二）不宜使用的称呼

（1）无称呼。没有任何称呼而直接与对方对话，如有的人到办公室办事，发现自己要找的人不在，张口就问："小王哪儿去了？"

（2）替代性称呼。如在很多医院喜欢用"下一个""三号""四床"等代替病人的名字，虽不甚文明，但属习惯。另外，在比赛活动中，不宜透露参赛选手个人信息时，只能使用比赛抽签顺序来代替。

（3）地方性称呼。如湖北一些地方把未婚女性统称为"姐儿"，这个称呼在其他地区使用就不一定适合，但"姐姐"在天津是个特别吃香的称呼，下到十几岁小闺女，上到五六十岁的大娘，在天津都能被叫成"姐姐"。

（4）不适当的简称。如向不熟悉的人介绍张工程师为"张工"，会误导对方以为张工程师的名字叫"张工"。另外，还有一些同音词需要回避，如"喂，你好，是小王吧？""喂，是老王吧？"（王八）等。

（5）取绰号。给别人取绰号是不尊重人的行为，特别是侮辱性的绰号，如"独眼龙""瘸子""矮子"等。

（三）社交称呼的原则

社交称呼的原则一般是就高不就低。在我国，当用职务称呼别人时，一般就高不就低，如某人是副科长、副书记、副教授、副校长，面称对方时，一般需要把"副"字去掉，在语言节奏方面也顺口，符合韵律的要求。

称呼别人不是为了满足自己，而是为了满足别人。有一定职务或职称的人，把别人用职务、职称称呼他，看作对方表达尊重的一种方式，而乐于接受。但是，在亲朋好友的日常沟通而非公务活动中，如果采用职务、职称称呼形式，反而是一种故意疏远的体现或者成了一种调侃，所以，在选择称呼时需要分清场合、分清对象。

二、招呼的语言艺术

见面打招呼是社交的基本礼节。打招呼的方式有语言方式、非语言方式、语言和非语言相结合的方式。不同文化背景下人与人之间打招呼的方式存在一定的差异。下面主要介绍中国式打招呼的方式。

（一）常见的招呼用语

过去，由于物质条件不好，"吃饭了吗？"这种招呼语是对对方的一种关心。现在，随着人民生活水平的提高，温饱问题已经得以解决，"吃饭了吗？"这句招呼语基本上没有了原来的意思。加上"吃饭了吗？"有很强的时间限制，不是随时随地都能使用的招呼语。因此，"忙什么呢？""干啥去？""你去哪儿啊？"等招呼语逐渐被使用开来。这些招呼用语并不是真正想了解什么，只是打招呼和问候的一种方式，并不在乎对方怎么回答。这类招呼语一般用于熟人之间。在与不太熟悉的人见面时若要相互问候，一般用"你好"或"您好"，这种招呼语简洁明了、通用性强，同时又是对他人的一种祝福。

在一些特定的场合，如离得比较远不适合讲话，就需要辅以非语言手段，中国人常常举起右臂，手掌向着对方摆动几下或举一下即可。经常见面的同事、邻居，或者是关系比较一般的人之间，可以采取相互点头致意的方式来代替称呼语。

（二）打招呼的礼节

1）谁先打招呼？在中国，少与长、学生与老师、下级与上级之间，应该由前者主动打招呼，以示尊敬。

2）只要照面就要打招呼，以表示亲切、友好，这是一个人内在修养程度高的重要标志。打招呼时要符合说话对象的身份和年龄。

3）保持微笑，自然地看着对方并专注地聆听对方的回应。

4）公共场合打招呼不宜聊个不停，以免影响他人。

5）如果打招呼后需行握手礼的，也需注意礼节。上下级、长幼之间，上级、长辈先伸手；下级、晚辈先问候，然后上前握手，态度要谦恭。

6）如果对方先打招呼，要认真回谢对方，如"您好""谢谢"等。

课堂训练

1. 请谈谈"×××校长"与"校长×××"，"王××老师"和"教师王××"在使用上有何区别。

【教学提示】 称呼语一般是在职称、职务前加姓氏，不能将职称、职务放在姓氏前面。一般在新闻报道等领域用第三人称叙述时，采用"校长×××"格式。称呼老师时，面称使用"王老师"，背称可使用"王××老师"，在叙述、说明、报道时则采用"教师王××"格式。

2. 在校园的道路上，你与老师、学长、同学等迎面相遇时，如何打招呼？

【教学提示】 这个训练项目主要是训练学生在人际沟通中如何采用礼貌、尊重、得体的称呼和招呼方式。可请同学用语言进行描述，也可请几个同学在教室里进行情景模拟。

在校园里的相遇，根据不同沟通对象可采用不同的沟通方式。如与同学相遇，应该表现得自然、亲切，打个照面，微笑示意即可；与师长相遇，则应体现礼貌、尊敬。有些同学见到老师或领导，心理就紧张。在相距10米左右看见老师了，可能会低下头或转移目光，不敢看对方，等到相距5米左右时，再把视线转移到老师身上，跟老师打招呼时，更紧张了。

得体的做法是：与师长相遇时，合理采用目光语，表情自然或略带微笑，相距四五米的时候，稍微放慢脚步，然后看着老师，说一声"老师好！"老师会回应一声"你好！"。一般来说，互相问好后，基本就"擦肩而过"了。如果选择立定后，向老师恭恭敬敬地问好，老师可能也会停下脚步，这种情况下双方可能就会多交流几句，若无可聊的内容，双方就会十分尴尬。

我们常能见到这种情形，有些人在和陌生人、师长或者异性交流时，因紧张而不敢注视对方，不是低头盯着地面，就是抬头看天。合理使用目光语，可以增强自信，克服羞怯心理。在沟通中，羞怯一方总会躲避目光的对视。当然，如果目光对视，让你觉得很尴尬，你可以看着对方的眉毛以上到发际之间的区域，除非对方离你很近，否则对方不会察觉你不愿和他对视。这样可以在一定程度上克服不敢看人的羞怯心理。

第二节　介绍与交谈

一、介绍的语言艺术

在人际沟通中，介绍是与他人增进了解、建立联系、寻求帮助和支持的一种最基本、最常规的方式，是人与人相互沟通的出发点。在很多沟通场合，我们需要进行自我介绍、他人介绍或集体介绍。在人的一生中，我们会在不同场合面向不同人群进行自我介绍。例如，新生入学，你在班级第一次班会上要进行自我介绍；想加入某个学生社团时，你要自我介绍；在求职应聘时，你需要一个有针对性的自我介绍。有时候，你还可能作为第三方，引见彼此不认识的双方，即介绍他人。

由于介绍的场合、对象不同，介绍的形式和内容也不尽相同，介绍形式可分为自我介绍和介绍他人。

（一）自我介绍

自我介绍应注意以下四个方面的内容：自我介绍的时机和时长、自我介绍的目的、自我介绍的内容和自我介绍的方式。

首先，善于把握介绍的时机和控制介绍的时长。在对方有空闲又有兴趣时，进行自我介绍，这样就不会打扰对方，对方也能认真听你的介绍并记住你。介绍时要言简意赅，以半分钟左右为佳，不宜超过一分钟（特殊情况除外，如求职面试）。

其次，明确自我介绍的目的。根据沟通目的决定哪些内容需要重点介绍，哪些内容可以不介绍。如时间允许，最好先打好腹稿，在心中演练一遍，以突出介绍重点和层次。

再次，组织好自我介绍的内容。根据沟通场合决定是进行详细介绍还是简单介绍，自我介绍可分为应酬式、工作式、社交式、礼仪式和问答式等，要根据不同的场合组织自我介绍的内容。

最后，合理使用自我介绍的方式。除了运用语言进行自我介绍外，为了节省时间或增强效果，在自我介绍时，还可利用名片、介绍信作为辅助手段。

在自我介绍中，介绍内容和介绍方式同等重要。有时候，人们不在意你说了什么，而看重你是怎么说的。因此，在自我介绍时，要注意语气、语调、神情的使用，以获得对方的好感。下面根据不同的场合讲解不同的自我介绍。

（1）应酬式。应酬式适用于一般性的公共场合和沟通场合，或者是面对泛泛之交和不愿深交的人，这种自我介绍较为简洁，往往只包括姓名、身份等基本信息。

（2）工作式。工作式适用于工作场合，介绍的内容可包括姓名、单位及任职部门、职务或从事的具体工作等。

（3）社交式。社交式适用于社交活动，通过自我介绍给人一种信任感，使对方产生接近、结识你的想法，并表示希望与沟通对象进一步交流。介绍内容大体包括姓名、工作、籍贯、兴趣及与沟通对象的某些相近的联系。

（4）礼仪式。礼仪式适用于讲座、报告、演讲、庆典、仪式等一些正规或隆重的场合。介绍内容应包括姓名、单位、身份、职务等，同时还应加入一些适当的谦辞、敬辞。

（5）问答式。问答式适用于应试、应聘和一些公务交往。问答式的自我介绍，应该是有问必答，问什么答什么。

下面介绍两种常用的自我介绍方法。

（1）自我介绍的五要素法。自我介绍中包括以下五个要素：姓什么、叫什么、字怎么写、有何意义、祝福语。

这种方式属于社交式自我介绍，为了让对方记住你的姓名，你可以巧解自己的姓名。姓名是父母起的，但我们可以给自己的姓名赋予一定的蕴意，以名言志。为了与别人相识，可以在介绍的最后加上一两句祝福语，也可以借座右铭抒情励志等。例如，编者在学生干部培训班上的自我介绍：

各位同学，大家好！我叫王用源。用，作用的用，天生我材必有用的用；源，是资源的源，人力资源的源。我来自天津大学文学院，很高兴能与在座各位宝贵的、有用的人力资源们聚在一起，探讨与学生干部培养有关的一些话题。祝大家早日成为国家的栋梁之材。

（2）自我介绍的工作关联法。这种介绍方式的适用范围较广。介绍的内容包括姓名、单位、特长、与大家的关系等，使用这种介绍方式的目的是与更多的人产生有益的联系。例如：

您好！我叫×××，是×××的同事（朋友），也是老乡，我在天津大学文学院工作，跟您一样，是教沟通与写作的，以后还请多多指教。

进行自我介绍时，应先向对方点头致意，得到眼神回应后再向对方介绍自己。在介绍中，要善于用眼神表达自己的友善、关心以及沟通的渴望。介绍完成后，互相握手致意。如果介绍时辅以名片的递换，还需注意递名片、接名片的方式。不要将名片放在裤子口袋里，如果让人看见会觉得你不尊重他。向对方双手递送自己的名片时，名片文字应正对对方；接收别人的名片时，双手接过后最好浏览一遍，还可略加赞许，记下对方的职务，以便称呼。看过名片后要小心放好，可放在名片夹里或上衣口袋里，不要在手里摆弄或随手往桌上一放。

（二）介绍他人

在人际沟通的一些场合中，不仅需要自我介绍，还需要介绍他人。介绍他人，又叫第三方介绍或居间介绍，就是当双方互不认识时，由第三方出来替双方作介绍。介绍他人时，谁当介绍人，介绍的方式和内容、介绍的顺序，都是有讲究的。

1. 谁当介绍人

在社交场合中，如果没有介绍人，双方互不认识，大眼瞪小眼，便会很尴尬。在一般性的公务活动中，谁来当介绍人呢？主要有以下几种人。

其一，专业人士。办公室主任、领导秘书、公关人员等，他们都是单位里专门负责对外接待工作的人员。

其二，对口人员。即客人要拜访的部门的有关人员，如客人是销售经理，则可以由本单位的销售经理负责介绍，根据介绍人与被介绍人的身份对等接待。

其三，本单位地位、身份最高者。这是一种特殊情况。来了贵宾的话，一般应该由东道主一方职务最高者出面介绍，礼仪上把它称为规格对等。实际上，这就是对客人的一种尊重和重视。

2. 介绍的方式和内容

介绍他人时，根据沟通场合的不同，介绍的方式和内容也有区别。介绍他人时，应以尊重的口吻恰当地称呼他人。如果某人有职务或职称（如处长、教授等），则称呼其职务、职称更显尊重。同时，应该礼貌地以手示意（掌心向上），而不要用手指去指人。内容上，一般只介绍双方的姓名、单位、职务。在介绍这些时一定要放慢语速，口齿清晰，以免给双方造成误会。有时为了推荐一方给另一方，介绍时可以说明被推荐方与自己的关系，或强调其才能、成果，便于新结识的双方相互了解与信任。当然，不要过分颂扬他人，以免被推荐方尴尬或给人留下"吹嘘""拍马屁"的不良印象。

3. 介绍的顺序

中国和以英语为主的西方国家在介绍他人的顺序上存在一定的差异。西方国家介绍他人的顺序一般是：将男子介绍给女子；将同性别中年轻者介绍给年长者；将未婚女子介绍给已婚女子；将同性别中地位低者介绍给地位高者；将儿童介绍给成年人。我们国家现在介绍他人，不分男女，通常按下列顺序介绍：将年长者介绍给年轻者；将长辈介绍给晚辈；将职位高者介绍给职位低者。两个群体相互介绍时，一般只介绍带队的、职务高的，随行人员则笼统介绍。如果将一对夫妇介绍给他人，西方国家习惯先介绍丈夫，后介绍妻子；在我国则先介绍与在场人有关的一方，然后再介绍其配偶。按照礼仪，为他人作介绍时应遵守"尊者优先"的原则，即把尊者介绍给他人。其实，不论中西方有何差异，介绍他人的一个窍门是：先称呼谁，谁即为"尊"，应把他人介绍给该人，如"张先生，这是舍弟×××。"

在介绍他人时，介绍者与被介绍者都要注意一些细节。介绍者为被介绍者作介绍之前，要先征求双方的意见。介绍完毕后，介绍人和被介绍人都应该微笑点头致意，以示尊重和礼貌，条件允许的话应依照合乎礼仪的顺序握手，并彼此问候对方，如"你好""很高兴认识你""久仰大名""幸会幸会""谢谢"等，必要时还可进一步自我介绍。

介绍他人有一种比较特殊的形式就是集体介绍，多用于活动主持人向参与者介绍活动的主角。如在演讲、报告、比赛、会议中，往往需要主持人将主角介绍给广大参加者。如果被介绍的不只是两方，并且每方人数都很多，需要对被介绍的各方进行位次排列。排列的方式是：①以其负责人身份为准；②以其单位规模或级别为准；③以抵达时间的先后顺序为准；④以座次顺序为准；⑤以距离介绍者的远近为准；⑥以到场人数的多少为准。

二、交谈的语言艺术

交谈是人们日常沟通的基本方式之一，它可以促进人们交流思想、交融感情、交换信息。日常生活中的交谈虽然目的性不是很强，交谈的方式也较为随意，但是所谈的内容应尽量具备一定的目的性，如果东拉西扯、废话连篇，这样既浪费自己的时间，又耽误对方的时间。即便是随性而起的交谈，也应达到增进彼此了解、增进友谊、交换双方对某些事的看法等目的。学习并掌握一些日常交谈的策略，有助于提高生活质量、和谐人际关系。

（一）交谈策略

下面先介绍提高交谈质量的一些策略。

1. 确保语言表达清晰

语言是交谈的载体，交谈过程即语言的运用过程。语言运用是否准确、恰当，直接影响交谈能否顺利进行，因此在交谈中尤其要注意语言的运用。交谈时起码要做到的一点是让对方听清自己在说什么，这就要求发音标准、吐字清晰。尽量不用方言、土语，多使用普通话（特殊场合除外，如老乡会）。说话过程中还应做到话语含义明确，避免因模棱两可产生不必要的误会。

2. 积极倾听做好互动

交谈属于互动交流的行为，除了要善于表达自己的思想、看法和意见等，还要主动、积极地倾听对方讲话。否则，只有信息的输出，而无信息的输入，对自身的信息交流不利。在交谈中应该多听听别人的意见和想法，以丰富自己、充实自己。在倾听的过程中，不妨以"嗯""是""对""没错""真是这样""我有同感"等加以呼应。如有必要，还应在自己讲话时，适当引述对方刚刚发表的见解，或者直接向对方请教。

3. 以心交心深入交流

以心交心，就是以自己的真诚来换取对方的真诚。在交谈中，适时适量传递自身的信息，以自我袒露的方式拉近双方的心理距离，让双方的关系变得更加亲近。不想袒露自我却想让对方袒露内心世界通常是不可能的，但是袒露不是毫无保留地敞开心扉，说出心中的所有想法或秘密。因此，以心交心时，需适度适量。首先，自身资料性的信息可以袒露，如自己的工作、近况、有趣的经历等。根据交谈对象决定是否深入袒露其他信息，如自己对某一事情的立场、态度、看法等，如果情况允许，可以与对方深入交流，以增加交谈的互信度。

4. 无效回答巧妙回避

在交谈中，一般以你问我答的形式循环交流信息。当面对别人的提问不能回答或不打算回答时，干脆用"外交辞令"说"无可奉告"，这样做虽然可以，但有明显不尊敬的意味，有可能使对方无地自容。机敏的回答可以是"无效回答"，虽然彬彬有礼地回答对方，但实际上并没有让对方知道什么信息，这就是巧妙回避。例如，工作后，过年回到家乡，总有些人喜欢打听你的工资待遇，回答工资高，容易引起别人嫉妒；回答工资低，又怕被别人瞧不起。对方问："你一个月挣多少钱？"可回答"一般水平吧"或"还凑合"。面对这种照顾对方情绪的"所答非所问"，对方如果识相，定会知难而退。

（二）交谈礼节

为保证交谈的过程愉快，取得良好的沟通效果，还需要注意一些基本的交谈礼节。

1. 选好话题，避免争辩

日常交谈选择的话题应符合双方的思想境界、个性特征和兴趣爱好，以便为交谈创造一个良好的氛围。针对有些话题，不同的人可能会有不同的意见。在日常交谈中，不能把交谈当成辩论，以免伤了和气。

2. 举止大方，礼貌待人

多用目光语与对方进行交流，面带微笑，肢体动作文明礼貌。当与人交谈时，随便打断别人的讲话，或任意发表自己的评论，都会被认为是没有教养或不礼貌的行为。

3. 双向沟通，不要独白

交谈是双向沟通，无论如何都不要自己侃侃而谈，"独霸天下"，只管自己尽兴，而始终不给他人张口的机会。在交谈过程中需要倾听，倾听是对他人的一种尊重。

4. 适当沉默，出言谨慎

交谈中适当保持沉默，从而避免失言，正所谓"话不投机半句多"。如果在交谈中，你意识到自己的言语伤害到了他人，应立即致歉。在交谈中论及第三方时，切勿背后说人坏话。

课堂训练

1. 请查阅资料，看看《西游记》中唐僧每到一地是如何作自我介绍的，并总结出自我介绍的通用方法。

【教学提示】 从介绍的内容来看，一个比较好的自我介绍应包含以下三个方面：一是现实的我，给对方留下印象，以"表达期待"来组织材料；二是未来的我，面向未来讲"理想的我"，或者一种承诺；三是回应关切，明确介绍的目的，一定要回应对方的关切。如果你参加研究生入学考试的复试，请结合以上三点，你将如何介绍自己？

2. 多年来，你已在不同场合作过很多次自我介绍，不同场合会采用不同风格的介绍方式。假如今天是大学开学的第一天，全班同学依次进行自我介绍，现在轮到你自我介绍，请较为全面地介绍你自己。

【教学提示】 学生介绍完后，请其他同学点评。比较介绍人想介绍的重点内容与听话人接收的内容是否一致，以此来调整介绍方式和介绍内容。

3. 大学生活中，"卧谈会"是必不可少的"调味品"，请分享你们寝室卧谈会的情况。

【教学提示】 大学生的"卧谈会"涉及方方面面的内容，也是同一寝室同学增进相互了解、建立深厚友谊的一种沟通渠道。在"卧谈会"中，话题的选择很重要。同学们可以回忆以前的"卧谈会"一般是由谁发起的，由哪类同学起到主导作用，每次"卧谈会"室友的参与度如何等，通过思考这些问题来领会交谈的一些技巧。大学期间的人际沟通能力将为以后的职场沟通奠定基础。

4. 在日常生活或工作中，你的一个老乡不分场合，不顾他人的感受，经常使用家乡话与你交流，你如何看待这种沟通方式？

【教学提示】 有第三方（非老乡关系）在场时，交流双方不宜使用家乡话，看似拉近了彼此的交际距离，实际上是疏远了与第三方的关系，甚至会产生较大的消极影响。

5. 在公众场合中，假如有人故意当众揭你的短处或暴露你的隐私，你会怎么处理？

【教学提示】 你会选择怒目而视、出言反驳，结果弄得面红耳赤，还是当众解释，结果欲盖弥彰，抑或是采用其他方式处理？在特定的交际场合，据理力争未必是最佳选择，沉默常常比论理更有说服力。恰当运用沉默的方式有时可以取得较好的效果，不理不睬的沉默可让人摆脱无聊的纠缠，冷漠的沉默能使犯错误者认错改正。沉默是金，有时沉默不语能够出奇制胜。当然，这不是说要一味地沉默不语；掌握时机，该说话的时候就不要沉默。例如，领导遇到尴尬情况，就需要你站出来为领导打圆场；同事有矛盾了，需要你开口化干戈为玉帛，等等。

6. 自我介绍视频观摩。教师搜集一些比赛活动的视频，比如观摩《天才知道——天津大学专场》的视频，截取正式比赛前的自我介绍部分，观看每个参赛选手的自我介绍，并请同学们进行点评，哪些介绍得好，哪些介绍得不太理想。如果你是参赛选手，你将如何介绍自己？

第三节　赞美与批评

常言道："好言一句三冬暖，恶语伤人六月寒。"这句话告诉我们要学习用"爱语"结善缘。很多时候，一句同情理解的话，就能给人莫大的安慰，使人增添勇气，即使处于寒冷的冬季也会感到温暖；而一句不合时宜的话，就如一把利剑，刺伤人们脆弱的心灵，即使在夏季六月，也感到阵阵的严寒。在日常生活中，如何赞美他人是一门艺术，如何批评他人也是一门艺术。

一、赞美的语言艺术

人人都希望自己得到领导、同事、朋友、家人的认可和称赞，获得荣誉和赞赏对每个人来说都是高兴的事。人人都需要赞美，如同万物生长需要阳光的温暖一样。美国作家马克·吐温（Mark Twain）说："一句赞美的话能当我十天的口粮。"美国机能主义心理学派创始人之一的威廉·詹姆斯（Wiuiam James）说："人性中最深切的禀赋，是被人赏识的渴望。"

从心理学角度来说，赞美是一种容易引起对方好感的人际沟通形式，也是一种有效的沟通技巧，能有效地缩短人与人之间的心理距离。赞美是一件好事，但绝不是一件易事。**赞美是一门学问，赞美时要能够抓住被赞美的人或者事物的实质，一语中的，要让被赞美者听了舒服、畅快。**赞美别人时如不审时度势，不掌握一定的赞美技巧，即使你是真诚的，也可能把好事变成坏事。

由于受到中国传统文化的影响，在现实生活中，很多人信奉"忠言逆耳利于行"，因此，很多人不习惯赞美别人，更不知道如何去赞美别人。下面推荐一些赞美的方法。

（一）赞美的前提

要赞美他人，首先要发现他人的"美"之所在，这也是实施赞美的前提。要善于发现他人的"美"，就需要做到以下几点。

【扫码看案例】
赞美他人的小故事

（1）学会体谅他人。体谅能让沟通者理解本来不能理解的人和事，能让沟通者拥有一颗博爱之心，发现人间更多的真、善、美，发现他人更多的优点和可爱之处。

（2）学会宽容他人。宽容在给人提供改正错误机会的同时，也在给人创造施展才华的空间。这样，我们会发现一个犯错误的人原来也有如此多的优点值得欣赏和学习。

（3）学会欣赏他人。有什么样的心，就有什么样的眼睛，沟通者常怀欣赏、友爱、仁慈之心，就会发现他人更多的优点；常怀挑剔、敌对之心，就会更多地注意他人的不足。

（二）赞美的言辞

1. 赞美要真诚

赞美是对别人发自内心深处的欣赏，然后回馈给对方的过程。赞美要真心实意，情真意切。言不由衷、巧言令色、虚情假意或张冠李戴等无事实依据的赞美会让人感到莫名其妙，并觉得你油嘴滑舌、阿谀奉承，以至于让对方怀疑你的赞美动机。

真诚的赞美还体现在使用言辞的分寸上。赞美之词要准确、具体，恰如其分，确有其事，不夸大，不拔高。例如，当见到一位体态略显臃肿的女士时，却偏要对她说："你真是美极了！"对方立刻就会认定你所说的是虚伪之至的违心之言。这样不仅不能使对方满意、接受，而且常常会让对方怀疑你的动机，甚至产生反感和戒备心理。但如果你着眼于她的其他方面，如服饰、谈吐、举止，发现她这些方面的出众之处并真诚地赞美，那她一定会高兴地接受。

2. 赞美要具体

被赞美的人不仅需要赞美之词，而且需要知道自己哪一点得到了别人的赏识，所以赞美要尽量具体。例如，在课堂训练中，学生上台展示、训练之后，老师会进行有针对性的点评，有的老师为了节省时间，可能会说："刚才这位同学表演得很好，因为时间关系，好的方面我就不多说了，就不足之处说说我的看法。"其实，学生不仅想知道自己哪些方面存在不足，而且想知道自己哪些方面做得好，以便继续发扬。因此，不能"好的方面我就不多说了"，而是要好好说、说具体。

3. 赞美要深入

赞美宜深入，不宜表面化。要让自己的赞美更深入，平时就要留心观察被赞美者。一般来说，人的优点按影响可分为三类：一是人所共知、有口皆碑的优点，二是不太明显、不太巩固的优点，三是处于萌芽状态的优点。对于第一类优点，我们不妨同声赞扬一番，否则对方可能会以为你不同意这种大众评价，但赞美这类优点最好用一些比较新鲜的意见或表达方式。如果想要和对方建立更深一层的关系，就要挖掘得更深入一些，最好能准确细致地说出他的第二类甚至第三类优点。

（三）赞美的方式

1. 常赞小事，建议赞事不赞人

我们周围绝大多数都是平凡的普通人，过着简简单单的日子，做着平平淡淡的小事。因此，赞美别人需从微不足道的小事入手，从小事着手不失时机地夸赞别人。例如，对方正在努力做的事、对方的身体及其服饰打扮、房屋的各种设计或装饰、有关对方的家人等。这样不仅会给别人带来意外的惊喜，而且极易让别人对你产生友好、亲近、敬佩的感觉，从而加深彼此的了解。

就事论事，不要直接赞美某个人，而应该赞美他的具体行为。如果你的赞美毫无根据，

只是说"你真是太棒啦"或者"我对你佩服得五体投地啊",恐怕没有谁会认为你这是在赞美。赞美绝不是阿谀奉承,一定要赞美事情本身。

2. 因人而异,避免赞美一般化

赞美要因人而异,人与人是不同的,年龄、性别、职业、长相等各不相同,因人而异、突出个性的赞美比一般化的赞美更能取得良好的效果。比如说,人人都渴望被别人赞美,但男人和女人的需要是不同的,成年人和小孩的需要也是不同的。男人比较注重脸面、地位,女人则对容貌、衣着更加在意。男人赞美女人是对女人的肯定,更是对女人魅力的一种欣赏。

在现代社会,女性不仅在乎别人对自身魅力的欣赏,而且还在乎别人对自身能力的肯定,她们希望这个社会能认同自己,肯定自己的能力,也希望在他人眼中她们是能够独当一面、把事情处理得完美无瑕、有能力的现代女性。男人更渴望事业上的成功,希望听到他人对自己的肯定和赞美,从中获得价值感和成就感,并因此充满自信。对男人来说,你可以赞美他是一个成功的男人,是一位风度翩翩、仪表堂堂的绅士。

3. 自谦赞人,虚心请教显真诚

谦虚是一种难能可贵的美德。谦虚不是一味地贬损自己而抬高别人。如何做到自谦以赞人呢?例如,你可以虚心请教。当一个人的优势或优点已为众人所知晓后,你再去赞美或者恭维几句,他都听"腻"了,对你的赞美之词也没什么感觉,这时你不如虚心向他讨教一番,他定会耐心地向你传授经验或相关诀窍。

真诚地自曝劣势,凸显对方优势,这也是一种赞美。如在某个方面,你自愧不如别人时,谦虚的赞美将是最好的选择。如果一味地颂扬、赞美,反倒有嫉妒之嫌,所以还不如承认、尊重并欣赏别人的优势,会使你拥有更多的朋友,得到更多的收获。

4. 借花献佛,援引他人的赞美

世上背后道人闲话的人不少,背后说人好话就成了一种境界。有时候赞美的言辞由自己说出来,有点不好意思,也怕不真切,反倒有恭维、奉承之嫌。此时,就可以用"借花献佛"的方式,将第三方对对方的赞美之词援引过来。人们通常认为第三方所说的话比较公正、客观,因此,以第三方的口吻间接赞美对方,更能博得对方的好感和信任。

如果我们当面赞美别人,对方容易认为我们是在奉承他、讨好他。当我们的好话是在背后说时,别人反而会认为我们是真诚、真心地赞美他,他才会领情,并感激我们。这样还可以避免当面赞美的"拍马屁"之嫌。可见,背后说别人的好话,比当面恭维、赞赏别人的效果要好得多。不用担心,我们在背后说他人的好话,很容易就会传到对方耳朵里去。所以,当你在用第三方的赞美之词赞美他人时,也应该多多在背后说别人的好话,让别人借你的花献他的佛。

(四) 赞美的时机

1. 合乎时宜

赞美的效果在于见机行事,适可而止。错过时机或时机不对,有时赞美甚至会得到相反的效果。例如,看到别人穿着新鞋子,却说她上个星期穿的坡跟鞋实在好看,你想这时她心中会高兴吗?又如,当别人计划做一件有意义的事时,开头的赞扬能激励对方下定决心,过程中的赞扬有益于对方再接再厉，结尾的赞扬则可以肯定其成绩，指出进一步努力的方向，从而达到适时适宜的效果。

2. 雪中送炭

俗话说："患难见真情。"最需要赞美的是那些因才华被埋没而产生自卑感或身处逆境的人。他们平时很难听到一声赞美的话语，一旦被人当众真诚地赞美，便有可能振作精神。因此，最有效的赞美不是"锦上添花"，而是"雪中送炭"。此外，赞美并不一定是见人便说"好""很棒""了不起"等，有时，赞许的目光、夸奖的手势、友好的微笑也能收到意想不到的效果。

值得一提的是，由于中西方存在文化差异，中国人赞美他人以及接受他人赞美的方式方法与西方人存在较大的差异。在跨文化沟通中，赞美的语言艺术应从民族文化背景出发，入乡随俗。

二、批评的语言艺术

我们需要真诚的赞美，也需要善意的批评，不一定非得是"忠言逆耳利于行"的逆耳之言。赞美是鼓励，批评是督促，两者缺一不可。父母从不批评孩子，是溺爱；教师从不批评学生，是不负责任；朋友之间只有恭维，从不批评，是酒肉朋友。人生活在团体中，批评人、被人批评都是难免的。批评也是一门艺术，少运用且善于运用批评才是上策。

赞美是没有级差的，人人可以赞美别人，人人可以被赞美；而批评的适用范围相对较小，一般用于长辈对晚辈、上级对下级、老师对学生，朋友之间也可以互相批评，但反过来的情况相对较少。

（一）批评的态度

1. 克制情绪，态度温和

批评的前提是错误的事实确凿，责任清楚，有理有据。对方确实有错，导致你心中不满、愤怒、埋怨、愤恨，但最好先克制一下情绪，保持心平气和，做到诚恳、认真、冷静，不能急躁，要使用温和的语言交流，避免恶语相向。在气头上，人往往容易说出过分的话、难听的话，此时，不妨自己先冷静一下，再考虑是否有批评别人的必要。

人非圣贤，孰能无过？做人要拥有一颗宽容的心，得饶人处且饶人。不要苛求别人，学会宽容才会让我们的心胸开阔。但是，如果什么事都宽容，不指出错误之处，就没有"过而能改"了，所以该批评时还得批评，只不过要讲究批评的方式方法。

2. 尊重人格，严禁侮辱

每个人在人格上都是平等的，不要因为社会地位的差别而不尊重对方的人格。在平等的气氛中进行的批评才容易被接受。如果批评者摆出一副居高临下、盛气凌人的姿态，说不服就靠压服，这是不行的。另外，在用词方面，绝不可侮辱被批评者的人格，使对方尊严扫地的后果将是造成对立，逼而不从，压而不服，激起对方的反抗情绪。

如果不尊重对方的人格，其实批评者也犯"错"了，"态度不好"也是一种错，也得改自己的错误。只有对别人尊重，才能赢得别人对你的尊重。

（二）批评的方式

1. 因人而异，对症下药

批评他人要注意根据不同对象采取不同的批评方法和批评言辞。对年轻人的批评要语重心长，关心爱护，寄予希望。对中年人的批评要旁敲侧击，点到为止。对长者的批评要委婉含蓄，巧妙提醒。对不讲道理、不听劝说的人，批评就要义正词严，理直气壮。

2. 欲批先扬，便于接受

著名教育家陈鹤琴说："无论什么人，受激励而改过，是很容易的，受责骂而改过，是不大容易的，而小孩子尤其喜欢听好话，不喜欢听恶言。"对于心细、敏感、自尊心强、能知错就改的被批评者，批评者稍稍给予指责信号，略作点拨，他们就会立即知错、改错。而对于那些自尊心受过严重挫伤、丧失上进心、破罐子破摔的人，批评根本起不了任何作用，用表扬代替批评，不失为一种良策。使用这种方法，要注意一分为二地分析问题，表扬时要恰如其分，既不夸大其词，又不轻描淡写。

3. 学会暗示，点到为止

批评最好的方式就是进行暗示。在日常生活中，有时候直言的批评不但无法达到让他人知错、改错的目的，而且有碍于人际关系，严重时甚至会毁掉一个人。这时候就需要我们运用暗示的方法进行批评，让他人既能意识到自己的错误，同时又能理解你善意批评的意图，使他对你心存感激。

【扫码看案例】
批评他人的小故事

4. 巧用幽默，重在启发

被批评者的心理常处于紧张、压抑的状态，他们或表现为焦虑、恐惧，或表现为对立、抗拒，或表现为沮丧、泄气。这些不正常的心理状态是双方交流思想感情的心理障碍。在批评过程中，应巧用幽默的语言，使用含有哲理的故事、双关语、形象的比喻等，以半开玩笑半认真的方式提出，以缓解批评带给对方的紧张情绪，启发被批评者思考，增进相互之间的感情交流，为批评营造轻松愉快的氛围。

（三）批评的跟踪与反馈

批评是为了什么？是为了对方知错能改。对方是否知错，是否改过，还需要必要的跟踪和反馈。

进行善意的批评，其中的良苦用心和无奈心情并不一定能被被批评者体察到。批评应以教育为主，用事实教育人，以理服人，批评的目的是促其改正错误，而不是促其产生过激行为，因此，批评结束后，要有意识地观察对方的反应，疏导对方的心理，消除感情隔膜，让被批评者能明白批评的原因和目的，能坦然接受并积极改正。

📖 课堂训练

1. 请比较下面两个对话片段，谈谈批评时如何讲究批评的方式方法。

对话一："你你怎么把房间弄得乱七八糟的？"

对话二："我真不希望看见房间被弄得这么乱。"

【教学提示】 同学们,有没有感觉第二句话没有第一句话那么具有攻击性?如果你是当事人,第一句话会把你惹怒,第二句则会让你为自己弄乱房间的行为感到愧疚。不难发现,使用"你"字开头的语句容易激起他人的防卫,因为这意味着说话者在毫不留情地进行批评,即便这种批评是对的,大多数人也无法接受。使用"我"字开头的语句提供一种比较精确、不那么挑拨的方式来表达不满。这是一种更能保住对方面子、不撕破脸皮的做法。所以,批评时少使用"你"字开头的语句,多使用"我"字开头的语句。可见,批评的时候,还要讲究方式方法。

2. 在一个班集体里,同学们来自五湖四海,大家性格彼此各不相同,特别在同一寝室里生活的几个同学,更是朝夕相处。请描述一下你寝室同学的不同性格和特点,你又是如何与他们相处的?

【教学提示】 要学会用欣赏的眼光去看待周围的同学,并发现他人身上的优点和长处,在适当的时机、适当的场合对你的好友进行赞美,可以增进双方的友谊。同时,也应学习他人的优点。在练习时,需要总结室友之间相处的方法和原则,比如真心、交心、倾心;换位思考,理解与尊重;主动积极;开放与包容。

在集体生活中,免不了与他人的摩擦;在与朋友交往中,免不了因意见不同而争辩;在寻找志同道合的朋友的过程中,免不了对朋友的缺点的宽容或给出建议。

朋友间相处久了,或许朋友身上的某些缺点就显现出来了。需指出朋友的缺点时,不仅要使用委婉的言辞,而且要注意批评的方式,不宜当众揭短,让朋友在众人面前难堪。良好的语言表达对于发展和维系友谊至关重要,不要因为朋友之间感情深厚就不讲究批评的语言艺术。

3. 分析下列材料,请阐述案例中小王赞美他人失败的原因。

某公司小王,一次在街上见到自己的同事小张及其夫人,小张长得老相,而其夫人却保养得很好,显得十分年轻。因为是第一次见到小张的夫人,为了留下良好的印象,便想美言几句,于是小王对其夫人赞美一番:"张夫人好年轻呀,看上去比小张小 20 岁,要是别人,准以为你们是父女……"话未说完,小张就说:"你胡说什么呀!"顿足而去。

【教学提示】 赞美他人时,不能以贬损第三方来凸显对方的优点或"美"之所在。

4. 阅读下面的材料,谈谈如何有针对性地赞美他人。

一次,汉高祖刘邦与韩信谈论诸将才能高下。刘邦问道:"你看我能指挥多少兵马?"韩信回答:"陛下至多能指挥 10 万兵马。"刘邦又问:"那你能指挥多少兵马呢?"韩信自豪地回答:"臣多多益善耳。"刘邦笑道:"既然你带兵的本领比我大,却为什么被我控制呢?"韩信很诚实地说:"陛下不善于指挥兵,但善于驾驭将,这就是我被陛下控制的原因。"刘邦自己也曾说过,统一指挥百万军队,战无不胜,攻无不克,他不如韩信。这是他做了皇帝以后对自己的评价。韩信的赞美,首先肯定了刘邦控制大臣为自己效命的能力,但又指明了他在带兵作战方面与自己相比有不足之处,正与刘邦的自我评价相吻合。话说得很实在、很坦诚,刘邦不但不怒,反而很满意。此时,韩信与刘邦关系已很紧张,如果他违心地恭维刘邦,调兵遣将无所不能,恐怕刘邦不愿意听,甚至会怀疑他在吹捧、麻痹自己。

【教学提示】 其一，两个人或两件事相比较，在夸奖对方的同时，让他意识到自己的优点和存在的差距，使对方对你的赞美深信不疑。其二，原来每个人都是愿意听好听的，只要你恭维得有分寸，不流于谄媚，不伤人格，定会博人欢心。

5. 在大学期间，同学们参加过各种各样的课外活动，有些比赛活动有评委点评环节，请说说评委是如何点评的。

【教学提示】 一般来说，一个善于点评的评委在进行点评时，会巧妙地运用赞美与批评，即先肯定其优势或优点，然后委婉地指出其不足之处。

6. 你最欣赏你朋友的哪些优点？为什么？

7. 你选择朋友的标准是什么？

8. "忠言逆耳利于行"，你如何看待这句话？

9. "谁在背后不议人，谁人背后无人议"，对此你是怎么理解的？

第四节　电话沟通

电话是现代人公认的便利的通信工具，电话沟通成为现代沟通的重要渠道之一。在日常工作中，电话沟通的用语很关键，它直接影响一个人或一个部门的声誉；通过电话沟通也能粗略判断对方的人品、性格。因此，正确、礼貌地接打电话是非常有必要的。

一、拨打电话

（一）通话前的准备

通话之前，最好先把对方的姓名、电话号码、通话要点等通话内容考虑好，如果是重要的电话，最好列出一张清单，明确谈话的内容和目的，做到心中有数，有的放矢，避免丢三落四、词不达意，也不要结结巴巴地通话。电话旁边，应常备记事簿、笔等，以便随时记录。

如果需要商谈的内容较多，可以先将谈话的相关资料通过邮件或传真发送给对方，让对方详尽考虑，以便在电话交谈时简明扼要，更有针对性，也能节省通话时间。

如果使用单位的固定电话沟通，应选择相对安静的时候通话；如果使用移动电话沟通，则应选择在安静的环境中进行，不宜在大街上、公交车上、商场等嘈杂的地方与人通话。

（二）选好通话时间

1. 换位思考，注意拨打时间

因公通电话，不要选择下班之后的时间；因私通电话，则尽量不要占用对方的上班时间。选择通话时间时要学会换位思考，不要只图自己方便。若非特殊情况，不要在节假日、用餐时间和休息时间给对方打电话。半夜或清晨拨打对方的电话，很容易引起对方的反感。拨打国际电话前，首先要考虑与对方所在国家的时差。

2. 提高效率，控制通话时长

在正常情况下，打一次电话的时间最好不要超过三分钟，这在国际上被称为"打电话的三分钟原则"。根据事先列出的要点，拨通电话后做简单的问候就进入正题，抓住主题，言简意赅，在很短的时间内表达清楚自己的意思，切忌长时间占用电话，影响正常的通话，特别是因公电话沟通。

通话时长一般由拨打电话的一方来控制。如果谈话内容较多，应该先询问对方有没有时间，方便不方便长时间进行通话；如果对方不方便，就应另约时间。

（三）电话交谈策略

1. 说好拨打电话的第一句话

注意使用文明礼貌用语，态度热情诚恳。电话接通后，首先主动报出自己的单位或姓名，以便让对方大致了解来电者是什么人，来电是为了什么事情。这些基本的介绍有助于双方沟通的顺利开始。开口就打听自己需要了解的事情或咄咄逼人的态度是令人反感的。

如果是因私通话，接通后，应先征询通话的另一方现在是否方便接听电话。如拨打者可礼貌地说："王老师，您好！我是您的学生××，请问现在说话方便吗？"或"王老师，不好意思打扰您，请问现在和您说话方便吗？"如果通话对象正在开会、接待外宾或者有急事正要出门，则应该晚一点儿再打过去。否则，对方在繁忙之中很难心平气和地接电话。

如果是因公通话，接通后，应采用规范化的接听语。如："您好！这是××公司，我是××。"这样的第一句话，不仅体现了礼貌和尊重，而且可以免去对方对来电者的询问。

2. 用有声语言传递无声的表情

我们常常会看到有些人在打电话时，仍然眉飞色舞、手舞足蹈、指手画脚，这是人际沟通中的伴随现象，电话接听者看不见，但能感受到。

打电话时的语速要比平时慢些，吐字力求清楚，说话条理力求清晰。除了使用有声语言表达清楚话语内容外，我们还要善于运用有声语言传递无声的表情。从某种意义上说，声音是人的第二外貌，在通电话的最初几秒内就可以"闻其声如见其人"，就可以给对方留下一个印象。尽管接听者看不见你，但你的心情、态度能从你的声音中反映出来，对方会根据你的语气、声音来描绘你的形象。如果你说话时面带微笑，那么电波就会把微笑传递给对方。如果你愁眉苦脸，电话中的声音就不可能热情友善。例如，"喂"只有一种读音，但可以有不同的语调。我们在电话沟通中要特别注意"喂"的语调和感情。

声音不仅可以传递心情，而且可以传递说话时的身体姿势和肢体动作的相关信息。在通话过程中要集中精力，千万不能边吃东西边通话，也不要一边打电话一边同旁人聊天，或者一边打电话一边做其他的事，这会给对方心不在焉的感觉。通话时，不要趴着、仰着、斜靠着或者双腿高架着，要姿势端正，使你的呼吸均匀，语气自然、柔和。即使对方看不见，也要设想对方就在眼前，尽可能注意自己的姿势。

无论是因私通话还是因公通话，你都应随时保持声音充满活力、热情、真诚和友善。在通话过程中，不可避免地会遇到一些不招人喜欢的人或事，应该注意避免表现出个人的情绪，始终保持心胸豁达和良好的个人修养。否则，可能引发对方更为强烈的反感。

二、接听来电

（一）及时接听电话

据欧美行为学家的统计，人的耐性是7秒，7秒之后就很容易产生浮躁。因此，最多只能让来电者稍候7秒，否则对方很容易收线或产生以后再打的想法。那就是最好在电话铃声响三声之内接听，如果让来电者等待过久，就应说："对不起，让您久等了。"

接听电话也要注意环境。如果接听来电时，所处的环境声音嘈杂，就应该向对方致歉，并征求对方的意见，重新更换通话地点，或者留下电话号码稍后回拨。

（二）说好第一句话

很多人拿起电话往往张口就问："喂，找谁，什么事？"这是很不礼貌的。在电话接通之后，接电话者应该先主动向对方问好，若是公务电话应立刻报出本公司或部门的名称，如"您好，这里是×××公司……"

接听电话的第一句话至关重要。不管来电者是不是熟悉的人，都应以积极、热情、乐于助人的态度来接听对方的电话。为了给对方留下良好的印象，接听电话之前，必须调节好呼吸，控制好语气、音量，采用中等语速。如果在繁忙的工作中接听电话，在接听之前，可以先松一口气，清清嗓子，再用明亮的声音向对方说："喂，您好！这里是××公司。"如果来电者抢先自报家门，你也应该很客气地问声"您好"。

（三）维护沟通形象

在礼貌问候之后，要表示愿意为对方效劳，接下来就是认真倾听对方的电话内容，不要轻易打断对方说话。别人打电话找你，你应该尽可能地亲自去接，就算手里有很忙的事，也要把它先放下。

在公务通话中，运用友善的语气和礼貌用语，不仅可以塑造并维护自我形象，还可以维护所在单位的对外形象。所以，在通话中应该自始至终使用亲切平和的声音平等地对待来电者。

拨错号码是常有的事，接到拨错号码的电话，不能带着讨厌情绪说"你打错了"，然后重重地挂上电话，而应语气平和地告诉对方："不好意思，你打错了，这是××。"

（四）要复诵和应答

虽然电话沟通要尽量控制通话时间，但必要时仍需复诵来电要点。电话沟通只是单纯的语言沟通，缺少了面对面沟通的非语言手段，就很容易造成信息传递和理解的偏差。所以，在必要时可以复诵来电要点，如对重要事项及电话号码进行复诵。通过复诵，可以使电话内容得到非常准确的传达，避免因为信息传达偏差而导致的误会。例如，应该对相关事情涉及的时间、地点、联系人姓名、联系电话、电子信箱等方面的信息进行核查、校对，尽可能地避免信息接收错误。

由于电话沟通纯粹是语言沟通，为了保证通话的流畅，还要善于应答或附和。如果接听者在一段时间内不发出任何声音，对方可能会怀疑你没有专心听，或者怀疑电话出了"问题"，所以接听者应在说话的间隙，插上"嗯""好的""不错""是的"之类的应答用语，以促成通话的顺利进行。

（五）做好代接代传

在办公电话接听中，如果对方找的不是你，可为对方代找他人。如果需要转达有关事项，你一定要对重要事项进行必要的记录，如人物、时间、地点、电话号码等，记录完重要的事项后，还要向对方重复一遍，以确认记录无误，同时将自己的姓名告诉对方，请对方放心。代接的电话一定要及时转告，不要耽误。如果对方没有委托，别问长问短或打破砂锅问到底。另外，对来电者不了解的情况下，不要轻易将同事或朋友家中的电话或移动电话告诉别人。

三、结束通话

打电话时，经常出现通话双方互相说好几遍"再见"，然后才挂断电话的情况，挂断电话后，也不知道究竟是谁先挂断的。结束通话时，谁先挂断呢？从交际礼仪出发，有一个规范的做法：地位高者先挂电话。具体来说，就是上下级或长辈与晚辈之间通话时，应由上级或长辈先挂断电话；男士与女士通话由女士先挂断电话。例如，你与老师通话，应让老师先挂断电话；你与领导通话，应让领导先挂断电话。工作后，如果是客户来电话，应该让客户先挂断电话。在同辈交际中，一般来说，谁先拨打谁先挂断。挂断电话的声音不要太响，以免让对方产生粗鲁无礼之感。

课堂训练

1. 你认为"电话沟通"应注意哪些问题？

2. 扫码看"电话销售技巧"，同学们分小组讨论，做到换位思考，并谈谈在电话销售时应注意哪些问题？

3. 电话沟通模拟练习。

【扫码看资料】
电话销售技巧

教师根据学生所学专业，设定模拟练习的招聘单位和招聘具体岗位。要求参加课堂训练的同学互相背对对方。由一名同学扮演某公司人力资源部门的工作人员，一名同学扮演应届毕业生，模拟求职面试中的一次电话沟通。

任务一：由招聘人员向应聘者拨打电话，通知面试相关事宜。

任务二：由应聘者向招聘单位拨打电话，询问招聘岗位的相关信息。

【教学提示】　如果你试着蒙住两个人的眼睛，让他们进行沟通交流，你会发现他们可能交流不到一两分钟便无话可说了。不是一起开口说话，就是彼此沉默不语，总是无法顺利地进行交谈，这一现象在电话沟通中也很常见。电话沟通（可视电话除外）无法直接观察到对方的情绪变化和面部表情。所以，从某些方面来说，电话沟通要比面对面沟通困难一些。在这个练习中，练习者要巧用复述、应答、致谢等语言表达。

第四章
命题演讲艺术

演讲是一个人发表自己的意见，陈述自己的观点和主张，从而达到影响、说服、感染他人的一种语言沟通活动，对个人的成长和社会的发展都具有重要作用。

第一节 演讲概说

一、演讲的含义和种类

（一）演讲的含义

演讲，又称讲演、演说，演讲可分为狭义演讲和广义演讲。狭义演讲是指在人数较多的场合，运用口语、体态语郑重地陈述观点或意见，并予以论证，以达到宣传思想、鼓动群众、抒发感情为目的的一种带有艺术性的口语表达形式。从广义上讲，大会上的讲话、座谈会发言、小组讨论发言、讲课、竞选、答辩会、举行新闻发布会等均可视为广义演讲。

（二）演讲的种类

按不同划分标准，可将演讲分为不同的类型。按内容划分，可分为政治思想演讲、科学技术演讲、政策法规演讲、经济文化演讲、宗教礼仪演讲等；按功能划分，可分为说服性演讲、说明性演讲、娱乐性演讲、激励性演讲等；按形式划分，可分为命题演讲和即兴演讲。

命题演讲，是指根据指定的题目或限定的主题，事先做好充分准备的演讲，一般都会提前拟定演讲稿，并经过精心设计和反复演练。命题演讲不仅有文字底稿，而且表现出严谨、稳定、针对性强的特点。根据演讲者的演讲方式，还可把命题演讲分为照稿演讲和记忆演讲。

即兴演讲，也叫即兴讲话，是指在事先无准备的情况下，自发或被要求立即进行的当众讲话，是一种不凭借演讲稿来表情达意的口语交际活动。

二、演讲的语言特点

演讲语言是指演讲者面对听众进行说理、宣传、号召、鼓动时所使用的语言。演讲语言是演讲者与听众面对面的交际语言，它以人民群众的口头语言为基础，融入适当的文言词句和书面语言；经过演讲者的加工提炼，将口头语言规范化、精炼化，用来为达到一定的目的而进行论说、解释、宣传、鼓动等，发挥着极强的社会作用。演讲语言可以事先准备好，还可以预先试讲，从这一点来说，它与书面语有天然的联系，发挥了书面语的基础作用，但关键又在于"讲"，所以还要求它符合口语表达的特点与需要。

（一）上口入耳，通俗易懂

书面语和口语的不同之处在于：前者诉之视觉，可以仔细察看、辨认、思索；后者诉之听觉，只能在听清、听懂之后才能理解。通俗易懂为演讲语言的一个特点，这就要求用听众熟悉、能马上理解的语言，把要讲述的内容用浅显易懂的话语表达出来，避免采用生涩、艰深、冷僻的词语，避免引用不好理解的古文和诗词，避免使用过多的专业术语和学术名词。总之，语言要明朗化、浅易化、大众化。著名的演讲家都非常注意这个特点。

请看 1972 年周恩来总理欢迎美国第 37 任总统理查德·米尔豪斯·尼克松（Richard Milhous Nixon）的演讲词：

尼克松总统应中国政府的邀请，前来我国访问，使两国领导人有机会直接会晤，谋求两国关系正常化，并就共同关心的问题交换意见，这是符合中美两国人民愿望的积极行动，这在中美两国关系史上是一个创举。

美国人民是伟大的人民。中国人民是伟大的人民。我们两国人民一向是友好的。由于大家都知道的原因，两国人民之间的来往中断了 20 多年。现在，经过中美双方的共同努力，友好来往的大门终于打开了。目前，促使两国关系正常化，争取和缓紧张局势，已成为中美两国人民强烈的愿望。人民，只有人民，才是创造世界历史的动力。我们相信，我们两国人民这种共同愿望，总有一天是要实现的。

周总理这次演讲是一次重大的政治演讲，但他的演说辞却非常口语化，而且很通俗，听起来很直白，但并不浅显，因为它蕴含了深刻的内容。

下面再看一个学术演讲的例子：

鲁迅先生在《从魏晋风度及文章与药及酒之关系》的学术演讲中，曾提到一种叫"五石散"的药，鲁迅先生就对此进行了解释："五石散"是一种毒药，是何晏吃开头的。汉时，大家还不敢吃，何晏或者将药方略加改变，便吃开头了。五石散大概是五样药：石钟乳、石硫黄、白石英、紫石英、赤石脂；另外怕还配点别样的药。

鲁迅先生就是通过这种通俗易懂的解说，使听众对原来不熟悉的"五石散"有了清楚的了解。

（二）多用短句，简短有力

就文体来说，演讲属于论说文体，虽然也讲事实，也有描述、抒情，但那些只是手段，议论才是总体特点和要求。它主要是在阐明自己的主张、见解与态度，或者申诉，或者解说，或者动员，或者鼓励。总之，都是在说理。

演讲是用口语面对面地说理，不能像书面语那样写几万字乃至几十万字；也不能像书面语那样采用论证严密、附加成分多的长单句或分句多的长复句。如果句子太长，严密倒是严密，但是听众的听力跟不上，不容易连起来理解，不易掌握句子的整体意思。正因为此，带来了演讲的另一个特点：简短有力。

请看美国第32任总统富兰克林·德拉诺·罗斯福（Franklin D. Roosevelt）1941年12月8日的一段演讲，题目为《一个遗臭万年的日子》：

昨天对夏威夷群岛的进攻，给美国海陆军部队造成了严重的损害。我遗憾地告诉诸位，很多美国人丧失了生命。此外，据报，美国船只在旧金山和火奴鲁鲁岛之间的公海上，也遭到了鱼雷的袭击。

昨天，日本政府已发动了对马来西亚的进攻。

昨夜，日本军队进攻了香港。

昨夜，日本军队进攻了菲律宾群岛。

昨夜，日本人进攻了威克岛。

今晨，日本人进攻了中途岛。

在这篇著名的演讲中，罗斯福列举了大量的事实，充分说明了日本的侵略是蓄谋已久的行为，有力地揭露了日本军国主义侵略者卑鄙无耻和野心勃勃的丑恶嘴脸。

简短有力的特点，不仅是指语句简短有力，有时也指篇幅简短有力。有这么一则小故事，讲述了文学家郁达夫先生对演讲语言特点和原则的认识。

一次，福州新闻文化界邀请文学家郁达夫去作一次学术性演讲。郁达夫对当时学术界那些冗长、空洞的演讲十分反感，认为这是空耗时间，对人对己都没有好处。他本来不愿意接受这次邀请，但由于盛情难却，最后还是去了。

他一到会就跑上讲台，在黑板上写了三个大字，"快短命"，随后朝台下看了看，开始了他的演讲："本人今天要讲的是文艺创作的基本概念，就是这三个字要诀：快——就是痛快，写得快；短——就是精简与扼要；命——就是不离题，词达意。说话和作文都是一样的，如我现在所说的就是这个原则。不说得天花乱坠，离题太远，或者像缠脚布那样又臭又长。完了！"

随着一阵热烈的掌声，郁达夫结束了他的这次学术演讲。郁达夫的这篇演讲词，全文一百来字，真是"超短"型的，但内容丰富，信息量大，组织严密，语言痛快淋漓，真不愧为大作家。

（三）以理服人，以情动人

演讲要能说服人、启迪人，还要能感染人、打动人。要使听众听了你的演讲激动、兴奋和产生共鸣。听众不仅心服，而且心动；不仅认识有所提高，而且还愿意拿出行动来。这就不是客观、冷静、慢条斯理的分析论证所能做到的了。不但要以理服人，更要以情动人，方能做到情真意切。情真，是演讲的内容和表达都有真挚的感情；意切，是表达的旨意切合内容、切合时代、切合听众的接受要求。

例如，马丁·路德·金（Martin Luther King）的《美国给黑人一张不兑现的期票》中一段演讲词：

回到密西西比去吧！回到阿拉巴马去吧！回到南卡罗来纳去吧！回到乔治亚去吧！回到路易丝安那去吧！既然知道这种境况能够而且一定改变，那么就回到我们北方城市中的陋巷和贫民窟去吧！我们决不可以在绝望的深渊中纵乐。

今天，我对大家说，我的朋友们，纵使我们面临着今天和明天的种种艰难困苦，我仍然有个梦想。

我梦想着，有那么一天，我们这个民族将会奋起反抗，并且一直坚持实现它的信条的真谛——"我们认为所有的人生来平等是不言自明的真理"。

我梦想着，有那么一天，甚至现在仍为不平等的灼热和压迫的高温所炙烤着的密西西比，也能变为自由与和平的绿洲。

我梦想着，有那么一天，我四个孩子，能够生活在不以他们的肤色，而是以他们的品性来判断他们的价值的国度里。

我梦想着，有那么一天，就在邪恶的种族主义者，仍然对黑人活动横加干涉的阿拉巴马州，就在其统治者抱不取消种族歧视政策的阿拉巴马州黑人儿童将能够与白人儿童如兄弟姐妹一般携起手来。

我梦想着，有那么一天，沟壑填满，山岭削平，崎岖地带铲为平川，坎坷地段夷为平地，上帝的灵光大放光彩，芸芸众生共睹光华！

这就是我们的希望！这是我们返回南方时所怀的信念！

这是近百年来，世界上最著名的演讲家之一——美国黑人领袖马丁·路德·金1963年8月23日在林肯纪念堂的演讲。他讲到高潮的时候，一连用了几次"我梦想着"，深情、正面、具体地表示了对自由的渴望，语言气势磅礴，一泻千里。

第二节　准备演讲稿

对于命题演讲来说，写好演讲稿是保证演讲获得成功的最重要一步。

一、演讲稿及其特点

演讲稿，又叫演说稿、演说词，是演讲者事先准备的，在公开场合发表个人的观点、见解和主张的文稿，是演讲活动的文字底稿。演讲稿有狭义和广义之分。狭义的演讲稿一般专指参与各种演讲比赛、竞选展示等活动的讲稿。广义的演讲稿范围很广，包括各类致词，如开幕词、闭幕词、欢迎词、欢送词、答谢词、祝酒词、学术报告、大会发言等各类讲话稿。

下面介绍演讲稿的三个特点。

（一）针对性

演讲要以思想、主张、情感或事例来晓谕听众、打动听众、感染听众，就要求演讲内容具有针对性。首先，要懂得听众有不同的对象和不同的层次，了解受众是提高针对性的前提；其次，要根据不同的场合和不同的目的，设计有针对性的演讲内容。不考虑听众的喜好和接受能力，不考虑演讲的目的，再好的演讲也无人听。

（二）鼓动性

演讲要使听众信服，就需要综合运用各种技巧来激发听众的情绪，使听众热情高涨，被演讲者所打动。这就要求演讲具有鼓动性，反映在演讲稿中，就是演讲稿在内容上要思想深刻、内容丰富、见解独到，在语言表达上要态度鲜明、生动形象、富有感染力。

（三）口语化

演讲包含"演"和"讲"两个层面，以"讲"为主，以"演"为辅，演讲是依靠有声的口头表达和无声的体态语来传递信息的语言交流活动。虽然有非语言交际的体态语来辅助传情达意，但演讲者主要通过"讲"，听众主要通过"听"来传递演讲的内容，因此在撰写演讲稿时，需要以上口入耳为基本要求。

二、演讲稿的写作技巧

演讲稿一般由称呼、问候语、开场白、主体、结尾等部分组成。

（一）称呼和问候语

明确听众的人员构成情况，有针对性地运用合理的称呼，要涵盖演讲现场的所有人，然后加上一句问候语。例如，在学校里发表演讲时，可写"尊敬的各位老师、亲爱的同学们：大家好！"在比较正式的工作场合，可写"女士们、先生们、朋友们：大家上午好！"如果演讲活动邀请了一两位德高望重的人士，可以专门提及，如"尊敬的×××先生，各位来宾、各位同仁：大家好！"等。

（二）开场白

演讲稿的开场白，相当于一般文章的开头部分，它在整个演讲中具有重要的作用。开场白有两项功能：一是建立演讲者与听众的同感；二是打开场面，引入正题。好的演讲稿，一开头就应该用最简洁的语言、最少的时间，把听众的注意力和兴奋点吸引过来。开场白的方式多样，常用的有以下几种。

（1）开门见山，直陈主题。这种开场，就是一开讲就直奔主题。

（2）设置悬念，激发兴趣。开头提出问题，引导听众积极思考，激起听众的好奇心。在设计问题时，需要从听众的角度来考虑，以听众感兴趣的问题来引起关注。

（3）介绍情况，说明缘由。这种开头可以快速缩短与听众的距离，让听众明白演讲的意图，以便引起听众的重视和配合。

（4）引入故事，创设情境。在时间稍长的演讲中，可以先讲个故事，将听众带入你要演讲的特定情境中，设身处地地思考一些问题，从而引出主体内容。

此外，还有名言警句式开场、幽默风趣式开场、一语双关式开场等，演讲稿的开场方式，应因人、因事、因地而不同，结合演讲内容和自己的演讲风格，选择适合自己的开场方式。

（三）主体

演讲稿主体部分的写法没有固定的写作模式，要坚持内容决定形式的原则来安排主体结构。在写作和演讲时，尽量做好以下几个方面。

（1）重点突出。没有突出的主题或思想，不能给听众留下深刻的印象。突出演讲中心思想的方式有很多，如反复强调、逻辑推理、重申观点、卒章显志等。要想得到听众的认可并引起共鸣，还需重视材料的运用，精选真实典型、生动形象的材料，材料和观点要高度一致。

（2）要口语化。演讲稿要符合演讲的语言特点，就要做好口语化，听众才能听得懂、记得住。但演讲稿的口语化，不是将日常口语直接搬入演讲稿，而是要经过一定的加工、提炼。在遣词造句时，少使用书面语词汇和句式，避免使用关系复杂的重句，要把长句改为适合听说的短句。

（3）层次清晰。演讲者的思路要清晰，听众才能获得层次感。层次是演讲稿思想内容的表现次序，先讲什么后讲什么，它体现着演讲者思路展开的步骤，也反映演讲者对事物的认识过程。因为演讲诉诸口耳，要让听众听出层次，就需要在文字表达上揭示层次性，可以用表示层次的词语来引出讲话内容。例如，"下面我谈三点想法：一是……二是……三是……"或"首先……其次……最后……"等，也就是使用一些序次语来帮助区分层次。

（4）承接自然。在起承转合的环节，使用过渡句可以让整个演讲环环相扣，层层深入，浑然一体。具体语言手段可选用反复设问、承接词语、分述总括语句等来实现行文的自然承接，如"刚才讲了……接下来……""明白了……之后，我们再来……""从另一方面说"等过渡段或过渡句。

（5）张弛有度。张弛度的具体体现就是演讲的节奏感。节奏是演讲内容在结构安排上表现出的张弛起伏。既要集中听众的注意力，又不能让听众始终处于高度集中的状态，否则听众会很累。平铺直叙的讲述，会使听众昏昏欲睡；处处激情高昂，会使听众高度紧张。在演讲稿的安排上，内容的转换要适度，句子句式的使用要多样，内容详略得当，节奏轻重缓急有度。

（四）结尾

演讲的结尾应干净利落，还要收到预期的效果，如令人回味无穷、获得启发、陷入深思、有所行动等。常见的演讲稿结尾方式有以下几种。

【扫码看案例】
命题演讲——追梦人

（1）总结式。结尾总结陈述自己的观点、见解和主张等，强化中心内容，给听众再次加深印象。

（2）启发式。结尾抛出与演讲有关的其他未言及的问题，启发听众，留下思考的余地。

（3）号召式。在具体说理、叙事后，提出希望，发出号召，促使听众有所行动。

（4）决心式。在演讲结束时宣布自己的誓言，表达决心，以达到鼓动听众和自我激励的目的。

三、演讲稿的修改与排练

（一）朗读式修改演讲稿

"善写不如善改。"写好演讲稿初稿后，要反复修改。修改演讲稿最直接、最方便的方法就是朗读，边朗读边修改。在朗读时，容易发现条理不清晰、不通顺或拗口的地方，这些地方就是需要认真修改的地方。在修改时，还需结合演讲时间要求对演讲稿的字数进行控制。字数控制以演讲语速为准。一般来说，每分钟 200～250 字的语速，有利于说话者进行表达，也有利于听众理解。语速控制要顾及听众的感受，说得太快，听众跟不上说话者的思路；说得太慢，听众会觉得无聊、乏味。如果是学术演讲，可适当放慢语速，给听众留点思考、理解的时间。

（二）排练试讲

"台上一分钟，台下十年功。"要想取得最佳的演讲效果，台下的勤学苦练必不可少。在演讲时，演讲者普遍会有所恐惧，通过排练可以减轻因怯场产生的心理压力。

当做到知己知彼，选好题目，写好演讲稿后，最后一个重要环节就是把演讲稿用最有效的演讲方式和表达技巧传递给听众。无论使用哪种演讲形式，反复地记忆、演练才能使演讲达到熟能生巧的程度，才能保证良好的效果。

一般情况下，演讲排练可分为以下四步：

第一步是自己大声练习，反复给自己演讲，目的是熟悉内容。尽量做到脱稿演讲，要讲述出来而不是念稿，将演讲稿烂熟于心。

第二步是在有条件的情况下，把自己的演讲录下来，最好是录像，这样可以自我检查有哪些方面需要反复练习，在声音或肢体语言方面是否需要改进。

第三步是在你的家人或朋友面前演练，观察他们的反应，然后调整，他们也会从听众的角度给你提出改进的建议。

第四步是有条件的话，到演讲现场试讲，对演讲环境有切身的体验。如果不能现场试讲，最好早点到场，熟悉演讲场地，以减少紧张情绪。

要想打动观众、说服观众，首先得打动自己。排练时也需要全情投入，没有热情、没有激情的演讲，听众会觉得索然无味。在演讲时，要投入热情，演讲者的情感随着演讲内容的起伏而起伏，才能带动听众的情绪，让听众感同身受。

📖 课堂训练

1. 在大学生风采展示活动中，请以"请党放心，强国有我"为主题，撰写一篇演讲稿。

2. 申请某项奖学金时，需要向评委进行评选展示，请结合自身实际，撰写一篇参评奖学金的演讲稿。

第三节　命题演讲技巧

演讲包含"演"和"讲"两个层面，以"讲"为主，以"演"为辅。

一、做好演讲的有声语言表达

演讲的"讲"就是用有声语言来表达，有声语言包括常规语言和副语言。常规语言是指人们交谈时运用的分音节语言，副语言则是重音、语调、笑声、咳嗽等语言形式。在演讲时需要综合使用常规语言和副语言。

（一）发音准确，吐词清晰

演讲者必须做到发音准确、吐词清晰。准确、清晰是对演讲者最基本的口语表达要求。有一条公认的原则，或者说是一致的要求：一个演讲者无论讲什么内容，都要使听众听得懂他要表达的意思，做不到这一点，其他的准备、努力、心血都是徒劳的。

发音准确是指不念错字；吐词清晰是指把词语准确地念出来，让听众听得清清楚楚。不能过快或过慢，不能结结巴巴、丢三落四，不能破坏语句的内在结构和语义联系，要使听众感到很流畅。有的人演讲起来口齿不清晰，嘴里像含着一个冰糖葫芦，这些都是表达上的毛病，应该在平时或演讲时努力改正。

（二）语速得当，语气适宜

演讲不同于一般交谈，也不是朗读、朗诵，它既有讲又有演，声情并茂。要使准备好的内容得到生动有力的表达，具有艺术魅力，吸引听众，就需要语速得当，恰当地运用语调、语气，增强口语的美感。

语速，即说话的速度。要处理好语速，需要注意两点。

一是以听众的理解来控制语速。就整体而言，语速不可过快，也不可过慢。过快，像打机关枪似的，只管自己噼里啪啦地说出一连串的词语，不管听众是否能听清、能听懂，这样是达不到好效果的。听众捕捉词语都来不及，哪里还有思考的余地，听一阵子，他们就反感了，倦怠了。过慢，词和词之间、句和句之间，拉得格外长，听众容易等得不耐烦，听一会儿他们就会无精打采，或者干脆不听了。就整体来说，语速要适中，以听得清为原则。

二是以内容为转移来把控语速。要根据思想情感表达的需要，做出恰当的语速处理。当快则快，当慢则慢，适当变化，讲究节奏适宜。这样做本身就是语言艺术性的体现。

重读和停顿在演讲中也至关重要。如何停顿、何时停顿，对大多数演讲新手来说，都是一大挑战。等到在演讲时更加镇定、自信、游刃有余后，你会发现停顿非常有用。你可以用它来提示某个意群的结束，给听众一点时间理解你的观点，或给你的表述带来戏剧性的效果。

（三）用好副语言，增强表现力

有声语言比书面语言表达的内容更为丰富，因为它表达的不仅是思想，还表达思想所产生的情绪与感情，所以在演讲时，要充分发挥声音的表现力。

声音部分的内容包括音量、音调、语速、发音的连贯性和清晰度。

音量是指声音的大小或强弱。你可以调整你的音量用来强调演讲中的某一部分内容，有时声音故意减弱也是为了吸引听众的注意力。如果使用话筒，要注意调整好音量，音量过大会使听众感到不舒服。

音调是指声音的高低。一般来说，声音的高低是身体的自然条件决定的，女性的音调一般比男性的高。演讲者要根据演讲内容适当调节自己的音调，尤其是在表达情感时，高音调能吸引听众。如果音调没有高低起伏，演讲就会显得平淡，甚至枯燥。但在设计音调的变化时，也不要过分牵强，那样就会显得很不自然。

语速是指说话的快慢。一般来说，演讲者在一分钟内说 200 字左右。讲话的快慢也给演讲带来不同的效果：太快了，听众可能听不清楚；太慢了，他们会不耐烦，还会以为演讲者思维迟钝。但有时演讲者可能故意加快或减慢语速，以此来强调演讲的内容。要在适当的时候使用停顿，如当你问听众一个不需要他们回答，但需要他们思考一下的问题时，就需要使用停顿给他们时间思考。

最后是发音的连贯性和清晰度。除了做到字正腔圆、发音清晰外，还要克服"口头禅"。有人说话时一个"然后"连着一个"然后"，一个"这个"连着一个"这个"，这都是不良的口语习惯。有的演讲者发音含糊不清，字与字之间拖泥带水，有人讲话有地方口音，有人讲话慢吞吞或拉长声音，这些都会影响演讲者在听众中的形象和可信度。

二、做好演讲的无声语言表达

演讲的"演"含有表演的意思，就是在演讲中通过无声语言来表演。

（一）合理使用肢体动作

手势、动作、身体的姿势，都属于肢体动作。在演讲时，手势主要起加强作用，所以使用时要与演讲中有意强调的内容结合起来，不要乱用，一定要自然。手势要多样化，不能总是用一种手势，以免显得单调、乏味。手势不能多用，太多的手势会干扰听众获取信息。

建议使用开放式动作。面带微笑、舒展双臂、手心朝上等动作，都属于开放式体态语。开放式体态语会让你看上去更加精力充沛，更具信任感。当使用手势时，让手掌自然打开，把手掌保持在身体的两侧，要做手势时，略微抬起，手心向上（也可朝向侧面），从胸前向外舒展开去，随着讲话的节奏感来使用手势。不要把手插在口袋里，不要把手臂交叉在胸前，也不要紧握拳头。如果你无意识地用手去触摸自己的脸、耳朵、眼睛，或抓耳挠腮，这会显示出你的不安和焦虑。

合理使用空间语。在演讲时，有时要决定是站在话筒后面讲，还是手持话筒；是走到听众中间讲，还是就在台上来回走动，这主要看听众的文化习惯，了解他们是属于身体接触多、接触少还是不接触的文化群体。也要看场地的大小和听众的人数，在学术会议上来回走动是很不合适的。听众人数很多，场地很大时，也不适合走动，但听众少和场地小时，走动会缩小与听众的心理距离，加强互动，效果会很好。

体态语在演讲中的作用是非常突出的，辅助作用也很大，但是事情都会过犹不及。体态语过多，手舞足蹈，眉飞色舞，或在台上走来走去，或者身躯前仰后合，不管配合是否恰当，都是不可取的。一是会使听众感到疲劳，影响其倾听和思考；二是会给听众留下演讲者不庄严、不稳重、不老练、毛手毛脚的印象，觉得演讲者风度不佳、气场不足；三是体态语一多，就会重复，反而会妨碍运用有声语言准确表达意思。

（二）与观众的眼触多多益善

眼触是演讲中最重要的非语言传播部分。你在演讲中是否看着观众，表示你是否对他们感兴趣，是否能抓住观众的注意力，是否能观察到他们的反应。观众也会根据你的眼触行为判断你是否可信，是否有能力和水平。有研究表明，如果你在演讲中面对观众的时间不足

50%，观众会认为你不友好，没有经验，知识浅薄，甚至不够诚实。在演讲中，尽可能所有的时间都面对观众，眼触多多益善。在演讲开始时，还有开讲之前，就要与观众通过眼触建立联系，表示对观众的兴趣和尊重。在整个开场白的过程中，不要看你的稿子，而要保持你与观众的眼触，打好开场。面对观众，要看着观众的眼睛，从一个人转向另一个人而不是从他们的头上望去，让在座的每一个观众都能与你进行眼触，都感觉到你在与他们对话。除了眼触的多少外，还要讲究目光语的运用。

（三）面部表情与内容相匹配

在平时生活中，大家可能有这种切身感受：有的人一上台，大家就感到很亲切，很期待听听他要讲什么；而有的人一上台，大家就感到压抑，盼望着他赶快下去。这就是亲和力的表现，亲和力往往通过一个人的面部表情展示出来。因此，在公众前演讲，最忌讳的就是面无表情。

面部表情是实现表情达意、感染他人的一种信息传递手段。面部表情能以最灵敏的形式，把具有各种复杂变化的内心世界，如喜悦、快乐、坚定、愤怒、悲伤、惊讶、痛苦、恐惧、失望、焦虑、疑惑、不满等思想感情充分表现出来。

在演讲中，面部表情要与演讲的内容相符，喜怒哀乐应随着内容的变化而变化。讲述一个严肃的话题，面部表情要严肃；表达幽默或正面信息时，要面带微笑。你的面部表情能显示出你是否对观众感兴趣，是否尊重他们，是否对自己演讲的题目重视和投入，是否友好和精力充沛。

（四）根据场合讲究着装

演讲者的服饰、发型、妆容等也是重要的体态语言。"人靠衣装马靠鞍"，这句话不是没有道理的，特别是关键场合的得体着装，很有可能就是成功的第一步。

【扫码看资料】
不同场合的着装

在不同的演讲场合，着装的要求也不一样。一般来说，在正式场合中，着装要正式，以表示对观众和场合的尊重和重视，也表示自己的可信度。在其他场合中，着装也要以美观大方、贴近生活为原则。服饰应该同身份相称，即与演讲者的年龄、性别以及演讲的场合相符。

三、掌握演讲的应变技巧

在演讲中，除了要做好充分的准备、掌握语言和非语言技巧以外，还需要掌握一些舞台上的应变技巧。

（一）坦然面对忘词

演讲时，因紧张一时忘词了该怎么办？忘了就忘了，听众不知道你忘了什么词，自己灵活转接即可。为了增强应变能力，我们最好要对全文框架进行整体把握，对每段的开头要十分熟悉。这样，如果在演讲中间某处忘词了，就直接跳到下一段，千万不要紧张。

有些演讲是半脱稿形式，虽不会发生忘词现象，但要保持与观众的眼触足够多，避免照本宣读。

（二）照顾听众情绪

当众演讲时，听众的反应是否积极是衡量演讲是否成功的标准之一。在演讲过程中，要注重与听众进行眼神交流，以获取听众的反馈，照顾听众的情绪。当谈论到某一话题，发现听众不感兴趣，难以引起共鸣时，那就少说为妙，适时放弃既定内容，延伸到另一个话题，重新组织语言，吸引听众。调动听众的积极性，才能取得演讲的成功。如果可能，在设计演讲稿时，可设计一套备用方案，或者多备一些材料，以备应急之用。

（三）灵活把握时间

命题演讲一般有时间限制，特别是演讲比赛对时间要求很严格。在演讲中，演讲者会根据听众的情绪、反应等来调整演讲的重点，有时可能超常发挥，导致准备的内容无法在规定时间内讲完，这就需要进行快速缩讲。如何缩讲呢？一是提前缩讲，将未讲完的内容进行略讲，点到为止。二是临近结束时，用一两句话概括未完的内容。快速缩讲的应变公式=结合场景+用一句话概括未完内容+谢谢大家。例如，一位学生在演讲《大学生脚下的路》时，本来还有一大段未讲完，这时限时铃声响了，他便从容说道："铃声再一次警示我们大学生，时不我待，抓住机遇，迎接挑战，大学生的路就在脚下。谢谢大家！"

（四）机智应对提问

在一般性发言、作报告或演讲比赛中，可能有听众或评委提问环节，应答需要临场应变能力。

如果有些问题一时难以回答，不妨谦虚作答，可说："谢谢您的提问。您提的这个问题是一个很好的问题，我对这个问题的研究不多，不敢妄言，我回去再好好研究研究。"

如果有评委不同意你的观点，对你发难，最好不要在台上直接与台下的评委论辩，在舞台压力下，自圆其说有一定的难度。你可以说："谢谢您的意见，我的看法也许不太成熟，您是这方面的专家，会后再向您讨教。"

（五）从容处理意外

即使准备了充分的演讲稿，排练也很熟练了，演讲时还是会出现很多意想不到的情况，我们要有心理准备，以便从容应对。例如，演讲时，扩音器突然没声了，话筒没电了，PPT屏幕突然黑屏了等，这些客观因素导致演讲意外中断时，在工作人员处理的过程中，不能把自己"晾"在台上，这时就需要演讲者具备较强的应变能力。处理这些意外时，一是保持良好的心态，二是及时向听众致歉，三是感谢工作人员的及时处理和听众的耐心等待。

课堂训练

1. 重读练习。

（1）朗读下列句子，寻找重音位置。

谁昨天上北京开会去了？

他什么时候上北京开会去了？

他昨天上哪儿开会去了？

他昨天上北京干什么去了？

（2）朗读下面这段话，体会重音位置。

一切都是针对我们而来，而不是针对别人。英国政府如此长久地锻造出的锁链要来桎梏我们了，我们该何以抵抗？还要靠辩论吗？先生，我们已经辩论十年了，可辩论出什么更好的抵御措施了吗？没有。

【教学提示】　重音是指说话或朗读时把句子里的某些词语念得比较重的语言现象。重音所在的地方需要重读。从句子的语法结构来看，有的成分需要读得重一些，有的需要读得轻一些。重音可以起到强调重点、加重语气、突出感情的作用。同一句话，由于重音的位置不同，表达的感情和含义就会不同。例如，"我去演讲。"如果重音放在"我"上，意思是排除其他人，强调的是"我"；如果重音放在"去"上，强调不拒绝，务必去；如果重音放在"演讲"上，强调我去不是干别的事，是去演讲。

语言学中的重音有语法重音和强调重音两种。在不表示特殊的思想和感情的情况下，根据语法结构的特点把句子中的某些成分重读的，就称为语法重音。语法重音是根据句子的语法关系来确定的，它的位置比较固定。在实际口语沟通中，为了表现某种特殊感情，可以对语句的重读进行临时的处理，目的是强调、突出，这种处理就是强调重音或逻辑重音。强调重音的位置受说话的环境、说话人的特殊要求和表达需要所支配。强调重音的强度比语法重音要强。

2. 停顿练习。

（1）语法停顿练习。

改革/势在必行。

话/不能这么说，道理/也不能这么讲。

（2）呼吸停顿练习。

主席先生：没有人比我更钦佩/刚刚在会议上发言的先生们的/爱国精神与见识才能。但是，人们常常/从不同的角度/来观察同一事物。因此，尽管我的观点/与他们截然不同，我还是要毫无顾忌、毫无保留地/讲出自己的观点，并希望/不要因此而被认为/是对先生们的不敬。

（3）强调停顿练习。

①只要大家团结起来，/你，/我，/他，/紧紧地拧成一股力量，/就没有/克服不了的/困难。

②他这么做/到底/有什么不对？/请大家/好好想想。

③在此，我谨代表/全院新生，对付出辛勤劳动的师生/表示衷心的/感谢！

【教学提示】　停顿是指朗读或说话过程中声音的断和连。我们说话时，既不能一字一停、断断续续地进行，也不能字字相连，一口气念到底。无论是说话者还是听众，无论是生理要求还是心理要求，语言表达中的停顿都是必不可少的；它既是显示语法结构的需要，更是明晰表达语义、传达感情的需要。

停顿分为常规停顿和超常规停顿。常规停顿是指语法停顿、逻辑停顿（呼吸停顿）和强调停顿，这种停顿并没有产生特殊的语义；而副语言中的停顿是一种超常规的停顿。停顿能传达特殊的信息，并产生特别的表达效果。适当的停顿可以为说话者赢得思考的时间，也可以为听话者提供一定的思考、理解时间。超常规的停顿还可用于引起交际另一方的注意，主要起到警示作用。例如，教师在讲课时，学生在下面说话，教师就停下来，停顿的时间过长后，学生就会意识到，并立即停止说话。

讲话或演讲中的停顿是必不可少的。停顿的时长有长有短，段与段之间停顿时间较长，句与句之间稍短，词组与词组、词与词组、词与词之间停顿时间更短。当然这也不是绝对的。

恰当的停顿可以使讲话的内容得到清楚的表达，并使语言呈现鲜明的节奏感。戏剧理论大师斯坦尼斯拉夫斯基（Stanislavski）说过："顿歇本身仍然具有影响听众情绪的力量。"停顿的作用有三：一是为了提示话题，二是为了呼吸换气，三是为了增强语言表达效果。

3. 语速和语气练习。

请同学们使用恰当的语速和语气练习以下两个例子。

例一：什么叫正气呢？正气就是所谓浩然之气，即孟子所说的"为气也，至大至刚""塞于天地之间"。我们还可以把这种正气看作是中华民族之魂。

例二：青年朋友们，爱我们的国家吧，爱我们的民族吧，同心协力，把我们民族的正气，把我们中华民族奋发图强的爱国主义精神极大地发扬起来！

【教学提示】　以上两段演讲词选自李燕杰的《国家、民族与正气》，例一出现在全文的中间，例二在文末。很显然，它们不能用一样的语速来讲，前一段语速相对来说要慢，因为这是给听众从容讲解什么是"正气"；后一段则要快，因为是在号召、激励青年朋友们发扬正气，具有极强的鼓动性，语速慢了，就会减弱它的力度。

如何根据演讲内容来把握语速的快慢呢？就内容来说，表现深思、非常失望、过于哀痛的内容要用慢速；交代情节、插叙故事、引证词等时，要用中速；抒发激情、鼓舞志气、号召行动、抨击责问等，要用快速。就句式来说，陈述句、被动句、松弛句，要用慢速；反问句、感叹句、紧张句，语速要快。全篇的语速基调到底如何确定，哪儿要快速，哪儿要慢速，要在演讲时处理好。语速的变化还不能太突然，要有过渡，只能逐渐加快或减慢；否则，就会给听众造成突兀的感觉，使他们理解和感受起来产生困难。

4. 演讲实训。

（1）请以《我的大学生涯规划》为题，撰写演讲稿，并在课余时间进行演练，课堂训练时，完成一次4分钟的命题演讲。

（2）你们班级是一个积极向上的班级，班级同学在学校各大学生社团担任学生干部，组织开展了很多课外活动，班级还具有良好的学风和班风，学习成绩在同专业中占有绝对优势，假如你作为班长，请带领全班同学积极申报"××大学先进班集体"，准备5分钟的评选展示，并在全班试讲。

【扫码看案例】
开学典礼
新生代表发言稿

（3）扫码阅读这篇开学典礼新生代表发言稿，并体会演讲稿的写作结构。可根据自身情况改写后进行课堂练习。

第五章
即兴讲话艺术

即兴发言是使用频率最高、应用范围最广的一种沟通形式。在日常生活、学习和工作中，上课发言、参加会议、获奖感言、现场答辩等活动都需要具备即兴发言的基本功。

第一节　即兴发言概说

一、即兴发言的含义

即兴发言，也叫即兴讲话、即席讲话、即兴演讲，是指在事先无准备的情况下，自发或被要求立即进行的当众讲话，是一种不凭借讲稿来表情达意的口语交际活动。即兴发言，既无讲稿又无提纲，更没有提前排练，全靠临场发挥，当场组织语言，边想边说，而且要求中心突出，条理清晰，这是很有难度的语言表达形式。

如果说命题演讲只是少数人的事情，那么即兴发言则是每个人都必须用到而且经常遇到的沟通形式。

二、即兴发言的特点和要求

相对于命题演讲来说，即兴发言具备以下特点和要求。

（一）临场性

即兴发言是发言者被眼前所发生的事情和情景所刺激，或者在某种场合被要求对某一话题进行临时性的演讲。即兴发言是一种在特定情景下事先没有做好充分的材料和心理准备的临场讲话，所以具有很强的临场性。临场性特点就要求即兴发言符合场合的需要，触景生情，要做到"到什么山上唱什么歌"，什么场合说什么话，即兴讲话要切合现场的气氛。

【扫码看案例】
闻一多的即兴讲话

（二）即时性

即兴发言没有时间对发言内容反复修改和试讲，更不会像命题演讲那样可以进行调查分析，甚至是模拟排练。要做到即时生成讲话内容，就要求发言者能够迅速反应，快速思考，把握主题，确定语言风格，使发言连贯，首尾呼应，逻辑严密，听起来令人振奋。

（三）简短性

即兴发言通常是在工作或生活中的某一个场景，甚至是小型的社交聚会场所进行的。在这种情况下，发言者只要做到言简意赅，并把事情讲清楚就可以了。即兴发言是临时起兴或临场被要求发言的，毫无准备，不容易长篇大论，这就要求在最简短的发言中能够阐明一个道理或说明一个想法。

三、即兴发言障碍的表现

即兴发言对一个人的思维能力和口语表达能力要求很高，不仅要反应敏捷、迅速构思，还要克服紧张心理。即兴发言障碍有多种表现。例如，有些人登台发言总是心跳加速、语无伦次、大脑空白，或者在台下想得很好，结果一上台就忘词、手抖脚抖、声音也颤抖；有些人随机接受采访时，无话可说，讲不出几句话；有些人平时说话还可以，但一上台讲话，就"哑火"；有些人倒不是紧张，而是上台后乱七八糟讲了一通，就是讲不到点子上；有的人东扯一句西扯一句，讲了上一句，不知道怎么接下一句，毫无逻辑可言。

这些即兴发言障碍，有的是因为"不敢"当众即兴发言（即兴发言最大的障碍不是听众，而是自己缺乏自信心），有的是因为"不会"即兴发言，缺乏即兴发言的一般性技巧。

在许多公众场合，不管是在学校还是在工作单位，无论是领导干部还是普通大众，都经常会碰到需要即兴发言的情况。即兴发言时，如何做到临场不乱，从容不迫，沉着应对，充满自信地尽情发挥，侃侃而谈呢？掌握即兴发言的一些基本技巧是很有必要的。本书推荐一些即兴发言的表达技巧，读者学习之后，还需善于抓住锻炼的机会。不论是在学校还是工作单位，当众讲话的锻炼机会还是很多的，我们要抓住这些机会，不要给自己找逃避的借口。

第二节 即兴发言准备

在工作中，开会时被领导临时要求讲两句是常有的事情，多数人没有即兴发言的能力，即使从开会伊始就做好"被动发言"的准备，开会过程中被领导叫起来"讲两句"的时候，还是会表现得不知所措、支支吾吾。

即兴发言能力虽然不是多数岗位需要的业务能力，但即兴发言却是办公人员脱颖而出的绝好机会。埋头苦干的工作，领导可能看不见，辛辛苦苦写的材料，领导可能不知道，但在会场上，你站起来发言，领导无论如何也得耐着性子听下去。如果言之无物、结结巴巴只能得到负分，而声音洪亮、发言流畅会赢得加分。

那如何在短时间内现场组织好自己的即兴发言，达到"至少不减分、争取要加分"的效果呢？"工夫在诗外"，即兴发言也是需要准备的。

一、时刻做好发言的心理准备

所谓即兴发言，就是你不知道何时会发言、谁让你发言。会议开到一半，说不定会议主持人突然就把发言的话语权交给你，非说让你也谈谈看法。虽然主持人是即兴叫你发言的，但你不应是毫无准备的。

开会当然不能只是带着耳朵去听，所以你应当在会议开始时就考虑到有发言的可能性，尤其是一些小范围的学习交流会、座谈会、意见征求会、部门员工会等，在这些场合，大家会各抒己见，讨论很热烈，会议主持人很可能会注意那些没发言的少数人，并点名要求躲避发言的人员谈谈想法或体会。因此，开会时，你不能把自己摆在纯听众的位置上，在会议开始时，就要做好发言的心理准备。

二、善于临场整合发言素材

参加发言类会议，我们不仅要考虑自己该如何发言，还需要倾听别人的发言，将别人的发言融入自己的发言。怎么做好临场发言素材的整合呢？一方面，要认真听取别人的发言，在记录本上记下别人发言的关键字词或语句，为自己之后的即兴发言积累素材；另一方面，要快速整合大家的意见，把握大趋势和共性问题，在此基础上构思自己的发言，梳理出顺序来，或者听完别人的发言后，获得一定的启发，看看在别人发言的基础上是否可以延伸开去、深化下去，或者通过别人发言的启发去谈论相关问题，将问题或看法引向深入。通过这样的临场准备，别人的发言就成了你发言的基础和素材。

当然，即使没有得到即兴发言的机会，这也是一种锻炼，一定要坚持下去，说不一定哪一天就来了机会，就能好好表现一番，让人刮目相看。除了临场整合素材以外，还要在平时注重积累，用知识、见识来武装自己，讲起话来才能镇定自若，有话可说，也会体会到"知识就是力量"。

三、做好承前启后，表明态度

即兴发言怎么开头呢？

首先，轮到你发言时，建议你一开口就要表明立场和态度。一开口的态度会奠定发言的基调。你可以对前面的发言赞扬或附和一番，然后引出你的看法，这种承前启后的发言方式，效果肯定会很好。前面发言的人会感激你，因为他们的发言被后面的人采用并肯定了。

如果你没有认真听取别人的发言，只是琢磨自己该如何发言，效果是不会好的。另外，你的发言是自以为是、咄咄逼人，还是恭敬有礼、谦虚谨慎，也往往取决于发言开头的表态部分。

四、有逻辑地表达你的想法

听了别人的一番讨论后，你会发现，你想讲的某些想法，已经被别人先说了，轮到你讲时，如果去掉雷同的部分，你提前想好的内容已经显得支离破碎了，怎么重新组织语言有逻辑地表达你的想法呢？可以尝试采用"感谢+认同+自谦"模式来表达。

首先是感谢，就是用感谢开场。感谢领导或主持人给你发言的机会，感谢主办方创造这么好的交流平台，感谢刚才与会人员的发言，自己受益良多，等等。这样的开头，不仅没有

"难度"，而且还能赢得大家的好感，觉得你很有礼貌。

其次是认同，就是在"承前"时，对前面的发言表示赞同，肯定他们的发言或做法。例如，可以夸赞某个人，"前面几位同志的发言，见解独到，生动形象，我听了很受启发，尤其是×××讲到的……×××建议的……都说得十分到位，深有同感"；或者称赞一下组织单位，"今天讨论的这个问题，××部门高度重视，第一时间组织大家研讨，大家集思广益，提出了很多具有可行性的想法，我的认识也得到了进一步深化"。总之，你的发言排序在中间或者靠后的话，表达你对前面发言的认同，可以表明你很合群，会为你赢得更广泛的群众基础。当然，不能"人云亦云"，还是要合理地讲出自己的想法。

最后是自谦，就是对自己所讲的想法、建议等自谦一下，塑造一个谦虚谨慎的形象。如果你"不幸"被叫到第一个发言，无法"承前"的话，在开头就可以说"下面我抛砖引玉，请大家批评指正"这类的话。如果你在后面发言，"承前"表达认同之后，在发言结束时，做好"自谦"或"启后"，就可以说"以上就是我对这个问题的粗浅看法，不妥之处，还请大家批评指正"，或者"好了，我就简单说这些，供大家参考，谢谢大家"。

五、提高即兴发言的含金量

如果发言没有实质性的内容，前后一大堆客套话，也会显得发言没有水平，因此，发言的重点还在内容上。我们要掌握一定的技巧，让自己的即兴发言有含金量。

怎么提高即兴发言的含金量，给别人留下良好的印象呢？我们不妨学习一下领导讲话的艺术。上至国家领导人，下到单位部门领导的讲话模式和呈现形式，我们都可以借鉴。例如，我们可以看看领导讲话稿或者党政机关公文中的数括词语。党中央提出的"四个全面"就是对"全面建设社会主义现代化国家""全面深化改革""全面依法治国""全面从严治党"四个短语的概括，将"丝绸之路经济带"和"21 世纪海上丝绸之路"概括为"一带一路"，类似的还有"两个一百年""四个自信""五位一体""两免一补""三农""四风""八项规定"等，这些数括词语具有高度的概括性，既便于表达，又便于记忆。

如果我们即兴发言时，善于总结、提炼，也能给听众留下深刻的印象。从内容上说，如果从多个方面发表看法，不进行提炼，讲完之后，别人很难记住相关内容。所以，我们需要从形式方面来增强表达效果，增强语言的表现力。例如，在一个工作经验交流会上，领导让你谈谈"如何才能有创造性地开展当前工作"，这个话题难度很大，我们不能漫无边际地讲，可以概括为如下内容。

我认为，要想创造性地开展××工作，就要做到"三个处理好"。

一是处理好守正与创新的关系……

二是处理好制度制定与落实的关系……

三是处理好考核与激励的关系……

从三个方面来谈自己的意见，给领导和其他听众的感觉如何？那就是：一是讲话内容的逻辑性强；二是表述清晰，简洁好记，印象深刻。即使内容讲得不太好，别人只记住你提出来的"三个处理好"，那也算没白讲！

再如，你是某单位新入职的员工，经过入职培训，单位召开培训结业座谈会，你也可以用数括词语来发言。

各位领导、同事：大家好！我是……刚入职，就能得到这样系统的培训，在此，感谢……，感谢……刚才，××在发言中谈到……我深有体会。通过培训，我掌握了……为尽快适应岗位的需要，我将在接下来的工作中，努力做到"三个学习"。

一是要向领导学习，多与领导沟通……

二是要向同事学习，多向同事请教……

三是继续向书本学习，不断更新知识……

不管"……"部分的内容是什么，只要你把握住大框架，发言的效果不敢说有多好，总体应该还是过得去的。要想讲出货真价实的内容，还需要我们提高思想认识水平和增加阅历。

不善即兴发言的人要想做好即兴发言，可以这样训练自己：首先，时刻做好发言的心理准备，开会别干别的事情，用笔帮助记忆，整理别人的发言；其次，轮到自己发言时，临阵不乱，简单使用"套话"来做好承前启后，表明自己的态度；最后，把自己想说的和临场整理的内容梳理一下，有逻辑地表达你的想法，力争在发言中，突出一两个独到的见解或想法。这样，一个完整、流畅的即兴发言就完成了。

六、加强即兴发言思维训练

即兴发言，不仅需要有良好的口语表达能力，还需要具备良好的思维能力，才能做到言之有物。语言既是思维的工具，又是思维的成果。思维和表达存在相辅相成、互相作用的关系。口语表达是将头脑中无声的内部语言向外部的有声语言转化的过程。思维的发展丰富了语言的表现力，语言的发展会提升思维的缜密程度，促进思维能力的提高。要想提高口语表达能力，还需加强思维训练。

（一）快速思维训练

严格来说，快速思维不是一种思维方式，而是指思维反应敏捷的一种能力。即兴发言完全不同于书面表达，它是一种边想边说的表达方式，因此就特别要求思维具有敏捷性和灵活性。

下面练习三道题，读完题目后，立即作答。

1）如果你是一名教师，在第一次上课时，要点名，在点名的过程中，突然发现有一个学生的名字中有一个不认识的字，你将怎么办？

2）如果你是一名教师，在点名时，把某个学生的姓名念错了，同学们哄堂大笑，这时候，你怎么办？

3）上课时，教师就地取材，随意举出教室里的几件实物，如讲台、时钟、桌子、椅子、教材、笔、窗帘等，请同学将这些实物连缀成篇，编织成一个故事。

（二）发散思维训练

发散思维，又称辐射思维、放射思维，是指由一点向四周辐射的开放性思考方式。对一个问题，可以从多个角度进行思考，寻求答案。要想掌握发散思维，需要储备广博的知识。广博的知识是思维和口语表达的基础，唯有学习，没有捷径。

请利用发散思维回答以下问题。

请以"奥运会"为话题，作一次3分钟的即兴演讲。

"奥运会"这个话题太宽泛了，没有关于奥运会的常识性了解，就很难利用发散思维进行表达，所以只有广泛学习各方面的知识，扩大自己的知识面，才能使自己头脑中的库存知识丰富起来。下面再来做个练习。

请一个同学上台，尽量多地说出"书"的各种用途。（限时2分钟）

（三）聚敛思维训练

聚敛思维就是由四周向一点集中的思考方式，即针对众多的问题进行集中思考，与发散思维方向相反，在某种意义上，这也是训练归纳概括能力的一种方式。

在目前的公务员申论考试中，有些题型是专门用来测查考生的"综合分析能力"的，这是最基础的题型，旨在考查考生对给定材料的全部或部分的内容、观点或问题进行分析和归纳、多角度地思考材料内容、作出合理推断或评价的能力。

常见的归纳分析题有四种类型：①归纳概括主要内容；②归纳概括主要问题；③归纳概括部分内容；④归纳概括语段。做一些公务员考试模拟题，可以训练自己的聚敛思维能力。另外，在初高中的语文课程学习中，对课文中心思想的归纳概括，也是一种运用聚敛思维的体现。

（四）逆向思维训练

逆向思维就是反过来思考问题。当大家都朝着一个固定的思维方向思考问题时，你却朝相反的方向思考，这样的思维方式就叫逆向思维。人们习惯于沿着事物发展的正方向去思考问题并寻求解决办法。其实，对于某些问题，尤其是一些特殊问题，从结论往回推，倒过来思考，反过来想或许会使问题简单化。运用逆向思维经常需要打破常规思维方式、打破思维定式，从反方向进行思考，拥有这种思维往往可以发现新问题、产生新观点。人们常说，发现问题比解决问题更重要。很多时候，有逆向思维的人更容易发现不一样的问题。

逆向是与正向对比而言的。正向思维是指常规的、常识的、公认的或习惯的想法与做法；逆向思维则恰恰相反，是对传统、惯例、常识的反思，是对常规的挑战，它能够克服思维定式，破除由经验和习惯造成的僵化的认识模式。

怎么运用逆向思维呢？要敢于"反其道而思之"。例如，司马光砸缸的故事就是运用逆向思维的典型。有人落水，常规的思维模式是"救人离水"，而司马光面对紧急险情，运用了逆向思维，果断地用石头把缸砸破，"让水离人"，救了小伙伴的性命。

第三节　即兴发言技巧

即兴发言的难度很大，涉及范围又广。本节介绍几种常用的即兴发言模式，供读者学习、实践，以便掌握一定的发言技巧。

一、感谢+回顾+愿景

"感谢+回顾+愿景"这种发言模式，比较适合会议上的即兴发言，如总结会、座谈会、意见征求会、同学聚会、各种工作例会等。怎么活用这个发言模式呢？

第一，感谢。一发言就表示感谢。大家回忆一下，不少明星上台领奖，发表获奖感言时是不是先感谢一通呢？那么我们在发言时，都要感谢谁呢？建议从两个方面考虑：一是根据时间线索，感谢曾经给予帮助的有关人员；二是根据现场情况，有条理地感谢在场和不在场的有关人士。

例如，你获得了全校征文比赛一等奖，颁奖典礼上，主持人把你留在台上，请你讲讲获奖感言。你就可以先表示感谢。

老师们、同学们：大家好！能获得今年比赛的一等奖，我首先想表达我的感谢。感谢主持人给我这个发言的机会，感谢征文比赛主办方的精心组织，感谢评委们为评审参赛作品付出的辛劳，还要感谢在场的所有人，我们一起参与、一起交流，共同见证了××征文比赛的成长！

如果是在其他场合，则根据实际情况，用礼貌、诚恳的态度来表示感谢。如感谢活动主持人给你这次发言的机会、感谢×××的诚挚邀请和盛情款待、感谢各位亲朋好友的光临、感谢各位嘉宾在百忙之中能够前来参加活动、感谢领导的指导和同事的帮助等。如果要分出层次来，你还可以用"非常感谢""十分感谢""特别感谢"来加以区分。

第二，回顾。回顾什么呢？感谢之后，就要想"我是谁""我向谁讲""讲什么"。其实，这就是三个定位，即定位自己的角色、定位讲话的对象、定位讲话的内容。这样，你回顾的内容就很有针对性，听众也能产生共鸣。

回顾就是讲过去你和大家共同经历的一些事。使用"曾经……""还记得……""想当初……"之类的过渡句来回顾往事，如回顾参加活动的历程、回顾上大学以来的一些成绩、回顾刚加盟公司时的情景、回顾公司过去一年的发展、回顾大家相识的经过等。通过回顾自己和大多数听众亲身经历的故事，紧扣现场主题，定能打动不少听众。而且，你讲述与自己有关的经历时，一般不会出现"忘词"的情况。例如，你作为单位新员工获得最佳新人奖发言时，就可以这样讲。

还记得半年前，刚加入咱们这个团队时，我对……还不太了解，工作上处处碰壁，畏首畏尾的，是×××（领导）及时给予我指导，多次……让我比较快地适应了岗位工作的需要；还有×××、×××（同事）等经常鼓励我，帮助我修改……方案，才使我没有掉队。今天，虽然取得了一点儿成绩，获得了这个奖，我觉得这都是你们的功劳……

第三，愿景。回顾过去，自然过渡到憧憬未来，也就是表达畅想、打算、决心、祝愿等。

我相信，在大家的共同努力下，我们一定能……

我向大家保证，在以后的工作中，我一定要……

最后，我祝愿这个品牌活动越办越好，越来越多的人从中受益……

展望未来、表达祝愿后，自然就结尾了。总体来看，"感谢+回顾+愿景"这个模式很有逻辑性，也有利于结尾，干净利落！

这个模式的应用范围很广。例如，在大学同学毕业十年聚会的晚宴上，你作为组织者，在宴会开始时，总得讲两句。下面尝试运用这个模式来进行即兴发言。

各位恩师、各位同学：大家好！毕业十年再聚首，首先我代表全班同学，非常感谢各位老师今天抽出宝贵时间出席我们班的同学聚会，感谢您们精心的栽培和悉心的教导；同时，也要感谢同学们的积极响应和鼎力支持！比如，××同学负责联络工作，××同学负责预订场地，××同学负责采购……记得×年的那个金秋，我们全班×人有缘成为同窗，那时候，大家都很稚嫩，课堂上聆听恩师们的教诲，课下同学们的打打闹闹……毕业时，我们约定十年再聚首，转眼间十年过去了……最后，祝愿我们同学情谊、师生情谊地久天长，祝愿老师们身体健康，让我们一起举起酒杯，干杯！

二、过去+现在+未来

对于不善言辞、不知道如何组织语言进行即兴发言的人来说，使用"过去+现在+未来"的讲话模式，就能有话可说，并且还能说得很有逻辑性，这一模式被很多人奉为万能讲话模式。在很多场合发言，都可以用这个模式去提升讲话能力。下面举例说明。

某个刚入职一两年的员工，在优秀员工表彰大会上的获奖感言，他是这样即兴发言的。

各位领导、同事们：大家好！（开场问候）

记得一年前我刚刚进入公司的时候，我还是一个什么都不懂的新人，不懂得用传真机，不懂得用 Excel 做表格，不懂得用 Photoshop。但是我很幸运，遇到了一个愿意教下属的上司，他教会了我用传真机，教会了我用 Excel，教会了我用 Photoshop。还有很多同事帮助了我很多。是你们让我快速成长起来。（说过去）

今天，能获得优秀员工的荣誉，我觉得这是我的领导的功劳，没有他就没有今天的我，同时，也离不开在座各位同事的包容与支持！所以在这里，容我对你们说声"谢谢"。（说现在）

希望在以后的日子里，我能够继续跟大家并肩作战，共同成长！最后祝愿大家在工作和生活中能够心想事成、梦想成真！（说未来）

前面讲了在大学同学毕业十年聚会晚宴上的讲话可以使用"感谢+回顾+愿景"模式，其实同样也可以使用"过去+现在+未来"模式。例如，高中同学聚会，你作为组织者，需要在聚餐晚会上作一个即兴发言。

各位老同学：大家好！（说一些随意一点儿的客套话）

我们的同学聚餐马上开始，我先讲两句吧。上高中时，我是一个调皮捣蛋的"学渣"，比如我拔过××同学自行车的气门芯，××同学也因为我的"晚起晚归"睡不好觉（笑着说出来）。现在回想起来，觉得很对不起大家啊！但是大家对我很包容，现在想来，惭愧惭愧，等会儿多敬大家几杯赔罪哈！（说过去）

时间过得真快，一晃十年过去了，今天我们重新聚在一起，大家都有了很大的变化，有

的当老板了，有的当领导了，有的当爸了，有的已经是两个孩子的妈了。总之，大家现在都很好，小日子过得都很幸福。（说现在）

我希望，以后大家还能经常联系，把我们的友情延续下去。大家举起酒杯，干一个！（说未来）

上面这两个例子看起来比较简单，大大方方发言，应该都能处理好。如果遇到不熟悉的领域，需要即兴发言时，也可以活用这个模式。

例如，在大学期间，你们专业邀请了一位专家来进行一场小型学术报告会。报告会结束前，预留了半个小时进行提问、交流等，主持人组织大家积极提问、互动，但是大家听完报告会后，暂时没有问题可以咨询，这下有点冷场，把专家晾在台上。主持人就开始寻找即兴发言的同学，用目光示意你，"要不你来讲两句。"你也没法回绝，你就可以大大方方地站起来，作如下发言。

×教授：您好！刚才听了您的讲座，我获益匪浅！（客套两句）

原来，我对您讲的这个问题，一点儿研究都没有，对习以为常的××现象没有一点儿思考。（说过去）

听了您的分析、讲解后，茅塞顿开，深受启发，觉得这个研究方向很有趣，很有研究价值！（说现在）

冒昧请教一下，如果我们要参与这方面的研究，需要学习哪些基本的理论和研究方法呢？谢谢！（说未来）

你这样一说，虽然没有直接对报告内容提出什么疑问，但是解决了冷场的问题，报告主讲人也可以借机回答你的问题。如果主讲人作完报告后，没有人参与互动，场面就不太好了。

三、"三点式"讲话模式

有一个很有意思的现象：不管是有底稿的讲话，还是即兴讲话，不少领导讲话总喜欢讲"三点意见"、说"三点希望"、提"三点要求"、提"三点建议"等。另外，这几年非常流行的一句话，就是"重要的事情说三遍"，为什么不是说两遍、四遍、五遍呢？

且不说数字"三"的文化含义，由"三"组成的汉语词语比比皆是，如三伏、三更、三军、三纲等。其实，"三点式"讲话模式背后隐藏着一个人的逻辑思考能力。要讲好三点，可不是那么简单的，如针对某个问题，你来试试讲三点意见或提三个建议。你可能刚好讲了三点就表达完了，也可能是讲完两点后就没话可说了，或者你讲了三点以后，发现还没有讲清楚，"三点"根本不够讲完你想讲的内容。用"三点"刚好讲完的，可能是少数。所以说，说讲三点就刚好用三点恰到好处地讲完的人，一般都具有对信息进行快速分类、归纳、整理的能力。

为什么讲"三点"就比讲"两点""四点""五点"的效果要好呢？

讲"三点"，有利于达到记忆效果。人的大脑在进行短时记忆或者工作记忆时，是有一定限度的，这个区间有 7 ± 2 一说，也有 5 ± 2 一说。对于普通人来说，9 个信息组块基本就是短时记忆的极限了。当把信息组块分为 3 个时，可以极大地降低记忆难度。例如，在收到 6 位数的手机验证码时，大多数人可能会 3 位 3 位地进行短时记忆。

讲"三点"，听众更愿意倾听。假如你在做某公司产品的兼职促销员，你把促销产品的说明书、产品介绍认真地熟悉一遍后，发现这款新产品具有很多优势，一共有 10 多个优点。如果你为客户介绍产品时，说这款产品有 15 个优点，分别是……你还没说完，客户多半会摆摆手，叫你不用说了。但如果你先了解客户的需求，然后有针对性地讲出三大优势，客户就会愿意听你的介绍了。

讲"三点"，各点可以相互支撑且有说服力。假如就某个问题，我想说服你，但是我只说了两点理由，你会不会觉得有点不充分？如果我说了三个理由，你可能就会觉得比较可信了。太少的话，不充分，不稳妥；太多的话，又有点杂乱，逻辑关系不好处理。"三点"或"三个方面"，不管是并列关系也好，递进关系也罢，都比较好。如果是"两点"，就很难说是"层层深入"。

讲"三点"，有助于把复杂的事情简单化、条理化。能够把复杂的事情简单化、条理化是一种能力。只有具备严密的逻辑，才可用"三点"来清晰表达。常使用"三点式"讲话模式的人，在长期的工作实践和思考中，往往容易形成自己的逻辑表达模式。如果你觉得自己讲话的逻辑还不清晰，就可以尝试运用这一模式来训练，也许能在短期内让你的讲话逻辑变得更清晰。

"三点式"这一逻辑结构怎么来表达呢？

在语言上，就可以用"一、二、三""第一、第二、第三""首先、其次、最后"等序次语来帮助我们形成强有力的逻辑表达结构，也能让听众听出层次来。例如，有顾客问你，你们公司的产品和其他公司的产品相比，有哪些优势呢？

你可能会这样回答：我们公司的产品，在价格方面就很有优势，消费者挺喜欢购买的，可以说是物美价廉，在质量上就更不用说了，我们的产品在×年获得了×××认证，用过的人都知道，而且我们的售后服务也做得很完善，您可以放心购买我们的产品。

这样的回答，信息比较全，每一句话都没有错，但无法在顾客的脑海中留下比较清晰的印象，也就不容易打动顾客。如果归纳为"三点"，就可以这样回答。

和其他公司的产品相比，我们的产品具有三大优势：第一是价格优势……第二是质量优势……第三是售后服务优势……

两者一对比，高下立判。所以，大家可以培养自己采用"三点式"讲话模式的习惯，提高内容的逻辑性。

在内容上，要处理好"三点"之间的逻辑结构和逻辑关系。例如，对某课程的教学进行评价，要谈"三点意见"的话，可以从教学内容、教学方式、教学效果三个方面进行评价，因为内容和方式为一个事物的两个方面，效果与前两者构成因果关系。再如，在开学典礼上对学生提出"三点希望"，可以从如何做人、做事、做学问三个方面寄予希望，这三点构成递进关系。提出"三点要求"或"三点建议"等也是如此，要处理好三者之间的关系。

四、问题+原因+方案

在与领导谈话、意见征求会、专题讨论会等场合，一般会对工作中存在的问题进行讨论，找出问题的症结所在，以便推动工作的进一步开展。既然是以找出问题为出发点，以解决问题为落脚点的会议，那么在这类会议上，就可以采用"问题+原因+方案"的即兴发言模式。

问题，就是从表象入手，有条理地列举一些学习或工作中存在的问题。在无准备的情况下，一般发现的问题都是零散的、不成系统的。在查找问题时，可以将发现的问题进行分类，如哪些是主要问题、哪些是次要问题。根据发言时间的长短来决定主要说出哪些问题。对同类的问题，需要进行归类，不宜一口气列举十多个问题，将问题归纳为三四类即可。同时，也为下一步分析原因做好铺垫。

原因，就是针对前面提出的问题，分析并阐述其原因。如何快速地分析原因呢？最便捷的方式就是从客观层面和主观层面入手进行分析，也可以从共性和个性两个方面找原因，还可以从多数人和少数人角度分析其原因等。

方案，就是在查找问题并分析原因的基础上，有针对性地提出解决方案。开意见征求会、工作推动会等，领导最怕的是与会人员说出一大堆问题，但提不出建设性的意见或处理方案来，把问题甩给领导，不帮领导出谋划策。更有甚者，把意见征求会开成了"吐槽会"。

"问题+原因+方案"这个发言模式怎么使用呢？下面举例说明。

某校召开学风建设座谈会，采用这个模式，就可以这样发言。

据我初步了解，当前大学生存在如下学风问题：第一，学习目的不够明确；第二，缺乏严谨的学习态度和良好的学习习惯；第三，学习氛围不佳。（陈述问题）

我认为出现这些问题的原因在于：第一，学生的成才观和价值观存在问题是其思想根源，这有社会因素的影响，也有学生自身认识的偏差；第二，学生的自我管理和自律意识不强，缺乏积极的引导；第三，大环境对营造学习氛围十分重要，目前的教育方式方法存在弊端。（从主客观上找原因）

为了解决这些问题，实施"三全育人""五育并举"是十分重要的。如何做到并做好全员育人、全程育人、全方位育人呢？一是需要改进思想政治教育，如×××（具体的改进措施）；二是需要创新育人方式方法，拓展育人渠道，如×××（提出一两个方法）；三是加强组织保障，如×××（组织建设、制度建设等）。（提出解决方案）

再如，某校为了提升学生毕业论文的质量，专门召开学生毕业论文质量提升讨论会。提升毕业论文质量涉及方方面面的问题，如果将问题罗列出来，能列出几十种问题。这时就需要对问题进行合理归类，这类会议的即兴发言，可能"问题"说得多，"原因"分析得少，但仍需要提出改进"方案"。

根据我平时指导和评阅学生毕业论文的情况来看，我认为目前毕业论文存在如下问题：一是形式方面的问题，如语言规范、格式规范、结构安排等方面……二是内容方面的问

题，如选题……研究方法……理论基础及其运用……三是毕业论文指导和管理上的问题。（分类陈述问题）

出现这些问题的原因是多方面的。（可略而不提）我认为，要提高毕业论文质量，可以从以下几个方面入手：第一，以人才培养目标为导向，加强……第二，加强学生学术道德规范教育，加强学生科技论文写作教学……第三，指导教师和教学管理人员要……（提出解决方案）

从整体来看，以上发言运用了"问题+原因+方案"模式；从局部来看，又灵活运用了"三点式"发言模式。也就是说，在即兴发言时，还可以综合运用前面介绍的发言模式。

以上介绍的即兴发言模式，不宜生搬硬套，要根据场合灵活变通。需要说明的是，对于初学者来说，遵循一定的讲话模式还是很有必要的，至少可以训练自己"敢说"，至于如何做到言之有物，如何让内容具体而充实，还要勤于实践、善于思考。

课堂训练

请同学上台进行即兴发言训练，每题限时3分钟。

1. 假如你被选举为学院学生会主席，请你针对全院同学或学生会的同学进行就职演讲。
2. 高中同学聚会，作为主要组织者，请你在聚餐晚会开始前进行发言。
3. 请以"大学生如何面对就业压力"为题，进行即兴演讲。
4. 请以"中国梦"为话题，进行一次即兴演讲。
5. 请谈谈你对"不忘初心、牢记使命"的理解和认识。
6. 请谈谈学习这门课程的收获和体会，并为教师改进上课内容和方式提供建议。
7. 你认为自己在大学里取得了哪些收获？
8. 你认为自己在学校里属于好学生吗？为什么？
9. 你最喜欢什么课程？为什么？
10. 你最不喜欢什么课程？为什么？
11. 你如何看待大学生谈恋爱？
12. 你对大学生上课使用手机上网这一现象怎么看？
13. 请谈谈你心目中的"金课"和"水课"。
14. 你最喜欢的一本书是什么？为什么？
15. 对于任课老师拖堂这一现象，你是怎么看待的？
16. 党的二十大报告指出："育人的根本在于立德。"请谈谈你对这句话的理解和认识。

第六章
求职语言艺术

求职是一项系统工程，需要精心谋划和细心准备。求职过程包括很多环节，如制作简历、搜集招聘信息、确定目标单位、投递简历、笔试、面试、签约等。本章只谈面试环节的语言表达和沟通技巧。

第一节 求职与面试

一、求职概说

求职面试是一种依靠语言来沟通的特殊交际形式。在这个充满竞争的信息社会，如果想要谋求一份理想、心仪的职业，光有专业知识是远远不够的，还要具备把握机遇和掌握求职面试技巧的能力。为了使求职面试过程更加顺利，应聘者事先就要做好充分的准备。

首先，充分了解用人单位的基本情况。应聘者要在面试前做一个"有心人"，尽可能地熟悉应聘单位的历史、规模、现状、发展规划等基本信息。这样，既可以增加你面试的自信心，又可以使招聘者确信你对该单位兴趣浓厚，做到"情有独钟"。

其次，还要对应聘职位进行了解。了解应聘职位并做好相应的准备，可以使你在众多的应聘者中脱颖而出。你需要了解这个职位的工作性质、岗位职责、薪酬待遇、职业升迁路径以及它在该单位所处的地位。在求职前了解应聘职位，有利于应聘者在应试过程中有的放矢，能针对该职位的角色需要充分展现自己的能力和特长，增加与应聘职位的匹配度，达到"非你莫属"。

二、面试考核内容

对于应聘者来说，在通过了简历筛选和（或）招聘笔试之后，就将进入面试环节。面试，是求职过程中常见的一种以选择人才为目的、以谈话为主要手段的考核方式，在求职过程中占有重要的一席之地。要想成功通过面试，就需要对面试的主要测评内容进行了解和把握，以便有的放矢，让自己做的面试准备具有针对性。

面试的主要测评内容有以下十个方面。

1. 仪表风度

仪表风度是指应聘者的形体外貌、衣着打扮、行为举止、精神状态等。有些职业对仪表风度的要求较高，如国家公务员、公关人员、营销人员、教师等。面试官通常在面试开始的前 30 秒内便可对应聘者产生初步印象。

2. 专业知识

用人单位通过了解应聘者掌握专业知识的广度和深度，考查其专业知识的掌握程度及其与应聘岗位的契合程度。面试中的专业知识考查有时是作为专业知识笔试的一种补充。

3. 实习实践

面试官一般会根据应聘者简历中所提供的实习实践经历，进行相关提问，主要考查应聘者的专业实习和社会实践经验及相关背景。切忌在简历中描述自己的实践经历时夸大其词、弄虚作假。

4. 沟通能力

面试官通过面对面的沟通交流，主要考查应聘者能否将自己的思想、观点、意见等用口语流畅地表达出来，考查内容涉及音质、音调、语调、语气、语言感染力以及逻辑思维能力等。用人单位性质不同，对语言沟通能力的要求也不相同，有些用人单位还要求应聘者具备较强的英语听说能力。

5. 应变能力

面试官主要通过应聘者能否准确理解面试官所提的问题，能否准确、迅速地回答面试官的提问，能否机智、巧妙地应对面试官的"发难"来考查其应变能力。

6. 社交能力

在面试中，面试官一般通过询问应聘者在校期间参与学生课外活动的情况来了解应聘者在学校各类社团中的任职情况、所在社团群体的类型等，进而了解应聘者的社交场合和人际交往对象，推断出应聘者的人际交往倾向及其与人相处的技巧。

7. 分析能力

面试官主要通过应聘者在对问题的分析过程中能否抓住本质进行全面分析，说理是否透彻，条理是否清晰，考查应聘者的理论分析能力。

8. 自我控制能力

对于这个能力的考查一般需要一定的环境或虚拟的情境来完成。通过设置一些能影响应聘者情绪的问题来考查其情绪的稳定性。有时，有些用人单位可能会辅以心理测评对应聘者进行心理素质考核。

9. 求职动机

在招聘和应聘成本都很高的人才市场，求职动机是一个不可回避的问题，但又是一个不易考查的问题。对于招聘单位而言，了解应聘者的求职动机很关键。招聘单位通过了解应聘者为何选择应聘本单位，其职业规划如何，进而判断本单位所能提供的职位或工作条件等能否满足其工作要求和发展规划等。

10. 爱好特长

爱好是指人们对某种事物具有浓厚的兴趣，如琴棋书画、吹拉弹唱、各类体育运动等，在一定程度上会影响一个人的性格特征。特长一般是指在某个领域或技术方面，有着较为明显的优势和超出常人的能力。爱好特长与职业兴趣有很大的相关性，面试官可以通过爱好特长来预测应聘者的职业倾向。

三、面试类型

随着人才市场的不断开拓与发展，用人单位的面试类型越来越丰富，面试流程也日益科学化，面试的准确率和效率不断提高。对于大学生来说，了解用人单位的面试类型，有利于提前做好"应试"准备，在面试中挥洒自如、从容自信。下面简要介绍五种常见的面试类型。

（一）电话面试

电话面试就是面试官通过电话对应聘者进行提问的面试。有些用人单位在筛选简历后，在面对面的面试之前，采用打电话的方式进行首轮面试，从而提前了解应聘者的实际情况。电话面试的时间一般为 10~30 分钟，用以核实应聘者的背景、考查其语言沟通能力等。

（二）行为面试

行为面试的理论基础是：一个人过去的行为可以预测这个人将来的行为。行为面试是企业招聘时最常用的一种面试类型，基于应聘者对以往工作事件的描述以及面试官的提问或追问，运用素质模型来评价应聘者在以往工作中表现出的素质，并以此推测其在今后工作中的行为和表现。

（三）案例面试

案例面试是指面试官给出一个具体案例，并以此为基础延伸出一系列问题，要求应聘者对其加以分析、解决，通常用于专业能力的测评，主要考查应聘者的知识水平、分析能力和沟通能力等。案例可以通过口头上的表达给出，也可以通过书面形式给出。案例可能是真实的事例，也可能是虚构的故事。

（四）结构化面试

结构化面试，也称标准化面试，是面试官根据特定职位的胜任特征和要求，遵循固定的程序，采用专门的题库、评价标准和评价方法，通过应聘者对特定面试试题运用口语进行面对面作答的方式，评价应聘者是否符合招聘岗位要求的人才测评方法。这种面试方法克服了"考官的提问太随意，想问什么就问什么；评价缺少客观依据，想怎么评就怎么评"的弊端。

（五）小组面试

小组面试，又称无领导小组讨论，俗称"群面"，是指将一定数目（一般为 5~8 人）的应聘者组成一个小组来共同完成一个需要解决的问题。小组成员以讨论的方式，经过各种观点和思想的碰撞、提炼，共同得出一个最合适的答案或结果。在讨论过程中，每个成员都处于平等的地位，不指定小组的领导，也不指定分工，让应聘者作为一个团队自行安排组织并完成指定任务。无领导小组讨论包括要素排序题、讨论辩论题、案例分析题、活动策划题、创意制作题等题型。小组面试主要考查应聘者的组织协调能力、领导能力、合作能力、沟通能力、辩论说服能力等各个方面的能力和素质是否满足招聘需求，以及其自信程度、情绪稳定性、应变能力等个性特点是否符合团队工作的需要。

四、标准化的结构化面试

在以上提及的面试类型中，结构化面试是一种标准化的面试方式。下面专门对结构化面试进行进一步讲解。

结构化面试采用事先设计好的一份标准化的面试问答卷，包括面试过程中的所有问题和评分细节。结构化面试的一般流程：由5~9名面试官组成，其中设一名主考官，负责向应聘者提问并把握面试的总体进度。面试时间因题目的数量而不同，一般在20~60分钟不等，每个问题的问答时间平均为5分钟。全体面试考官对各要素的评判，根据设定好的分值结构来打分。

【扫码看资料】
结构化面试答辩原则

（一）测评要素

1. 一般能力

（1）逻辑思维能力。通过分析与综合、抽象与概括、判断与推理，揭示事物的内在联系、本质特征及变化规律的能力。

（2）语言表达能力。清楚流畅地表达自己的思想、观点，说服动员别人，以及解释、叙述事情的能力。

2. 工作能力

（1）计划能力。对实际工作任务提出实施目标，进行宏观规划，以及制定实施方案的能力。

（2）决策能力。对重要问题进行及时有效的分析判断，作出科学决断的能力。

（3）组织协调能力。根据工作任务，对资源进行分配，同时控制、激励和协调群体活动过程，使之相互配合，从而实现组织目标的能力。

（4）沟通能力。通过情感、态度、思想和观点的交流，建立良好协作关系的能力。

（5）创新能力。发现新问题、产生新思路、提出新观点和找出新办法的能力。

（6）应变能力。面对突发事件，能迅速地做出反应，寻求合适的方法，使事件得以妥善解决的能力。

（7）其他能力。选拔职位需要的特殊能力，该能力测评要素根据不同职位的要求确定。

3. 个性特征

个性特征主要考查应聘者在面试中表现出来的气质风度、品德修养、情绪稳定性、自我认知等个性特征。

（二）四类问题

（1）情景问题。提出了一个假设的工作情景，以确定求职者在这种情况下的反应。

（2）工作知识问题。考查求职者与工作岗位相关的知识，这些问题既可能与基本教育技能有关，也可能与复杂的科学或管理技能有关。

（3）工作样本模拟问题。该类问题包括一种场景，在该场景中要求求职者实际完成一项样本任务，当这种做法不可行时，可以采用关键工作内容模拟。回答这些类型的问题可能要求体力活动。

（4）工作要求问题。该类问题旨在确定求职者是否愿意适应工作要求。例如，面试者可能问求职者，是否愿意从事重复性工作、承担出差任务或迁往另一个城市。这种问题是实践工作的预演，并可能有助于求职者自我选择。

课堂训练

1. 近些年，社会培训机构推出了一些关于"结构化面试"和"小组面试"的模拟训练视频，任课教师可以搜集相关视频材料并在课堂上组织学生观摩，让学生了解不同面试的大致流程。观摩后，请学生发表观后感。

2. 请谈谈你过去学习或工作中最满意的一件事。

【教学提示】　这种类型的面试题主要考查应聘者的语言表达能力。首先，要流畅地陈述最满意的一件事；然后谈谈从这件事情中获得的人生感悟、生活启示或能力提升等认识层面的思想，最好与应聘岗位所需能力和要求有较高的契合度，因此不宜"就事论事"。

3. 假如你是某单位办公室职员，领导让你负责组织一场全公司员工的迎新年晚会，请说说你准备完成此项工作的活动方案。

【教学提示】　这类活动方案面试题主要考查应聘者的计划、组织和协调能力。要求应聘者应考虑明确的工作目标和要求，据此拟定工作方案，安排工作流程，调配人、财、物资源，成立筹备小组，协调组织各小组共同完成任务。活动方案可从人、财、物三个方面来策划，也可从活动前、活动中、活动后三个环节来策划，回答时注意语言表述的逻辑性和条理性。另外，安全预案是必不可少的内容。

4. 如果你是一家食品公司的销售经理，突然有一天媒体记者对你进行采访，说有消费者反映你公司的食品卫生不合格，你将如何解释、如何处理？

【教学提示】　这类突发性事件面试题，主要考查应聘者在较短时间内对相对陌生或者突发的事件作出判断，并给出简单的处理方案的能力。决策能力的强弱，能否在统筹思考、有效分析、准确判断的基础上及时作出科学决断，以及能否迅速而灵巧地应对突发事件，并以恰当的方法妥善解决问题等，都可通过应聘者的陈述得出结论。同时，应聘者的心理承受力、情绪稳定性、思维反应的敏捷性、思考问题的周密性、解决问题所用方法的适宜性以及处理问题的决断力也可从中体现。

5. 你的上司脾气暴躁，经常当众批评下属，毫不顾忌下属的情面，大家的工作情绪经常受到影响。作为下属之一，你该怎么办？

【教学提示】　这类问题主要考查应聘者的人际沟通能力，考查其人际交往的意识和技巧、处理上下级和同级权属关系的意识及沟通能力。回答这类问题时，最好采用辩证分析法，不应只就批评的方式发表意见，可从上司批评的方式和内容来综合考虑，也可结合被批评人当时的处理方法和事后的处理方法进行全面陈述。

6. 在未来求职时，你会考虑哪些因素？为什么？

7. 你有什么社会实践经验？如无，你打算如何积累社会实践经验？

8. 薪水和发展前景你更看重哪一个？为什么？

9. 你怎样看待学历和能力？

10. 大学期间你是如何处理学业学习与社团活动的关系的？

【扫码做练习】
结构化面试试题汇编

第二节　求职语言技巧

一、精心准备自我介绍

（一）求职自我介绍

自我介绍可分为主动型自我介绍和被动型自我介绍两种类型。前面"日常社交语言艺术"部分讲述的自我介绍一般属于主动型自我介绍。求职面试中的自我介绍，一般是在面试官的引导下将自己某些方面的具体情况进行一番自我介绍。这种自我介绍属于被动型自我介绍。

在面试开始时，面试官一般都会要求应聘者作个简短的自我介绍，时间一般为1~2分钟。一个自我介绍看似简单，但如果处理得不好，就会全盘皆输。所以为了让用人单位全面、具体地了解你，应真实地向对方介绍自己的情况，介绍与求职相关的、最主要的情况。与此有关的要介绍清楚，不要遗漏；与此无关的则不必介绍，以防"眉毛胡子一把抓"，反而冲淡了主要内容。招聘单位性质不同，自我介绍所使用的语种可能不同，在此，只谈中文自我介绍。

（二）自我介绍的内容

介绍自己的基本情况时，一般包括以下几个方面。

基本信息：包括姓名、年龄、教育背景、工作或学习单位、社团或社会活动等。

能力和经历：列举自己所具备的一些能力，最好分项阐述，并辅以相关经历的例证，这些经历应与你所应聘的职位基本相符。

（三）自我介绍的技巧和注意事项

1. 精心准备

1）找出你的闪光点。

2）了解用人单位及其企业文化，找准岗位匹配结合点。

3）简洁清晰，不相关的信息不用介绍。介绍时应层次分明、重点突出，使自己的优势自然地逐步显露，不要一上来就急于罗列自己的优点。

4）为了给面试官留下深刻印象，建议多用数字、修饰性的词语来描述。

5）总结过去并规划未来。

2. 自我介绍的注意事项

1）正面评价自己，只讲正面性的事，讲出你的闪光点。

2）介绍的内容要与应聘岗位的要求有较高的契合度。

3）自我介绍的细节必须与你的简历保持一致。

4）在介绍中，保持与面试官眼神的交流，以便及时调整介绍的重点。

5）真诚交流，不要做作。

6）简明清晰，控制时间，以 2 分钟左右为宜。

7）介绍完毕后致谢。

二、面试问答技巧

面试时，应聘者的语言表达艺术标志着应聘者的成熟程度和综合素养。对应聘者来说，掌握面试问答的技巧无疑是重要的。那么，在面试中怎样恰当地运用沟通的技巧呢?

（一）表达形式方面

1. 口齿清晰

面试时，要注意发音准确、吐字清晰、语言流利、文雅大方。要在控制心理紧张影响的同时，注意控制说话的速度，避免结结巴巴，影响语言的流畅性和思维的清晰度。

2. 语速放慢

在面试过程中，要有意识地控制语速，体现沉稳。一般来说，人在精神高度紧张的情况下，语速会不自觉地加快。如果语速过快，一方面不利于面试官听清讲话内容，另一方面还会给人一种慌张、不自信的感觉。语速过快往往容易出错，甚至张口结舌，进而加剧自己的紧张情绪，导致思维混乱。当然，语速过慢，易给人一种缺乏激情、沉闷的感觉。在面试初期，紧张是不可避免的，此时就要有意识地放慢语速，待自己进入状态后，再适当加快语速，并合理运用不同语气来表情达意。这样，既能稳定自己的情绪，又可以扭转面试的沉闷局面。

3. 音量适中

一个人的音质不易改变，但音量是完全可以自主调节的。在面试时，要注意语音、语气、语调的正确运用。语气是说话人对某一行为或事情的看法和态度，是思想感情运动状态支配下语句的声音形式。语调是指说话的腔调，就是一句话里语音高低抑扬轻重的配制和变化。在面试交谈时，要掌握语气平和、语调恰当的表达技巧。在自我介绍时，最好使用平缓的陈述语气，不宜使用感叹语气或祈使语气。声音过大令人厌烦，声音过小则令人难以听清，音量的大小要根据面试现场的情况而定。两个人面谈且距离较近时，音量不宜过大，群体面谈而且场地开阔时，音量不宜过小，以每个面试官都能听清你的讲话为原则。

（二）表达内容方面

1. 内容真实

面试官一般都具有丰富的社会阅历和心理优势，所以应聘者在回答内容上要真实，切忌夸夸其谈。应聘者对自己的履历和相关经历要如实陈述，绝不可虚构。

2. 干净利落

因面试时间有限，回答问题要开门见山地说出自己的主要观点，千万别为自己的主要观点做铺垫。否则，当你还未说出自己的观点时，对方可能就会打断你，甚至提出新的问题。

3. 语言幽默

在应答自如的前提下，可以选择在适当的时候插入一点幽默的言辞，以活跃氛围，营造轻松愉快的气氛，这将会展示自己的优雅气质和从容风度。同时，在遇到难以回答的问题时，也可以选择用些幽默的言辞，机智幽默的话语会显示你的聪明才智，有助于化险为夷，并给人以良好的印象。

（三）沟通反馈方面

1. 善于倾听

在自我介绍之后，面试官一般会针对简历、岗位等进行提问，应聘者要善于倾听，要沉着应答对方的提问。在沟通中，应聘者应准确把握对方的提问意图，捕捉对方对自己的兴趣点，从而提高回答的针对性和有效性。

2. 关注反应

面试不同于演讲，面试更接近一般的交谈。在交谈中，应随时注意面试官的反应。如面试官表现得心不在焉，可能说明自己音量过小，对方难以听清，也可能是面试官对所答内容不感兴趣。若其皱眉、摇头，可能表示你的言语有不当之处。只有根据对方的反应，及时地调整自己的语速、语调、语气、音量、修辞以及陈述的内容，才能取得良好的面试效果。

3. 坦诚回答

面试时，面试官的问题层出不穷，且提问意图捉摸不透。面试官问"你在来我们单位面试之前，还去过哪些单位面试"这样的问题其实让应聘者陷入了两难。如果回答"没有去其他单位面试过"，对方会认为你不优秀，因为其他单位都没有给你面试的机会。如果回答"去过两个单位，分别是××、××"，对方马上又要追问"他们录用你了吗"，你说"没有"，也可能说明你不够优秀，你说"已被××录用"，对方会问"为什么还来我们这里"。面对这类追问怎么办？最好的处理方法就是：充分了解应聘单位，并找好自己的能力与岗位的契合点，坦诚回答。

4. 伺机而动

面试时，你要时刻注意礼貌，对面试官要视身份的不同而使用不同的尊称。若面试过程中，双方同时开口，应聘者应停住，让面试官先说，即使对方请你先说，你也要在有礼貌地谦让过后，再开口说话。伺机而动还包括对时间的把握，若面试官提问后，应聘者滔滔不绝，不观察对方有无兴趣听下去，只顾自己说个不停，会耽误面试官很多时间。对问题的回答，说多说少，也需要把握好分寸。

【扫码看资料】
巧对面试陷阱

课堂训练

1. 设定一个职位，如应聘某事业单位"行政文秘"或某科研机构的"科研秘书"职位，邀请两位同学针对这一职位进行求职的自我介绍。然后，邀请两位同学分别进行点评，最后，教师进行总评。

【教学提示】 在面试刚开始时要求应聘者作自我介绍是一个非常普遍的程序。有时面试官的问题就是从应聘者的自我介绍中提出的。在自我介绍时，诚实非常重要，不要试图通过任何形式来隐藏自己过去的一些经历或者事件，也不应该自吹自擂，夸大自己的学识和能力。自我介绍时，一定要将自己的基本情况与应聘岗位进行匹配，找好切入点。多数同学可能只介绍自己具备哪些能力，符合应聘岗位的要求等。教师可引导学生思考"自己为什么来应聘这个职位"，先从自己的志向谈起，然后陈述自己具备的条件。另外，还应思考自己在竞争者中可能具备哪些优势。

2. 你为什么要到我们单位来求职？

【教学提示】 这个问题一般有两个考查目的：一是考查应聘者对招聘单位的了解情况；二是了解应聘者求职的真实目的和要求。回答这类问题应该从两个方面入手：一是要说出招聘单位有何优势和特点，正因为这些，你才来这里求职；二是说出自己选择来该单位求职的自身原因（专业对口、职业规划等），说明招聘单位能为自己提供施展才华的平台，同时自己又能为单位的发展贡献力量。

3. 你最大的优点是什么？

【教学提示】 很多面试官都喜欢问这个问题。如果你平时就很注意了解并剖析自我，回答这个问题是很容易的。有时候优点和缺点会因为职位的不同而出现互换，即对于一个职位而言的优点，可能会成为另一个职位的缺点。所以，你回答的优点应与应聘职位有较大的相关性。尽量说自己能力方面的优点，然后列举两个既与应聘职位有关，又能体现你优点的事例，但说话要得体，不要给人留下自吹自擂的印象。

4. 针对学生所学专业，拟定某一职位，应聘此岗位，你最大的缺点或不足是什么？

【教学提示】 我们要善于发现并积极面对自己的优点和缺点。人无完人，但是在回答这个问题时，不能为了体现自己的诚实而把所有缺点和盘托出。一般有三种处理方式。一是如实说明自己的缺点，这种方式不太可取。二是说一些大多数应聘者都存在的缺点和不足，可以说自己实践经验不丰富、知识结构有待进一步完善，并举例说明以增强说服力。例如，大学期间通过实习，发现自己理论联系实际的能力有待加强，或者发现自己所学的书本知识远远不够，尚需在工作中学习。这类不足是绝大多数毕业生的不足，这样既说了不足之处，又表达了日后认真工作、认真学习的积极态度。三是"变缺点为优点"，也就是说，你所谈的缺点从另外的角度去看，对某些工作来说恰恰是一种优点。这种回答非一般学生所能巧妙应答的，谨防弄巧成拙。不论谈哪方面的不足，千万不要涉及自己道德品质方面的问题。

5. 你了解我们单位吗？

【教学提示】 面试官通过这个问题来考查你对招聘单位的关注、了解程度。作为一名求职者，应该尽可能地了解面试单位的产品、服务、形象、历史、现状、目标以及企业文化等。对这些问题的回答，如果准确无误又干净利落，无疑会使你从众多的竞争者中脱颖而出，独受青睐，提升被录用的可能性。现在，很多单位都有自己的网站，可以在面试前做好准备。另外，在了解招聘单位情况的同时，你也能尽快地做出最终选择。毕竟就业是双向选择，如果觉得该单位不适合，你就可以马上抽身出来，再寻找新的用人单位，不必在这里耽误你的宝贵时间。

6. 你有哪些兴趣爱好？

【教学提示】 没有任何兴趣爱好是一个很大的缺陷，而有兴趣爱好并说明你的兴趣广泛，表示你是一个综合能力较强的人。个性特征、兴趣爱好与职业选择有很大的相关性。有时，面试官会用聊天的方式了解应聘者的兴趣爱好、特长等，应聘者千万别麻痹大意，这也是面试的一项考查点。不同岗位需要不同的职业性格，而兴趣爱好、特长等在一定程度上能反映应聘者的性格倾向。

下面简要介绍霍兰德职业兴趣的六种类型，以供参考：①实用型：喜欢从事使用工具、实物、机器或与物有关的工作；具有手工、机械、农业、电子方面的技能；爱好与建筑、维修有关的职业；脚踏实地，实事求是。②研究型：喜欢各种与生物科学、物理科学有关的活动；具有极强的数学和科学研究能力；爱好科学或医生领域里的职业；生性好奇，勤奋自立。③艺术型：喜欢不受常规约束，以便利用时间从事创造性的活动；具有语言、美术、音乐、戏剧、写作等方面的技能；爱好能发挥创造才能的职业；天资聪慧，创造性强，不拘小节，自由放任。④社会型：喜欢参加咨询、培训、教学和各种理解与帮助他人的活动；具有与他人相处、共事的能力；爱好教师、护士、律师一类的职业；乐于助人，友好热情。⑤企业型：喜欢领导和左右他人；具有领导能力、说服能力及其他一些与人打交道所必需的重要技能；爱好商业或与管理人有关的职业；雄心勃勃，友好大方，精力充沛，信心十足。⑥事务型：喜欢从事有条不紊地整理信息资料一类的工作；具有办公室工作和数字方面的技能；爱好记录、整理文件、打字、复印及操作计算机等职业；尽职尽责，职业规划完善，忠实可靠。

7. 今天的面试就到这里了，你有什么问题要问吗？

【教学提示】 面试最后环节的"面试提问"是很关键的，当然，这也是双向选择的一个沟通方式。不能马上说"没有"，你可以围绕入职培训、职业发展以及公司的整体情况进行咨询。例如，这个应聘岗位的工作职责是什么？我将要接受何种培训？如果工作出色，以后我的职业发展路径大概有哪些？我怎样才能成为单位的优秀职员？单位成功和发展的原因是什么？当然，你还得学会察言观色，观察面试官的神情和状态，判断面试官的意图。另外，除非面试官主动提出，否则不宜向面试官直接询问工资、福利、加班、休假等问题。

8. 你觉得你适合哪种类型的工作岗位？为什么？

9. 你对大学生创业怎么看？

10. 毕业后五年内，你的职业规划是什么？

11. 请谈谈你过去做过的一个成功案例及其收获。

12. 就业时，你想选择大企业还是小企业，为什么？

第七章
职场语言艺术

身在职场，我们要和各种各样的人打交道，沟通就是一种最有效的方式。把握与领导、同事、下属的沟通技巧，可以使人际关系更和谐，凝心聚力，共创事业辉煌。

第一节 与领导沟通

一、与领导沟通的原则

（一）积极主动

向领导汇报工作是下属的职责。领导工作比较繁忙，不可能经常深入员工中去寻求沟通。作为下属，就要时刻保持主动与领导沟通的意识，经常向领导汇报自己的工作进展情况，而不是等领导去找你问情况。对领导交办的事情，要积极回应，完成后要及时告知领导已完成。

（二）不卑不亢

与领导沟通时，在尊重领导的前提下，要保持不卑不亢的态度，既不能唯唯诺诺、一味附和，也不能恃才而傲、盛气凌人。领导通常经验丰富、见多识广、工作能力强，所以要尊重领导、谦虚谨慎，但不要卑躬屈膝。绝大多数有见识的领导并不太理会那些阿谀奉承的人。如有必要，你不必害怕表达你的不同观点，只要你从工作的角度出发，陈述事实，讲究沟通方式方法，领导一般都会考虑的。

（三）把握分寸

把握好分寸就是把握好度，遵循适度原则。上下级之间的关系主要是工作关系，因此，下属在与领导沟通时，应从工作出发，以做好工作为沟通协调之要义。正确认识自己的角色、地位，真正做到到位而不越位，是处理好上下级关系的一项重要艺术。下属与领导的关系要保持在一个有利于工作、事业及两者关系正常的适当范围内，形成和谐的工作环境。

二、与领导沟通的技巧

向领导汇报工作并听取领导的意见，是提高自身工作能力的好机会。在与领导沟通时，要全身心投入，建议做到以下五点。

（一）精心做好准备工作

向领导汇报工作之前，要精心准备。首先，梳理清楚向领导汇报几件事情，每件事情有哪些关键要点，哪些是难点所在，领导关心哪些事项，需要领导决定什么内容，领导可能还要问哪些事项。整理后，把这些要点写在本子上，不写到本子上起码也要打好腹稿，把这些事项弄明白后，再去找领导沟通。谈话要点没弄清楚时不能贸然找领导，汇报不清楚不如晚汇报，或者宁可不汇报。准备工作要充分，要熟悉工作情况及前因后果。这样，在领导询问相关事项时才能够及时应答，防止因为不清楚情况被问个手足无措。

（二）听取意见，接受任务

在与领导沟通时，不仅要做好汇报，还要聆听领导讲话，精准捕捉领导讲话的要点和把握领导的工作意图。没听清楚或者有歧义的，要当面向领导询问清楚，不要不懂装懂。领导指出工作中的错误或者细节上存在的问题时，一定要保持虚心接受批评的态度。尊重领导提出的批评意见和指导意见，在领导面前要虚心请教，低头认错，并不时地进行自我批评。避免与领导发生争执，才能学会与领导和谐相处。向领导汇报完工作后，可能需要接受下一步的工作任务，这时要听懂领导的命令，接受工作不要讲条件。回去后，要第一时间消化吸收领导讲的话，落实被安排的新任务，并在合适时间报告落实情况。

（三）察言观色，读懂领导

在与领导沟通时，不但要认真聆听、入耳入心，而且还要善于察言观色。察言观色主要包括以下内容：注意观察领导对你汇报内容的兴趣程度，如果领导不感兴趣就及时调整汇报重点及表达方式，迅速考虑调整或压缩汇报内容，或者干脆适可而止；注意观察领导对你汇报内容的反应，主要是争取领导对你汇报内容要有明确指示或者意见；注意观察领导情绪，如果领导手头繁忙、心情不佳、注意力不集中或者即将离开办公室，就要迅速打住。

（四）好记性不如烂笔头

在与领导沟通时，不仅要听懂，还得记下来。在与领导交谈时，难免会有些紧张，不一定能记全领导的意见，所以与领导交流工作时，一般都应该备好笔纸，做些笔记，特别是重大的事项。领导交办了哪些事项，要逐一记录在案，以便以后逐一落实，同时防止因疏漏而误事。养成随身携带记录本的习惯，以便第一时间将领导交办的事项记录下来，千万不能过分依赖好记性，好记性不如烂笔头。对于重要事项，记下来后，如果还不是十分肯定，就要及时向领导再请示确认，以防理解有偏差。

（五）该说才说，要管好嘴

向领导汇报工作后，在听取领导意见时，要做到不插话、不抢话、不废话。

领导讲话时不要插话。任何人都不喜欢讲话时被别人插话而打断自己的思路。下属随便插话，本身就是不尊重领导的表现，如果是在公开场合还容易影响领导的形象。在与领导交谈时，一定要等领导讲完，让你讲再讲，哪怕你要讲的内容非常正确，也要等领导讲完后再以恰当的方式表达出来。实际上，不插话对所有人都同样适用。

不该讲话时不要抢话。与领导沟通时的话题，一般交由领导掌控，交谈的节奏也应由领导来控制。在交谈中，如果双方同时开口，下属应当机警停住，让领导先说，等领导说完后才能接着讲话，务必注意什么时候该说，什么时候不该说，不该说时要保持沉默，没轮到你讲话时就要规规矩矩地认真聆听。

不讲无用或多余的话。向领导请示、汇报工作，该请示哪些事项，该汇报什么内容，事先需要思考清楚，汇报时直奔主题、重点突出、简洁明了、条理清晰，不能絮絮叨叨、东拉西扯，应做到不讲与汇报事项没有关系的内容；拿不准的宁可少讲或者不讲。

三、与领导沟通的注意事项

在职场中，与领导沟通质量的高低，不仅影响办事效率，而且还会影响个人的职业发展，与领导沟通的"雷区"比较多，大体来说，需要注意以下事项。

（一）分清轻重缓急，把握汇报时机

在把握时机方面，大的原则是汇报工作不要等领导来催，请示工作不要催促领导。

汇报工作时，虽然要树立主动与领导沟通的意识，但不是随时都可以向领导汇报，应选择领导乐意听取汇报的时机汇报，以达到预期的效果。在工作中，要善于把握工作的关键节点进行阶段性汇报，关键节点就是汇报的时机。工作完成后，也要及时总结汇报。

请示工作时，应选择适宜的时间反映工作中的问题。如果请教的是私人琐事，不要在领导工作忙的时候打扰他。如果请示的是工作事项，但不知道领导何时有空，可以通过电话或邮件等途径，与领导预约一个他方便的时间，交谈时间由领导来决定。当然，我们要分清事情的轻重缓急，选择恰当的沟通时机。

（二）设想领导提问，做好充分准备

向领导汇报工作时，领导会询问、追问什么问题捉摸不定，所以，准备得越充分越好，可以设想领导会如何提问，事先准备答案。在内容准备上，要简明扼要、重点突出；在思想准备上，要考虑周全、做好"战术想定"；在支撑材料上，要全面、准确、具有延伸性。请看下面案例。

布鲁贝克是美国的广告大王，他年轻时曾经在一家公司就职，当时他所在部门的经理问他："印刷工人把报纸送过来了吗？"他回答说："送过来了，总共5000令。""你自己数过了？"经理又问。他回答："没有，数据在单子上写着的。"经理毫不客气地说："请您另谋高就，公司不能要一个自己都证明不了自己的员工。"布鲁贝克失业以后，吸取了一个教训：自己没有把握的事情，千万不要向领导汇报。

案例说明，汇报工作一定要有真凭实据，不能"差不多"就行。在日常工作中，有些领导很关注效果，看重数据，因此提供的数据要真实、清楚且有说服力。

（三）自己做问答题，领导做选择题

如果在开展工作的过程中出现了问题，遇到了一定的困难，需要及时向领导汇报，不要自己担着、兜着。为解决问题进行的汇报不等于请示，所以我们要给领导出选择题。

给领导出选择题，就是在向领导反映问题的同时，提供多种方案或建议，讲清楚每一种方案的可行性、优缺点，最后阐述自己认为合理的建议和相应的理由，请领导来定夺最后的

方案，这样可以让领导不去思考对策，只需进行比较，可以让领导省心。

大多数领导都喜欢这样的问题汇报。想设计好给领导的选择题，就需要我们自己做好问答题，做好前期的调查研究和方案设计。当然，实际工作中还会有更多细节需要陈述，并且要做综合对比分析。领导很有可能针对某些细节继续追问，只要我们能够将调研工作提前做好，对每个方案的优缺点认识到位，并提出自己的建议，领导综合评估后，最优方案就会脱颖而出。

（四）了解领导风格，沟通因人而异

不同的领导有不同的风格和性格特点，这就需要下属采用不同的沟通技巧。

如果是控制型的领导，其性格特点多表现为：讲究实际，行事果断，拥有竞争心态；态度强硬，要求服从；关注结果而非过程，对琐事不感兴趣。与其进行沟通，要做到简明扼要，干脆利索，不拖泥带水，不拐弯抹角；尊重其权威，执行命令；称赞其成就而非个性。

如果是互动型的领导，其性格特点多表现为：善于交际，喜欢互动；愿意倾听困难和要求，商量余地较大；喜欢参与活动，主动营造融洽氛围；喜欢倾听他人出自真心的话，言之有物。与其进行沟通时，要做到开诚布公地发表意见，忌背后发泄不满情绪。

如果是务实型的领导，其性格特点多表现为：讲究逻辑，做事理性，不喜欢感情用事；注重细节，探究来龙去脉；为人处事自有标准；注重干事创业，是方法论的最佳实践者。与其进行沟通，要做到开门见山，就事论事；据实陈述，不忽略关键细节；直接谈其感兴趣而且具有实质性的内容是最好不过的。

（五）接受领导指导，感谢领导点评

向领导汇报完工作后，不可以马上一走了事，聪明人还会感谢领导点评。通常情况下，领导听完下属的汇报，大多会作出一个评判或点评两句。不同的是有些领导会当场讲出来，有些领导可能把他的评判保留在心里。事实上，那些保留在心里的评判，有时却是最重要的评判，要想了解领导听取汇报后的态度和想法，你应该以真诚的态度去请教领导的意见，让领导把心里话讲出来。

如果领导当场发表他的意见，不管是赞美之词，还是逆耳之言，你都要以认真的精神、负责的态度去聆听。领导评判的过程无疑是在把他自己的想法无偿地、无私地奉献给你，这是接受领导指导的绝佳机会。同时，也只有那些能够虚心接受领导点评的下属，才能被领导委以重任，并受到领导的信任和赏识。

（六）领导交办事项，事毕及时回复

除了专门向领导正式汇报工作以外，在日常工作中，还有一些工作需要及时"告知"领导，并做到"事毕回复"。工作汇报的大原则是凡事有交代，件件有着落，事事有结果。

所谓事毕回复，指的是领导交办的事情，办完后要及时回复，让领导放心。我们经常有一些应急任务需要完成，如领导指派你给某部门某个人送一份材料，你送过去时，那人不在办公室，你就委托其同事转交给他，然后你就不再关注这件事了。也许你相信委托人一定会帮你及时转交材料，就没有把这件事的办理情况告知领导。如果这份材料是需要紧急处理

的，领导会怎么看待你？

实际上，在工作中，往往不能等任务全部完成了再回复，取得阶段性的进展也要及时报告。一方面要让领导和同事放心，另一方面及时反馈情况能为正确决策提供依据。

有人说，回复不回复，要看领导的好恶，有的领导就不喜欢回复。还有人可能会说，可能有些事毕不回复的人能力很强，只是不拘小节、不屑小事罢了。但是，小事都靠不住，大事还敢托付他吗？如果在有能力和靠得住两种人当中只选一种，你会选择哪一种人呢？

大事看能力，小事看品格。在我们周围，总能看到有的人办事特别靠谱，凡事都有交代，件件都有着落，事事均有回音。让你放心的人，但凡遇到重要的事，你一定就会想起他来。因为不用担心，你委托的事他一定会放在心上，尽心尽力去完成，并且随时回复，绝不让你焦急等待。对这样的同事和朋友，你也会以礼相待，并同样重视对方托付的事。这就是共事双方的默契。

事毕不回复，就像任务完成了99%，只差1%没落实，虽然就差这么一丁点儿，事情却还是没有做到位。有人问，不同的领导可能要求不一样，怎么把握这个尺度呢？这和领导没有关系，而是职责范围内应该做的。该回复就回复，并且要根据事情的轻重缓急作出回复。等到上级催问了，说明你的回复已经不及时了，再次催问就已经表示对你不放心了。

现在的通信手段十分发达，在工作中，只要是和你岗位职责有关的事，都要及时回复。设想一下，你给你的同事发了一个信息，如果对方没有回复，你是什么感觉？同样，他给你发的消息你不回，是你不想，还是不屑？这不是无所谓的问题。无论是谁，除非你确有原因，都应给予回复，这是一个尊重自己和尊重别人的问题。

课堂训练

1. 如果你的意见与领导或者上司的意见不一致，你怎么办？

【教学提示】 如果你的意见与领导或者上司的意见不一致，不要当众反驳或争辩，应根据实际情况来处理。如果在非原则性问题上存在分歧，建议先服从领导意见，再择机与领导单独沟通；如果在与领导的沟通中陷入僵局，建议先接受领导的意见，服从并执行，并要及时反馈执行中遇到的问题。如果在原则性问题上存在分歧，建议与领导单独沟通，试图说服领导；如果领导坚持错误意见并将导致原则性的错误，那么在关键时刻，也可向更高一级领导汇报。

2. 假如你的上司是一个非常严厉、领导手腕强硬、时常给你巨大压力的人，你觉得这种领导方式对你有何利弊？

3. 假如你在一个公司工作了十年，而你仍然是一名小职员，你怎样看待自己？

4. 假如你晚上要去送一个出国的同学去机场，可单位临时有事非你办不可，你怎么办？

第二节　与同事沟通

一、与同事沟通的原则

（一）互相尊重，互谅互让

在与同事的日常沟通中，要常带微笑，多倾听对方的意见，重视对方的意见，与同事和睦相处。尊重是人的需要，也是沟通的前提。同事，就是一起共事的人，同事之间互相尊重、真诚相待、团结互助，才能增强团队的凝聚力。在工作中遇到困难时，大家一起共渡难关；在获得成就和荣誉时，相互礼让，归功于团队。在团队中，成绩的取得与分享、利益的分配，都是大家关注的焦点，"不患寡而患不均"的道理大家都懂。

（二）平衡心态，保持距离

在利益面前，最能考验人的品性。对待升迁、功利之事，要保持平常心，不要嫉妒。与同事交往，还应保持适当的距离。在一个单位或一个部门中，如果几个人交往过于频繁、过于亲密，容易形成表面上的小圈子，以致别的同事产生猜疑心理。"过密则狎，过疏则间。"同事之间保持适当的距离，为人处事才可能客观、公正。

（三）大局为重，求同存异

同事是由于工作关系而走在一起的，既然形成了一个利益共同体，大家就要有集体意识，以大局为重。团队成员做事要以大局为重，特别是在与外单位人员接触时，要有维护团队集体形象的观念，不要以自身小利而损害集体大利。以大局为重，多补台、少拆台，做到有福同享、有难同当。同事之间由于经历、立场等方面的差异，对同一问题往往会产生不同的看法，引起一些争论，一不小心就会伤了和气。对待分歧，要求大同、存小异。具体做法是：不要过分争论，以免激化矛盾而影响团结；涉及原则问题，就要敢于坚持、敢于争论，不要一味地"以和为贵"。对于一时不能达成共识的问题，可以先冷处理，表明"我保留我的意见"，以后再冷静思考。

二、与同事沟通的技巧

（一）学会倾听，懂得相互欣赏

有研究表明，一个人的语言输入效率只占用大脑的 20%，剩余 80% 都被用来走神、玩手机或交头接耳等。听别人讲话的人很多，但拥有倾听能力的人很少。倾听的本质，其实是让你的大脑高负荷运转，同时顺着主讲人的讲话内容，进入别人的世界，理解别人为什么这么讲。当然，要拥有这样的能力绝非易事，必须刻意训练。所以有人认为，看一个人会不会沟通，就看他打断别人的次数、听人讲话的状态。只有学会倾听，才能懂得互相欣赏。

（二）当面交流，注重沟通效率

随着办公信息化手段的推广，同事之间沟通信息或商讨问题，越来越多地采用网络工具。即使是坐在一个办公室的同事，不少人也习惯用微信、QQ 或邮件来传递信息。很多时候，微信对话或收发邮件，不像是在沟通交流，更像是在下达工作指令，这种指令因没有面对面沟通而缺失了"温度"。需要通过眼神、动作等体态语来传递的信息没有了，有些工作指令不一定能被准确理解或及时理解；并且有些事情不是几行字就可以说清楚的，所以最好的沟通方式还是面对面沟通。在增进同事感情的同时，这样做还能提高沟通效率，如有问题当场就可以讨论。

（三）持续沟通，重视沟通反馈

现代社会的一个重要特点就是分工严密，这样虽然可以提高工作效率，但同时也造成了一个不可避免的缺陷，就是彼此之间缺乏相互了解，这就需要加强沟通，沟通因此成为工作中不可或缺的重要部分。有调查显示，企业中的普通员工和中级主管花在内部沟通上的时间，大约占其工作时间的 40%~50%，对于更高层级的主管来说，这个比例会更高。同事之间的沟通，不像领导部署工作，彼此协商好的各项工作需要共同推进。当同事之间完成一次沟通后，要想办法获得对方的反馈，这样其实就是促使双方在沟通结束后继续保持沟通状态，相互关注工作进展和动态。如果反馈不及时，很有可能错过最佳时间，使大家来不及做出应对。持续沟通一定是双向的、及时的。

（四）不急拒绝，做到有效沟通

在日常工作沟通中，我们总会遇到一些需要相互协调、相互协助的事情，同事之间、部门之间的协作必不可少。当有其他同事咨询一些不太确定的事情时，我们本能的反应可能是"我不清楚这个怎么做"或者"我不知道，你问其他部门吧"。工作上，虽然同事之间的分工比较明确，但不是只做自己分内的事情。例如，当有同事请教你某件事情怎么办理，而你又不知道怎么回答时，你应尽量回答一些你知道的事情，不要一句话就把同事打发了。你可以这样说："这个事情我先去了解一下，再给您回复，您看可以吗？"或"我帮您问问××部门，看看有没有办法处理。"当你获得有效信息后，再告诉同事他想要的答案，以及解决问题的办法，这才是有效沟通的方法。

（五）敢于担当，不要推卸责任

与同事协作，结果和预期不一致时，首先应该思考"是不是双方沟通不到位"，而不是怪罪对方，认为对方消极怠工，对方应承担责任。假如你的同事和你合作开展一项工作，起初事情向你们期望的方向发展，但后来由于意外的出现，工作没能顺利完成，还给单位造成了一定的损失。责任你们双方都应承担，可你的同事选择了沉默。你主动向领导说明情况，并再三强调是自己的错误导致了同事的错误。事后，领导不但没有怪罪你，相反因为你知错认错、不推卸责任还表扬了你。同事也因此对你格外感激，主动为你分忧解难。谁也不是完人，工作难免会失误，失误发生了，便坦白并承认吧，同事不会因此而看不起你。

三、与同事沟通的注意事项

（一）不问薪水奖金

薪水、奖金都是对员工工作的一种认可。很多人出于好奇，会不自觉地向同事打听对方的薪水，更有甚者会打听很多同事的薪水。这样做，一般会出现两种情况。一是对方并没有正面回答，而是搪塞过去，如对方说："没有多少啊，具体我也没太注意，每个月不一样，不太好说。"这会很尴尬，无形中也破坏了同事之间的关系。二是对方碍于面子，或者同样出于好奇，和你交换了各自的薪资信息。工资低的一方心里会感到不平衡，即使确实因为自己工作量少才工资低，也依然会感到不平衡。工资高的一方可能会高兴，觉得自己的努力获得了合理回报，但也有可能和工资低的一方发生争执，因为他会觉得工资低的一方的抱怨不合理。

（二）不要好为人师

好为人师是大多数人喜欢做的事，因为教别人做事或者教别人道理能获得精神上的满足，这是典型的心态。好为人师的人往往是在双方交流中占据话语主导权的那个人，这势必会大幅减少其认真倾听对方诉说的时间，只是凭着自己以往的经验并站在自己的角度为对方出谋划策，并没有真正地站在对方的立场去思考，自己却误以为帮到了对方。职场中，藏龙卧虎，人才辈出，好为人师可能会引起别人的反感，令彼此疏远。所以在同事沟通中，可以对某个问题发表自己的见解，但不要随便纠正或补充同事的话，除非工作需要或对方主动请教。

（三）不要挑剔抱怨

职场中发牢骚是正常的，但是牢骚太多，就是在传递负能量、负面情绪，时间久了就会影响团队成员的情绪。在职场中，有的人无论在什么环境中工作，总是怒气冲天、挑剔抱怨、满腹牢骚，喜欢大倒苦水，也许他们是把发牢骚、倒苦水看作与同事们真心交流的一种方式，想得到别人的同情或认同。有的人会不断埋怨别人的过错，指责别人的缺点，他们觉得周围的人处处跟自己作对。要与这种人合作完成一项工作，不得不说是一种无法忍受的折磨，别人会对这种人的工作能力产生怀疑。其实，抱怨、牢骚不能解决任何问题，要想真正得到他人的认可，必须不断提升自己的业务能力，以积极向上、乐观进取的精神面貌示人，才会获得同事的认可。

（四）不要过分表现

自我表现是人类天性中最主要的因素。虽然说人要想得到别人的认可，就得善于表现自我，免得怀才不遇，但是过分自我表现会引起别人的反感。自己的过分表现可能会抢了同事的风头，从而引起同事的反感，过分的自我表现等于在为自己树敌。初入职场的人，大多盼望自己尽快得到他人的认可并崭露头角，因而处处表现自己，急于求成。但过分表现会给人功利心太强的感觉，反而失去受重用的机会。在职场中，建议谨小慎微，认真做事，低调做人，把"如有不周之处，还请多多指教""请多提宝贵意见""很多方面还需要向您多多学习"之类的话语挂在嘴边，会让人觉得你是谦虚有礼之人。

（五）不能影响同事

如果想在职场中得到同事的尊重，还需要讲究办公室礼仪。现在很多综合性的办公室，都有隔断工位，隔出了相对独立的办公空间，这不仅是为了保障员工工作的私密性，更重要的是为了创造一个安静的环境。在工作时，谁都想拥有安静的办公环境与和谐的人际关系。如果办公室有同事喜欢吵吵嚷嚷，影响你的工作，那么你肯定会很不喜欢他，认为他的素质太差。隔断工位只是物理空间隔开，不能隔离声音，所以在办公室打电话，要把音量放小，以免影响他人工作。

课堂训练

1. 你怎么看待竞争与合作？
2. 比你学历低的同事和你拿到的起薪是相同的，你如何看待？
3. 你喜欢独立工作还是集体工作，为什么？
4. 假如领导派你和一个与你有矛盾的同事一起出差，你如何处理？

第三节 与下属沟通

领导与下属谈话是部署工作、交流信息、沟通情感、调节人际关系的重要方式。作为一种有级差的双边交流活动，需要双方共同参与、相互配合。如何使上下级的沟通达到满意的效果呢？这就需要了解领导与下属沟通的形式和特点，并掌握与下属沟通的基本技巧。

一、与下属沟通的形式和特点

（一）树立随时随地可沟通交流的意识

领导与下属的沟通交流通常分正式和非正式两种形式，前者在工作时间内进行，后者一般在业余时间内进行。作为领导，不应放弃非正式沟通交流的机会。在下属无戒备的心理状态下，哪怕是只言片语，有时也会得到有用的信息，为今后作出正确的管理决策提供重要的参考。正式沟通交流与非正式沟通交流的区别体现在沟通时机和沟通地点的选择上，领导应树立随时随地可沟通交流的意识，主动靠近下属，寻求沟通。

在沟通时机的选择上，可选择工作的间隙、上下班的途中，因为这样自然、随便，容易谈得拢。如果时机选择不当，就有可能给下属增加负担，甚至会打击其积极性，带来不良的后果。

在沟通地点的选择上，有些领导总是自觉或不自觉地把下属叫到他的办公室来谈话。其实这种谈话就双方所处的不同位置来说，会在无形中给下属带来一种压力。作为领导，应努力冲破下基层、进车间"有失大雅"的思想禁锢，养成深入基层、同群众打成一片的良好习惯。这样，就到处有谈话的地方了。即使在非得到办公室交谈不可的情况下，也应注意相互的位置，如同凳而坐或同桌而谈，就能给人以和蔼可亲、平易近人之感，这样下属才愿意跟领导讲心里话。

（二）不以身份说话而要推心置腹

领导的身份在一定程度上决定了领导讲话的权威性和指导性。有些领导往往把与下属谈话视为教育、管理下属的一种方式，这是不妥的。为了使双方的交谈成为平等的沟通，而不是上级对下级的教育、训导，就需要领导放下架子，以平等的姿态进行交谈，这是尊重下属的表现。如果领导居高临下，下属只能敬而远之，也就不愿敞开心扉。如果领导能够与下属推心置腹，无疑会缩短双方的心理距离，为谈话营造和谐融洽的沟通氛围。

领导不应通过谈话来教育下属，可以采用多激励、少斥责的交谈形式来达到沟通的目的。因为每个人的内心都有自己渴望的"好评"，希望别人能了解自己，希望得到领导或他人的赏识。身为领导，应适时地给予鼓励、慰勉，认可并褒扬下属的某些具体能力。当下属不能愉快地接受某项工作任务时，领导可以说："当然我知道你很忙，抽不开身，但这事只有你能解决，我对其他人没有把握，思前想后，觉得你才是最佳人选。"这样一来即使对方无法拒绝，又巧妙地使对方的"不"变成"是"。这一沟通技巧是对下属某些固有的优点给予适度的褒奖，使下属得到心理上的满足，使其在较为愉快的情绪中接受工作任务。领导对下属工作中出现的不足或者失误要特别注意，不要直言训斥，要同下属共同分析出现失误的根本原因，找出改进的方法和措施，并鼓励下属，相信他一定会做得很好；要知道斥责会使下属产生逆反心理，而且很难平复，会给以后的工作带来隐患。

二、与下属沟通的技巧

（一）掌握沟通主动权

在与下属的沟通中，领导处于主导地位，要发挥在交流活动中的主体性作用，无论是自己说话还是倾听下属讲话，都要掌握主动权。掌握沟通的主动权体现在以下几个方面。

1）要把握谈话的主题，不要东拉西扯，偏离主题。如果下属偏离中心话题太远，应适时地引回，即使下属就某一话题谈兴正浓，也要婉转地提醒："这个事情我们改天再谈，好吗？"

2）要控制谈话的节奏，谈话开始时的寒暄是必要的，但不能拉家常似的谈得太多，要及时地切入正题。在进入谈话正题之后，更要注意如何将沟通引向深入，同时还要控制谈话的内容和时间的安排。

3）要调节谈话的气氛，领导与下属谈话，更多的是为了听下属的意见和想法，所以要营造和谐轻松的气氛，引发下属谈话的欲望。领导要以和蔼的态度和轻松的话题与下属交谈，打消下属的紧张和戒备心理，使其放松，坦诚地进入谈话情境。

（二）互动交流多倾听

领导在与下属沟通时，不要唯我是听，要多给下属说话的机会。领导对谈话的掌控还表现在对说话机会的控制上。没有交流就不能相互了解，因此，领导要善于利用恰当的话题引发下属的谈话欲望，让下属说出心里话。在下属说话时，领导不要随意打断、即兴点评，更不要心不在焉、旁顾左右，一定要耐着性子认真倾听。只有这样，才能鼓励下属继续说下去。作为领导，必须努力"套"出下属的心里话，从而使沟通达到预期效果。

领导能否有效而准确地倾听下属的想法或意见，将直接影响与下属深入沟通的可能性及其决策水平和管理成效。一个擅长倾听的领导能通过倾听，从下属那里及时获取信息并对其进行思考和评估，以此作为决策的重要参考。如果是下属主动找领导谈话，那领导更应该认真倾听，正所谓一个成功的领导者应该是一个最佳的倾听者。

（三）海纳百川善决断

领导与下属交谈免不了不同思想的交锋。领导要有海纳百川的肚量，也要有清醒的头脑。领导在倾听下属谈话时，应尽可能地让下属充分发表意见。对待不同的意见和看法，领导不要急于评论或下结论，更不能独断专行，唯我独尊。领导要有兼容并蓄、求同存异的胸怀，能包容各种不同的意见。领导只有心胸开阔、涵养深厚，才能真正树立自己的威信，赢得下属的拥戴。在遇到不同的意见时，领导如果马上鲜明地亮出自己的观点或急于反驳下属，就会使下属处于尴尬的境地，这样下属就不敢再讲下去了。

但领导者同时也是决策者，在兼容并蓄后需要科学决断。决断应该在广泛、深入听取下属意见之后再进行。所以，与下属沟通的前期，尽量让下属先谈，这时主动权在领导一边，可以从下属的讲话中发现问题，同时给自己留出思考的余地，再谈自己的看法就容易被对方接受。如果在没有掌握全部事实，没有经过充分思考的情况下就说出自己的意见，万一说得不对，再受到下属的追问将会很尴尬，有失领导的威信。因此，让下属先讲，自己思考其中的问题，最后决断，可谓后发制人，既能体现领导对沟通过程的掌控能力，又有利于表现领导的沟通水平。

（四）控制时间讲效率

有些领导与下属长时间交谈后，却不一定能起到良好效果。下属与领导谈话时，一直处于心理紧张的状态，紧张情绪和心理压力可能会随着时间的延长而增强。领导谈话内容较多，也会增加下属理解领导意见或意图的难度。领导说话时，应该条理清晰，以便于下属领会。有些领导生怕下属不能领会其思想、意图，常常将自己的观点进行不必要的重复，以至于下属疲于点头而感到厌烦。战略性的重复可以强调领导的观点，但是不厌其烦地重复那些无关紧要的话语只会削弱领导讲话的分量。

沟通必须突出重点，简明扼要。一方面，领导本人要以身作则，在一般的寒暄之后，应迅速转入正题，阐明问题的实质；另一方面，也要让下属养成这种谈话习惯。要知道，说得太多会加大信息理解的难度，这也是沟通效率的大敌。

三、与下属沟通的注意事项

（一）批评下属讲究方法

批评的大原则是对事不对人，所以领导对犯了错误的下属，要对其错误的事情及做法进行批评。领导可以先直截了当地提出问题、指出错误的事实，但不要直接谈感受，让下属自己来认识到错误的存在，同时让下属意识到错误的后果，进而与下属一起寻找解决的办法或弥补的方案，甚至自己承担责任。

领导除了直接指出错误外，还可以欲批先扬，以真诚的赞美作为开头，表扬下属之前取得的成绩或拥有的能力，然后根据客观事实，实事求是地指出错误之处，对事不对人，不要伤害下属的自尊与自信。明确批评的目的是改正，所以还要问清或找到犯错的原因，以便有针对性地改正，最后以鼓励性的方式结束批评。另外，批评下属时要分清场合，对非原则性的过错不宜公开批评，更不能在批评中夹带威胁性的言辞。

（二）体谅下属发扬民主

当你有任务需要下达或有事情需要下属帮忙解决时，最好能明确告知下属你的用意是什么，要求是什么，为何会挑选他完成这项任务，以及其他相关的具体事项。说完后，你要主动询问下属是否完全理解了你的意思，不要理所当然地以为自己都表达清楚了。如果下属没有完全理解，又迫于领导的压力不敢多言，或者流露出为难的表情，你就需要体谅下属，不要忽略了下属的想法与感受，这样才能取得你想要的办事效果；不要事后批评下属悟性低，没有理解你的意图。

在与下属的沟通中，领导还要发扬民主，不唯我独尊；需保持开放的心态，不搞一言堂；怀有真诚的态度，听取各方的意见，并采纳合理的建议，不要把调查群众意见弄成了走形式。

课堂训练

1. 假如你是领导，发现秘书写的总结材料有不妥之处，该如何批评？

【教学提示】　可以说："这份总结总的来说写得不错，思路清晰，重点突出，有几处写得很有见地，看来你下了不少功夫，只是有几个地方提法不妥，麻烦你再修改一下。你的文笔不错，过去几次写总结也是越修改越好，相信你这次也一定能改出一篇好的总结。"如果领导这样说，其秘书会感到领导对自己很公正、很器重，充满期望和信任，对以前的工作也充满肯定，因而就会很卖力地修改此次的总结。

2. 如果你是一位局级领导，手头的工作很繁杂，工作量很大，你会怎么做？

3. 一个好的组织应该配备优秀的人才，你作为一名领导者在选拔人才时，应着重考察哪些方面（以哪些方面作为选拔标准）？

第四节　会议组织与主持

从党政机关、企事业单位、社会团体到项目团队、学生社团、班级、党支部、团支部等，召开会议都是一项重要的工作。会议沟通是运用非常频繁的一种群体沟通手段。在日常学习、生活和工作中，我们常常会参加很多会议，也可能组织并主持很多会议，如组织所在单位、所在部门的办公会议，组织专题座谈会，组织各类学生比赛活动，组织颁奖典礼或表彰大会，组织文艺联欢晚会，组织科研项目组会议，组织学术报告会、研讨会，参加科研项目评审会、答辩会等，这些活动都涉及会议组织和会议主持。

一、会议组织

会议组织工作是指围绕会议所进行的各项组织、管理和服务工作，包括从会议的准备到善后的一系列具体工作。完整的会议组织工作包括会前准备阶段、会中实施阶段及会后总结工作等。

（一）会前准备阶段

会前准备就是对会议的筹备和计划，是为达到会议目的而对各种工作任务所做出的系统安排。充分做好会前准备工作是召开有效会议的前提。会议的规模不同，会前准备的内容也有所不同，但会前准备的步骤大同小异。下面仅从人、财、物的安排角度进行说明。

1. 人员调配

确定会务工作人员、会议参会人员。会务人员要分工协作，成立不同的工作小组，如文件资料组、宣传报道组、会场会务组等，各司其职。建立各小组的协作联络方式，召开会务工作人员协调会，落实跟进程序。

2. 财务预算

根据会议规模、支出项目、会议场地等进行财务预算，并申请专项会务费用。控制会议的预算就相当于掌握了整个会议，预算的第一步就是确认此次会议是需要盈利还是保证收支平衡。预算包括两部分：固定费用和可变化费用。无论预算多么精确，都会有意料之外的状况发生，总预算可以有10%的浮动空间。

3. 物质准备

确定会议时间要充分考虑参会人员是否方便，是否影响节假日等。确定会议地点需要考虑距离和交通情况，根据会议日程安排考虑是否安排食宿等。确定时间、地点后，根据会议主题撰写并发布会议通知。

在会议材料方面，需编制并印刷会议文件资料。如果会议规模较大，在具备条件的前提下可将参会人员的资料按每人次准备好，注意区分参会人员的角色（如参会领导、嘉宾、普通人员），资料可按照人员角色分别准备。会议资料较多时，需要按照会议议程将会议资料按次序排放，最好装订成册，编好页码，方便参会人员阅读。如果需要准备参会胸卡或参会证，可以统一制作或按姓名和工作单位逐一制作。

在会场设计方面，要完成会场布置、会议设备调试、会议物品采购等任务。根据会议的性质及参会人数的多少来布置会场。例如，召开信息传达会议、工作安排会议，参会人数较多时，则不设桌子的戏院式会场或是设桌子的教室式会场较为理想。在带有问题讨论性质的会议中，如果人数不多，则应让每一位与会者均环绕桌子而坐，以方便每一个人跟其他人进行多向沟通。如果是培训会，参会人数不多，则可安排与会者坐在马蹄形桌子的外圈，这样不仅便于与会者与培训主讲人之间的沟通，而且便于与会者之间的交流；如果培训人数众多，最好将与会者分成若干小组，每个小组各聚在同一桌子的周围，这样便于分组讨论或综合讨论。需用到多媒体放映或者开视频会议时，要调试好会场的投影仪、调音台、幕布、话筒等器械。

正式会议一般需要悬挂会标，按排名确定主席台入座位置并摆放好桌签（姓名牌）；如有需要，还需安排好参会人员的座席并准备好参会人员的桌签，并在会议开始前排好座席及放好桌签。会议开始前在会场入口处设立接待处，准备好签到表，让参会人员签到，并清点人数；在入口处安排服务人员，引导参会人员入座，维护会场秩序。

（二）会中实施阶段

正式会议开始时一般需要介绍会议的整体流程，介绍会议分为几个阶段，如工作汇报阶段、讨论阶段、工作安排阶段等。会议流程介绍需要整理成正式文档并作为会议资料装订好。参会人员就座后，工作人员应提醒全部参会人员关闭手机或将手机调成静音。

谁来主持，谁致开幕词，谁致闭幕词，各就各位。其他工作大致如下。

1. 会议记录

安排专职的会议记录员，对参会人员的发言进行记录（特别是讨论性质的会议），记录内容会后留底。安排专人录音录像，会后留底。按照会议的要求，安排与会人员合影留念。

2. 会场服务

举办大型会议或视频会议时，安排专人负责操作麦克风、调音台、投影仪、视频设备等。

安排专人（会议工作人员或物业人员）负责茶水服务。服务人员的动作要做到轻、慢、柔，不能影响开会。会议时间较长时，可适当安排中途休息时间，或设置茶歇。

（三）会后总结工作

会后工作主要有清理会场、整理会议记录、撰写纪要、撰写新闻稿等。

整理好会议中的文字记录和图片、视频、音频记录，进行存档备查。梳理会议总结材料，整理会议议程涉及的各项内容、主要人员发言材料、会议讨论内容和总结性结论。如有必要，需根据会议记录和总结性材料撰写纪要，然后报领导审批。重要会议结束后，可考虑在网站上或微信公众号发布会议相关新闻。

二、会议主持

有人认为主持会议很容易，其实这是一种误解，要真正主持好一场会议、一个节目，需要充分调动与会者的积极性，要达到完美的效果是很不容易的。会议主持涉及如何开场、如何连接、如何驾驭、如何总结等诸多环节，无论哪个环节处理得不好，都会影响会议的效果。可以说，会议主持对召开会议、把握会议主题、控制会议进程、调动与会者情绪、正确引导问题讨论、掌握会议时间、提高会议质量具有举足轻重的作用。

发言类会议包括工作例会、座谈会、研讨会、答辩会等，这类会议一般是在主持人的引导下完成会议的既定事项的，会议主持的好坏将影响会议的效率和效果。不同的会议有不同的主持风格，发言类会议一般比较正式，主持人的语言风格也应比较正式。主持会议有以下注意事项和主持技巧。

（一）会议开始时的开场白

准时宣布会议开始。主持人在会议正式开始前，可以先面带微笑地环视全场，跟与会者进行简单的眼神交流。在引起大家注意后，准时宣布会议开始。

首先，根据会议内容进行简单的串词后，进入来宾或领导介绍环节。在介绍顺序上，要先宾客后主人，先职务高的后职务低的。在介绍方式上，一般称呼"职务+姓名+同志（老师）"，其中职务高者可以冠以"尊敬的"。在介绍过程中，要注意介绍的节奏，给与会人员预留鼓掌的时间，有时还可由主持人带头鼓掌。在介绍领导和来宾前或在会议开始之前，一定要提前掌握他们的职务、职称、姓名、所在单位等信息，不能遗漏，不能把职务弄错，以免带来误会和麻烦，影响会议效果。

在介绍领导和来宾之后，一般是由主持人说明会议的主题、目的、意义和议程，向与会者介绍会议的总体安排和相关要求，主持人的语调与表情要与会议气氛一致。开场白要富有启示性和诱导性，时间不宜太长，然后进入会议的主体部分。

（二）会议进程中的主持

在会议进程中，主持人负责控制好发言秩序与发言者的发言时间，在会议中穿针引线，控制整场会议的节奏和程序。但要注意，主持人不是会议的中心，其作用是突出别人、衬托别人、拾遗补阙，不能喧宾夺主。在这期间，各种问题各种现象均可能出现，这需要主持人具备良好的临场应变能力。

1. 灵活处理分歧

在一场会议中，在研究、讨论问题时出现偏离主题、意见分歧、无谓争辩等现象都是很正常的。要使会议顺利进行，达到预期目的，离不开主持人的正确引导。主持人是与会人员发表意见的引导者，而不是意见的裁决者，所以主持人要能正确看待不同的观点或意见。当有人提出反对意见时，主持人应当感谢对方敢于提出反对意见。如果会议出现激烈争论，主持人首先要保持头脑清醒，不要介入争论之中，应要求与会者都安静下来，适时用语言制止无谓的争辩；如果出现不友好的争辩，主持人可将讨论话题巧妙收回，可以说："各位代表，大家在这个问题上各抒己见，都非常关注这个话题，但时间有限，我建议以后开个专题座谈会，专门讨论这个问题。好，下面接着讨论下一个问题……"

2. 掌握插话技巧

在会议中，有些与会者虽然不是偏离话题，但他们总喜欢长篇大论，发起言来滔滔不绝。要打断这类发言者的讲话，需要主持人学会插话的技巧。插话需要充分的准备。首先，要耐心倾听别人的发言，坚持充分发扬民主、集思广益、尊重别人的原则。当有人发言时间过长时，要善于利用当时的语境，针对发言者表达的内容，在其表达过程中插入适当的词句，表示赞同或附和，起补充、调节作用，达到调节会议氛围，推进会议进程的目的。插话一定要选好"插缝"，把握时机。有的主持人在插话时不太注意选择时机，只是觉得自己有话想说，憋不住，不管该不该说，就往外倒。这样不但起不到补充作用，反而会影响正常的发言，使发言人不知所云，其他人也会产生逆反心理，让人觉得"你老是打断别人的话，我们到底听谁的呢"。所以，插话一定要选准时机，只有到了应该补充几句才足以说明问题的时候再去插话。

插话不仅要选好时机，更要插到点子上。会议主持需要主持人具备良好的时间管理能力，要把时间安排好，每一项议题大约需要多长时间，整个会议需要多长时间都要测算好，并有一定的弹性。合理的插话，能为主持人把握会议进程赢得主动权。

3. 做好穿针引线

会议主持人的一项重要职责就是负责穿针引线、过渡照应、承上启下，把整个会议串联成一个有机的整体。这个串联过程也是主持人发挥临场应变能力和语言表达能力的过程，也能体现主持人的组织能力和概括能力。

首先，主持人的精力要高度集中，对前面的发言或讲话中精华的内容进行概括或肯定，画龙点睛，做好铺垫；然后，根据后面议题的特点和要求，渲染气氛，过渡自然，顺理成章。承上启下不能生搬硬套，要根据具体情况巧妙使用顺带、转折、设疑、问答等语言手段，增强会议的连贯性和整体性。

在会议过程中，跑题现象时有发生。当发言人离题万里时，主持人应及时制止，以免耽误众人的时间。主持人可以微笑着用真诚的语调对跑题者说："您提的这个问题很好，大家也比较感兴趣，我们还是先回到刚才的问题上来，等会后咱们再进一步交流。×××，您对今天的话题有何看法？"这也是穿针引线的一种手段。

4. 完成既定议题

举行会议是为了讨论并就相关问题达成一致意见，或者是为了完成既定议题或既定程序的，所以主持人应在规定的时间内控制会议的进程，力争圆满完成会议的任务。主持人一定要明确会议怎么开，有几项议程，先干什么，后干什么，大约需要多长时间，做到心中有数。如果会议的结束时间快到了，会议的目的尚未达到，主持人就必须千方百计地引导与会者尽快完成会议的任务，不宜在得出结论或作出决定之前仓促散会。

（三）会议结束时的总结

在会议即将结束时，主持人要对会议召开的有关情况以及会议成果进行全面、客观的总结，对不能确定的或未解决的问题作出解释、说明。会议总结得如何，是衡量会议主持人水平的重要方面。

在会议过程中，主持人在主持好会议的同时，还要对会议的重点内容进行记录，以便在会议结束前进行提纲挈领的总结，应对会议中提出的重点加以强调，对关键问题进行提示等，如果领导在会议中提出了相关要求或作出了相关指示，主持人也可在总结阶段重申一遍。

会议总结要求简明扼要，突出重点。总结的方法主要有直叙法、归纳法和号召法。直叙法，就是简要回顾会议讨论了哪些事项，达成了哪些共识，解决了什么问题，以加深与会者的印象。例如，"这次会议我们传达学习了××文件，研究讨论了××决定，××领导发表了讲话，对下一步的工作作出了具体安排和部署：一是……二是……三是……希望大家认真抓好落实，切实抓出成效。"归纳法，即在会议结束时，对会议进行高度总结、归纳，把会议的成果提纲挈领地概括出来，加深与会者的印象。号召法，就是用号召性的语言进行总结，不全面总结会议的召开情况，而是号召与会者为某一目标或今后的工作方向而加油鼓劲。

课堂训练

1. 针对当前"热门"的时事问题，选 6 名同学扮演新闻发言人，其他同学则扮演来自不同媒体的记者。要求新闻发言人在 8 分钟内回答记者提出的三个问题，教师进行点评。

【**教学提示**】　教师主要针对学生在语言使用方面的问题提出建议和意见。

2. 如果由你总负责班级迎新年晚会，你将如何组织策划？

3. 假如你是某单位的党委办公室秘书，让你组织一次意见征求会，请说说你将如何组织？

4. 主持语言艺术。

扫描二维码，获取本书第 1 版"第五章　主持语言艺术"的相关资料。

【扫码看资料】
主持语言艺术

下　篇

应用文已成为党政机关、企事业单位、社会组织和个人在社会活动中处理事务、沟通信息不可缺少的重要工具，是书面语沟通的重要载体。

第八章
应用写作概说

第一节 培养写作能力的重要性

高等学校肩负着培养高素质拔尖创新人才的使命。写作能力是大学生必备的一种能力，也是评价一个人综合素质的指标之一。

高等学校的基础写作课程一般面向文科类学生开设，且以广义的文章写作作为讲授内容。文章是反映客观事物，表达思想、认识、情感，具有相对完整的意思和一定篇章结构的书面语言形态。广义的文章一般分为普通文章和应用文章。普通文章包括记叙文、议论文、说明文三大类，而应用文章一般指党政机关、企事业单位、社会团体和个人在日常工作、学习和生活中办理公务、处理私事时经常使用的，有惯用格式和习惯用语的文体，它应用广泛，种类繁多。

随着社会各个领域的迅速发展，社会事务日益繁重，社会关系日益复杂，处理程序日益规范，应用文的使用范围也日益广泛。应用文已经成为党政机关、企事业单位、社会组织和个人在社会活动中处理事务、沟通信息不可缺少的重要工具，它如同一根纽带，将政治、经济、文化、科学等各个领域和行业紧密联系在一起，广泛应用于上传下达、发布信息、沟通商洽、交际礼仪、交流思想、办理业务等社会生活的各个方面。毫不夸张地说，无论社会各界、各级各类组织还是个人，在处理公务或私事时均离不开应用文。在这种形势下，应用文写作仅靠专职的秘书人员是远远不够的，社会各界、各类人员势必成为应用文写作的主体，因此，应用写作能力逐渐成了衡量一个人能力水平的一个重要指标。

著名教育家叶圣陶先生曾说过："大学毕业生不一定要能写小说、诗歌，但是一定要能写工作和生活中实用的文章，而且非写得既通顺又扎实不可。"叶老所说的工作和生活中实用的文章就是应用文。目前，许多高校已将应用文写作作为一门必修课或通识教育课程，以培养大学生的应用写作能力。

鉴于应用写作的重要性和应用写作的普适性，本书主要选取应用写作作为"写作部分"的讲授内容。应用写作学是写作学的一个重要分支学科，主要研究应用文写作的特点、规律、过程和写作技巧等基本理论。应用文以解决现实工作、生活和学习中存在的实际问题为写作目的，内容真实、具体，具有惯用的格式和约定俗成的原则，语言讲究准确、简明。应用文主要依靠书面语言表述来解决生活中的实际问题，在某种意义上，应用写作也可视为一种"沟通"，一种书面语言形式的沟通。

应用写作能力的培养需要经过一个过程。培养应用写作能力，不能只靠课堂学习写作的基本理论知识，还要学以致用，靠严格、科学的训练，在正确理论指导下进行练习。课堂上，教师应选取具有代表性的学生作业进行讲评。学生要认真完成每一次写作练习并认真听取教师的点评意见，也要认真与同学交流、分享写作经验并听取同学对自己作文的修改意见。教师除了在课堂教学环节让学生认真练习外，还要科学、合理地设计课后练习题，设置一定量的课外学时，加强对学生作业的点评和有针对性的指导，让学生从教师的修改意见中领悟写作的技巧和行文规范。

本书注重结合大学生校园生活的写作需求，选取正反两个方面的实际案例，同时也涉及一些将来工作中经常使用的文书。因此，学生应先练习好大学阶段的应用文写作，然后循序渐进，为今后的社会工作写作夯实基础。当然，学生步入社会以后，还有个继续学习的过程。

第二节　应用文与公文

一、应用文的含义

应用文是各类党政机关、企事业单位、社会团体和个人在日常学习、工作和生活等社会活动中，用以处理各种公私事务、传递交流信息、解决实际问题的具有实用价值、格式规范、语言简约的多种文体的统称。应用文重在应用，是人们相互交往、传递信息、表达思想、解决问题、指导实践的沟通工具。

【扫码看资料】
公文的源流简况

应用文是一个统称，虽有共同特点，但不同的应用文文种又有不同的写作要求、格式规范、表现形式和读者对象。从内容性质和使用对象来看，可以将应用文分为公务文书和私人文书两大类。从使用范围来看，应用文涉及社会的各个领域，种类繁多。

应用文的范围大于公文，包括党政机关公文（法定公文、通用公文，简称公文）、专用文书（财经文书、法律文书、外交文书等）、事务文书（计划、总结、简报、调查报告等）、日常文书（申请书、介绍信、证明信、表扬信、贺信、慰问信等）和科技文书（学术论文、学位论文、科研项目申报书等）等。

关于不同文种的归类，目前学界还没有统一的标准。有些文种的归类存在交叉现象，如事务文书和日常文书包括的文种就有交叉，这主要是由于分类标准不同造成的。此外，还有很多难以归类的应用文，如各类统计报表、科学技术档案、教学档案、人事档案等，一般把它们归入事务性文书。

二、公文的含义

公文是公务文书的简称，分广义和狭义两种。广义的公文泛指应用文中除私人文书以外的公务文书，包括各级各类党政机关、社会团体、企事业单位制定和使用的公务文书。狭义的公文专指法定公文，一般指党政机关公文。

改革开放以来，党和国家多次对法定公文进行规范化。中共中央办公厅 1996 年 5 月 3日印发的《中国共产党机关公文处理条例》（中办发〔1996〕14 号）规定了 14 种党的机关公文文种，即决议、决定、指示、意见、通知、通报、公报、报告、请示、批复、条例、规定、函、会议纪要。国务院 2000 年 8 月 24 日发布的《国家行政机关公文处理办法》规定了13 种行政机关公文文种，即命令（令）、决定、公告、通告、通知、通报、议案、报告、请示、批复、意见、函、会议纪要。

2012 年 4 月 16 日，由中共中央办公厅和国务院办公厅联合印发了《党政机关公文处理工作条例》（中办发〔2012〕14 号），本条例自 2012 年 7 月 1 日起施行。《中国共产党机关公文处理条例》和《国家行政机关公文处理办法》停止执行。

《党政机关公文处理工作条例》："党政机关公文是党政机关实施领导、履行职能、处理公务的具有特定效力和规范体式的文书，是传达贯彻党和国家的方针政策，公布法规和规章，指导、布置和商洽工作，请示和答复问题，报告、通报和交流情况等的重要工具。"

这个定义可从以下五个方面理解。

1）公文必须是在公务活动中形成并使用的文书。

2）公文有法定的作者，公文的作者不是指公文的草拟者，而是指制发公文的机关、组织和个人，法定作者中的个人是指党政机关、合法组织的负责人。

3）公文必须直接表述法定作者的意志。

4）公文有特定的规则、程序、格式，为特定的读者撰制，在确定的范围内使用。

5）公文直接作用于社会管理系统，这是公文的生命和灵魂，是公文最本质的属性。

三、文书、文件和公文

文书、文件和公文的名称是在我国不同历史时期产生的，沿用至今。在党政机关工作中，"文书""文件""公文"三者经常通用，均可指党政机关及其他社会组织在公务活动中形成和处理的收、发文件以及机关内部所使用的文件材料，即公务文书。由于历史沿革、使用习惯和其他原因，三者有不同的使用场合、名称和用法。

文书，是指公文、书信、契约等，或从事公文、书信工作的人员。"文书"一词使用普遍和广泛，是所有文件材料的总称，既包括公务文书，也包括私人文书，是一个整体概念；也指一种职业。

文件，在《现代汉语词典》中有三个义项：①公文、信件等；②指有关政治理论、时事政策、学术研究等方面的文章；③计算机系统中信息存储的基本单元，是关于某个主题的信息的集合。应用写作中的"文件"常用来指称文件材料的总称，多指重要的文件，如中共中央文件、国务院文件等具有规范格式的正式文件。具体一份文件材料可称文件，而不称公文或文书。

公文一词出现于东汉末年。汉代多称文书，少称公文；三国后，多称公文，指的是官府之间往来的公事文书。现在的"公文"是指处理公务而产生的文书或文件，即公务文书或公务文件的简称，通俗的理解就是各类机关相互往来联系事务的文件。

第三节　怎么学好应用写作

怎么学好应用写作，或者说如何才能提高应用写作能力呢？应用写作能力与其他技能一样，并不是一朝一夕就能学好并能显著提高的，而是需要长期实践并积累的。要想提高应用写作能力，不是看一两本应用写作大全、办公室文书大全就能解决问题的，也不是听一两门写作必修课就能有明显提高的，需要从多方面加以努力。

一、加强政治理论学习，做到与时俱进

政治理论主要指马克思列宁主义、毛泽东思想、邓小平理论、"三个代表"重要思想、科学发展观以及习近平新时代中国特色社会主义思想等，它们是我们党和国家的指导思想，是党和国家制定方针政策的理论依据。应用文写作，特别是公文写作的理论性、政策性很强，离不开党和国家相关政策的指导。公文写作的过程，本来就是依靠政策、理解政策、表达政策和执行政策的过程。要写好公文，就需要具备较高的思想政治素质和政治觉悟，努力掌握党的基本理论知识，掌握科学的世界观和方法论，并且要做到不断学习，与时俱进。

大学生如何提升政治理论修养呢？同学们可以通过学校开设的思想政治理论课进行系统学习，除此之外，建议多关注时政要闻、了解党和国家的方针、政策和现行的法律法规，学会用马克思主义的立场、观点、方法去观察并分析问题。

二、学习应用写作技巧，善于模仿借鉴

学习应用写作，特别是公文写作，掌握一定的写作方法是很有必要的。掌握应用文的行文规范，可以在形式上提高语言表达的规范程度，减少写作中的一些硬伤。因为一篇应用文写得是否规范，从形式上，一眼就能看出来。虽然形式不是第一位的，但学习应用写作首先要注重形式规范。

刚学应用写作时，大家可以模仿范文的行文格式，借鉴其中的一些行文方法。公文必须按照党和国家领导机关批准并发布的公文规范来制发。具体来说，行文格式就是要按照国家质量监督检验检疫总局、国家标准化管理委员会发布的《党政机关公文格式》（GB/T 9704—2012）来处理，使用有明确规定的文种，遵循规定的格式和行文程序，不得擅改，这正体现了公文格式的规范性。掌握了行文规范后，就需要在表达内容上下功夫，全面提高自身的写作能力。一个人的写作能力，至少包括语言表达能力和认识能力。语言表达能力解决

的是应用文写作的形式问题，而认识能力解决的是应用文写作的内容问题。

三、注重综合能力培养，做到全面提升

学会应用文不同文种的基本格式和写作技巧只是在表达形式上掌握了一定的写作要领，但是在表达内容上还会有力不从心之感。这就需要提高综合能力来解决内容表达的问题，这也是提升写作能力的核心问题。可以说，写作能力是与写作密切相关的多种能力的综合体现。应用写作能力是一种综合能力，包括思维能力、认识能力、语言组织能力、分析能力、表达能力等。

怎么提高综合分析能力呢？可以尝试用历史的和发展的眼光来看待问题、分析问题，锻炼自己站在历史的高度和时代的高度来思考问题，培养大局意识。在工作中，熟悉本单位、本系统的各个方面的情况，有利于培养自身的大局意识。在平时，而不是在写作时，要有意识地去了解自己所在学校、所在工作系统的总体情况，日后思考问题就能做到从大局出发。

四、掌握相关业务知识，学会积累材料

应用写作首先是语言文字的表达，这就需要学习写作基础知识，包括语言、修辞、逻辑等方面的知识。必要的语言知识、修辞知识和逻辑训练，可以提高规范运用语言的能力，准确地传情达意、阐述问题，做到文从字顺，提高语言的表达效果。

应用写作又不仅仅是语言文字的表达，写作内容涉及社会生活的方方面面，并且与其他学科知识密切相关，专业性强的应用文更是如此。在平时，我们要努力掌握相关业务知识，有意识地全面收集、大量占有各类材料，包括现实的、历史的，正面的、反面的，直接的、间接的，典型的、特殊的，"面"上的、"点"上的等材料。"巧妇难为无米之炊"，没有材料，是写不好应用文的。有了材料，还要学会甄别材料、利用材料，这是选材的问题。在选材的过程中，要依靠认识能力来鉴别和选取材料。

五、做到理论联系实际，达到熟能生巧

学习应用写作一定要做到理论联系实际，要把应用写作的相关理论运用到学习、工作实践中，与具体的应用文相结合，发挥理论对实践的指导作用；同时，用具体的应用文写作来印证所学的理论，加深对理论的认识。在学习中，我们可以模仿、借鉴优秀的应用文，总结其中的写作规律，掌握处理内容和形式、观点和材料的写作方法。

写作理论是从实践中得来的，还得运用到实践中去。要勤于动笔，多加训练，这样才能把理论知识内化为写作能力。在课内外学习活动中，不放过每一次锻炼应用写作的实践机会，比如撰写活动宣传策划、活动通知、新闻稿、活动总结等，在理论的指导下认真写作，注重行文规范，掌握行文技巧，从而达到熟能生巧。

以上几点只是给学习者的一些建议。培养应用写作能力，不能只靠课堂上学习一些写作的基本理论知识，还要在正确的理论指导下进行科学的训练，讲求学以致用。

思考练习题

1. 应用文有哪些种类？应用文与公文有何关系？
2. 谈谈应用文写作对人才培养的作用。
3. 怎样才能学好应用文写作？
4. 在进行思想政治理论学习的同时，如何提升应用文的写作能力？

第九章

事务文书

事务文书是党政机关、企事业单位、社会团体或人民群众在处理日常事务时用来沟通信息、安排工作、总结得失、研究问题的实用文体，是应用写作的重要组成部分。事务文书包括的种类较多，计划、总结、调查报告、述职报告、新闻、简报、大事记、策划书、会议记录等都属于事务文书的范畴。下面主要讲述几种常用的事务文书。

第一节　计　　划

一、计划的含义

计划是党政机关、企事业单位、社会团体或个人对未来一定时期的生产、经营、工作、学习等，以书面形式作出有预定具体目标的一类文种，是为完成一定时期的任务而事前对目标、措施和步骤作出简要部署的事务文书。

计划必须从实际出发，根据有关政策、自身条件、客观形势和发展动态，确定明确的目标、任务，提出具体要求和相应措施，并在规定的时间里认真执行。制订出好计划，是迈向成功的第一步。

二、计划的种类

计划的种类很多，"计划"只是个总称，纲要、规划、计划、安排、方案、预案、工作要点、设想等都属于计划类文书。不同的计划种类具有不同的表现形式和写法。

纲要，是对全局范围内带有远景发展设想的某项工作作出提纲挈领式的总体计划。一般由级别较高的党政机关来制定，内容上具有很强的政策性、原则性、指导性。纲要涉及的时长一般在十年左右。

规划，是从宏观角度对某项工作的指导思想、方向、规模等作出原则性的规定，是纲领性文件，具有全局性、长远性和指导性等特点。规划的时间一般为三到五年，甚至五年以上。

计划，主要着眼于近期目标，从相对微观的角度对全局性工作或某一单项工作的任务、措施作出具体性的规定，便于直接贯彻实施，具有指令性。

安排，常用于布置一定时限内的一项工作，适用范围比较小，内容单一，在语言表述上，内容比计划更加具体。"安排"很少写指导思想、工作原则等内容，常常是开门见山，开宗明义，写清工作方法、措施和步骤，文字简练，便于执行。时间范围上，可以做每天的安排，也可以是一周、一个月、一个季度的安排，很少有超过一年的。

方案，一般是对即将开展的工作作出最佳安排时使用的一种计划性文书。相对而言，安排是对已经确定的一个时期工作计划的具体分解和贯彻，而方案一般是对尚未定局的新问题、新工作制定出一套工作方案。在讲究科学决策、民主决策的今天，在工作中往往可以先从不同角度设计出多套方案，供领导决策参考，经过反复论证后，确定最佳方案。从时间期限来看，方案的时间范围比较模糊，没有明确的时间限制。

预案，经常用于党政机关、企事业单位为应对各种突发公共事件而预先制定的工作方案。预案都是为了应急之用，所以也叫应急预案。预案是为了防患于未然，预先设想一些问题，并对其提出解决方案，因此预案要尽可能周全、具体、可行。事前设想得越周全，预案的目标和措施就越准确。

工作要点，是计划的摘要形式，多用于领导机关对下属单位布置工作和交代任务。在写法上，多以分条列项式的写法来写，全文几个大点几个小点，分别依次拉通排序。以文件形式下发的计划，一般采用工作要点的写法来写；在党政机关公文中，多采用"通知"的形式来发布"工作要点"。

计划还可从不同角度进行分类：按内容分，有工作计划、生产计划、学习计划、科研计划等；按范围分，有国家计划、部门计划、单位计划、个人计划等；按时间分，有跨年度的多年计划、年度计划、季度计划、月份计划，有长期计划、中期计划、短期计划等；按性质分，有综合性计划和专题性计划；按呈现形式分，有条文式计划、表格式计划和文表结合式计划。

三、计划的特点

（一）科学的预见性

在制订计划前，要对该项计划在目标、时间、步骤、措施、保障等诸方面作出成功与不成功因素的分析，对发展趋势和所能达到的目标、可能出现的问题作出科学的预判，以保证计划的科学性和成功率。

（二）明确的目的性

计划都是有目的的，并且应该是经过努力后才能实现的计划。目标太高，经过努力都不能实现的，就容易挫伤人们的积极性；目标太低，不易调动人们的积极性。目标一定要结合实际情况来合理确定。

（三）措施的可行性

完成计划不仅需要明确的目标，还需要有力的保障措施，执行步骤需明确具体，要有可行性，这样才能保证目标的实现。

（四）执行的约束性

计划一经制定，就要对完成任务的实际活动起到指导和约束作用。工作的开展、时间的安排、经费的使用等，都必须按计划严格执行。计划也是后期总结的依据，是检查计划落实与否的约束性材料。

四、计划的写法

从计划的行文方式上划分，有条文式计划、表格式计划和文表结合式计划，这里只介绍条文式计划。条文式计划又称为"公文式计划"，一般由标题、正文（前言、主体、结尾）和落款三部分组成。

（一）标题

计划的标题一般有三种写法。

（1）公文式标题。标题中一般包括"四要素"，即单位名称、执行时限、内容范围和计划种类，如《××市教育局20××年财务计划要点》《××大学20××—20××年科研工作发展规划》。

（2）省略时限的标题。如《××大学教学工作计划》。

（3）只写时间和文种。如《20××年工作计划》。

从标题信息的完整性来看，建议使用公文式标题。所拟计划如还需要讨论定稿或需经上级批准，应在标题的后面或下方用括号加注"草案""初稿"或"讨论稿"等字样。个人计划的姓名不写在标题中，可写在文末日期之前。

（二）正文

正文一般包括前言、主体和结尾三部分。

（1）前言（也叫开头部分）。前言是计划的纲领性内容，主要是说明依据什么方针、政策以及上级的什么指示精神，然后是对基本情况的分析，或对计划的概括说明，完成任务的主客观条件怎么样，制定这个计划要达到什么目的，完成计划指标有什么意义。

（2）主体。主体部分是计划的核心内容，应包括计划的三要素：任务目标（做什么）、办法措施（怎么做）和进度安排（何时做）。"计划三要素"繁简可以不同，但缺一不可。主体部分要写明实施计划的具体要求、分工、程序、方法、时间等。主体的表述方式常用的有综述式、条文式、表格式、交错式等几种。

（3）结尾。如果是整个单位的工作计划，可在结尾提出明确的执行要求，可以展望计划实现的情景，给人以鼓舞，也可以提出希望或发出号召。如果是个人的学习或工作计划，可以写一些自我激励或表示决心的话。不是所有的计划都需要写结尾，有些工作要点可以不写结尾部分。

计划中有些内容在正文里不便表述或影响排版时，如图、表等，可作为"附件"列在正文之后。

（三）落款

在正文的右下方署上制定计划的单位名称或个人姓名，在署名的下行写上日期。如标题中已经写明单位名称和日期，此部分可省略。

五、计划的案例分析及写作技巧

案例分析 1

教育部 2021 年工作要点（节选）

2021 年是中国共产党成立 100 周年，是"十四五"规划开局之年，也是全面建成小康社会、开启全面建设社会主义现代化国家新征程的关键之年。

教育工作总体要求：以习近平新时代中国特色社会主义思想为指导，贯彻落实党的十九大和十九届二中、三中、四中、五中全会精神，贯彻落实习近平总书记关于教育的重要论述和全国教育大会精神，按照"五位一体"总体布局和"四个全面"战略布局，增强"四个意识"、坚定"四个自信"、做到"两个维护"，坚持稳中求进工作总基调，立足新发展阶段，贯彻新发展理念，构建新发展格局，以推动高质量发展为主题，以改革创新为根本动力，坚持系统观念，更好统筹发展与安全，坚持和加强党对教育工作的全面领导，全面贯彻党的教育方针，落实立德树人根本任务，坚持发展抓公平、改革抓体制、安全抓责任、整体抓质量、保证抓党建，全面推进依法治教，巩固拓展新冠肺炎疫情防控和教育改革发展成果，为建设高质量教育体系立柱架梁，推进教育治理体系和治理能力现代化，为建设教育强国开好局、起好步，以优异成绩庆祝建党 100 周年。

一、深入学习宣传阐释习近平新时代中国特色社会主义思想

1. 加强思想理论武装

2. 加强宣传引导

3. 深入研究阐释

二、推动改革和发展深度融合高效联动

4. 全力做好教育"十四五"规划编制工作

5. 扎实推进新时代教育评价改革

6. 深化考试招生制度改革

目标任务：高考综合改革稳妥推进。高考内容改革不断深化，艺术体育等特殊类型招生进一步规范。中考招生录取综合改革试点落地省份在省域范围全面推进招生录取综合改革。

工作措施：指导河北等八省市借鉴改革试点省份经验，制定考试和录取方案，开展模拟演练，稳妥做好招生录取工作，确保新高考平稳落地。深化高考内容改革，进一步体现德智体美劳全面发展要求，创新试题形式，加强对学生关键能力的考查。严格规范体育艺术等特殊类型招生工作，进一步健全制度、规范程序、严格管理、强化监督，提高体育艺术人才选拔质量。深入推进中考改革，有序扩大招生录取改革范围，完善省级统一的中考命题机制，着力提高命题质量。

7. 推进民办教育规范发展

8. 系统推进教育督导体制机制改革

9. 全面推进依法治教

10. 积极推进教育信息化建设

11. 推进高水平教育对外开放

三、发挥教育人力资本优势更好服务国家创新体系建设

12. 构建新时代中国特色职业教育体系

13. 推进高等教育提质创新发展

14. 加强普通高校毕业生就业工作

15. 推进高质量高校科技创新发展体系建设

四、全面落实立德树人根本任务

16. 提升思想政治工作质量

目标任务： 弘扬伟大抗疫精神，深化爱国主义教育，增强广大师生的"四个自信"。充分发挥思政课作为落实立德树人根本任务关键课程作用。常态化开展精准画像工作，一体化构建思想政治工作体系。

工作措施： 推进大中小学思政课一体化建设。推动以习近平新时代中国特色社会主义思想为核心内容的高校思政课课程群建设，实施深化新时代思政课改革创新质量提升专项行动，深入实施"一省一策思政课"集体行动。开展加强"四史"学习研究教育"攻坚行动"。督促各地各高校台账式落实《教育部等八部门关于加快构建高校思想政治工作体系的意见》。推动领导干部、"两院"院士等专家学者、英雄模范人物进校园开展思想政治教育。围绕"明理""共情""弘文""力行"四大板块实施八大行动，持续开展"我和我的学校""青春告白祖国""小我融入大我，青春献给祖国""奋斗的我 最美的国""新时代先进人物进校园"等品牌工作，全面推进《新时代爱国主义教育实施纲要》贯彻落实。指导各地"一校一案"落实《中小学德育工作指南》。开展"从小学党史，永远跟党走""学习新思想，做好接班人""开学第一课""全国中小学生电影周"等主题活动，强化红色教育实践活动。加强和改进职业院校德育工作。创新开展职业院校"文明风采"活动。深入实施"青年红色筑梦之旅"活动。推进职业院校"三全育人"综合改革。组织好"网上重走长征路"学习教育工作。指导各地各高校进一步明确网络思政的建设内容、主要任务与重点资源保障。加强学生心理健康教育。建立完善高校专职辅导员职业发展体系和专职辅导员管理岗位（职员等级）晋升制度。

17. 用心打造培根铸魂、启智增慧的精品教材

18. 深化基础教育教育教学改革

19. 促进青少年身心健康发展

20. 强化家校社协同育人

21. 发挥国家通用语言文字教育在铸牢中华民族共同体意识方面的作用

五、提升人民群众教育获得感

22. 深化校外培训机构治理

23. 推动学前教育深化改革规范发展

24. 推动城乡义务教育一体化发展

25. 推动普通高中多样化有特色发展

26. 推动巩固拓展教育脱贫攻坚成果同乡村振兴有效衔接

27. 提高民族地区教育质量和水平

28. 进一步提升特殊教育发展水平

29. 提升继续教育优质资源服务全民终身学习水平

六、提升教师教书育人能力素质

30. 推动师德师风建设常态化长效化

31. 大力加强艰苦边远地区教师队伍建设

32. 推进教师教育高质量发展

33. 持续抓好义务教育教师工资待遇落实

34. 深化教师管理综合改革

七、坚持和加强党对教育工作的全面领导

35. 健全保障教育事业优先发展的经费投入体制机制

36. 加强教育系统基层党建工作

37. 努力锻造高素质干部人才队伍

38. 坚定不移全面从严治党

39. 毫不放松抓好常态化疫情防控

40. 抓好"奋进之笔"项目实施

简析

　　此案例是采用条文格式写成的工作要点。工作要点通常采用条款的形式，分条列项逐一写明，教育部每年的工作要点就是这方面的典型案例。

　　计划的三要素是任务目标、办法措施和进度安排。对于年度工作要点来说，进度安排的执行时限就是当年一整年。在 2019 年以前，教育部的工作要点没有明确指出哪些是"目标任务"，哪些是"工作措施"；从 2019 年开始，教育部每年的工作要点都明确提出了各领域的目标任务和工作措施，目标明确，任务具体，措施和步骤清晰，可操作性强。

　　下面就教育部 2021 年工作要点的写作技巧作一简要分析。

　　计划类文书一般包括前言、主体和结尾三部分，但工作要点一般不写结尾部分。

　　前言部分主要说明制定计划的背景、依据、总体目标、计划的意义等。

【扫码看视频】
计划的写作技巧

　　再看正文部分。为节省篇幅，未将全文列出，看其要点也能略知一二。主体部分共分 7 个大项和 40 个小项，小项序号可全文

拉通排序。每一个要点一般归纳为一个小项，每个小项多采用一个动宾结构组成的无主语句来表述，如"深化考试招生制度改革""推进民办教育规范发展""加强普通高校毕业生就业工作""强化家校社协同育人""深化校外培训机构治理""大力加强艰苦边远地区教师队伍建设""努力锻造高素质干部人才队伍"等。在表达目标任务遣词造句时，有时用主谓结构，如第 6 点的"高考综合改革稳妥推进""高考内容改革不断深化"，但多数情况使用动宾结构，如第 16 点。在表达工作措施时，绝大多数句子采用的是"（状语+）动词+宾语"式的句子结构，如"弘扬……精神""深化……教育""深入实施……行动""持续开展……工作""推进……改革""建立……制度"等。每句话大多由动宾结构组成，这正是计划类文书的写作要领。

　　在这个范例中，采用了全文拉通排序的形式，这里涉及标题层级和标点符号使用规范的问题。《党政机关公文格式》对公文文中结构层次序数的使用进行了规定，依次可以用"一、""（一）""1.""（1）"标注，其他应用文可参照执行。结构层次序数所引导的内容，如果是用作小标题，建议独立成段，中间可用逗号、顿号等，但句末不加标点符号，建议将小标题加粗。格式如下：

　　一、××××，××××

　　（一）××××，××××

　　1.××××

　　（1）××××

　　结构层次序数所引导的内容，如果不用作小标题，而用作一个段落的中心句，这个中心句的句末需加句号，并且一般有后续内容，各段的中心句可加粗显示。格式如下：

　　一、××××，××××

　　（一）×××××××。××××，×××××××。

　　1.××××。××××××××××××。

　　（1）××××。×××××××××××。

【扫码看资料】
标点符号使用规范

【扫码看资料】
标题层级的规范

　　在实际写作中，如果结构层次比较少，可省略中间层次，但不能颠倒层次。《教育部 2021 年工作要点》就只用了"一、"和"1."这两个层次。第一级结构层次一般用作小标题，不管标题有多长，中间可用标点符号，但最后不用标点符号。

案例分析 2

大学生涯规划

　　大学四年的时光对未来人生发展的影响之大是不言而喻的。大学的学习生活可以丰富我们的人生经历、给予我们专业知识、开拓我们的眼界，同时培养我们各方面的能力。与初高中阶段相比，大学阶段的生活更贴近社会、更益于今后的工作与生活。我们历经十年寒窗苦读，追逐着美好的大学梦，希望进入高等学府接受高水平的教育，分享丰富的教育资源，为今后的发展奠定坚实的基础。如今，我已成功迈进了天津大学这所历史悠久、校风优良、治学严谨的一流大学。为了不辜负我十多年的艰苦奋斗，为了自己今后的成功，我确立了以下几点目标，以便督促自己在大学四年中不断前进。

第一，大学四年的成绩绩点达到 3.70 左右。成绩虽不是衡量学习成果的唯一标准，但它能体现出我的学习能力和努力程度。大学第一学期的成绩证明我有能力达到这个目标，以后所需的是保持现有的学习状态并逐步提升。为实现这一目标，我制定以下措施：首先，保证听课的质量。虽然大学中部分课程通过自学也能完成课程任务，但是比起课上及时消化老师所讲知识，耗时更多。在保证听课质量的同时，我还会加大课外学习，拓展知识面，达到触类旁通。其次，保证每日在自习室的自习时间，并保证学习的高质量与高效率。大一大二期间，要着重基础课程的学习，掌握基础工具才能为以后的学习做好准备。大三大四期间，主攻专业课。做到不停留在书本、试题上，注重学以致用。达到这一目标，将为今后准备出国继续深造的我提供更多选择学校的机会，而且会掌握今后工作所需技能的基础理论。

第二，培养一定的科研能力。作为一个工科生、一个精仪学院工程科学实验班的学生，具备一定的科研能力是必需的。虽然大学本科着重于知识的传授，但历届学长学姐们的科研成功案例告诉我，我也是有能力有可能通过实践获得一定科研能力的。为实现这一目标，我制定以下措施：首先，重视大学课程中的实验课程。例如，电路实验课、金工实习等。这些课程因为不考试等原因被大部分学生所忽视，不过这些课程却能为今后的科研打下一定的基础。其次，争取尽早进入实验室。精仪学院注重培养学生的科研能力，设有专门对所有学生开放的学生自主实验室。那里的学长学姐们会指导我们使用一些科研所需的硬件、软件。在大二，我计划进入一个学生自主实验室，并参与一定的科研实践活动。在掌握一定能力之后与老师沟通，申报一个国家大学生创新训练项目。如能申报成功，我将在指导教师的悉心指导下，了解科研过程、训练科研方法，这将对我以后的研究工作大有帮助。在大三，我准备深入了解精仪学院的各个实验室，并选择自己较有兴趣的一个方面，与老师沟通争取加入实验室。在以后的工作中，科研能力比单纯的知识储备重要，所以，在科技飞速发展的今天，无论用人单位还是外国大学都更加注重这方面的能力。

第三，提高英语水平。就准备出国深造的我来说，学习英语必然十分重要。我对英语学习的要求就不仅仅像普通大学生一样，面对大学英语四、六级就可以了。我必须通过努力取得一个较高的托福和 GRE 分数。为实现这一目标，我制定以下措施：首先，增加英语词汇量，每日定量背诵单词。背单词是学习英语最为基础的事情。其次，口语能力的提升。出国留学就要在国外生活几年，拥有与人顺利交流的英语能力是生活的基本保障。我计划利用大一暑假与大二寒假的时间准备托福考试，并多参加几次考试以便取得更理想的分数，大二大三期间，准备 GRE 考试。此外，坚持与外国朋友交流。天津大学有许多外国留学生，尝试与他们交流并成为朋友对口语提升大有帮助。英语已经是我们这代人必会的语言了。

第四，提升组织与沟通能力。社会中大部分工作都需与他人合作完成，怎样组织他人、与他人沟通协作是影响工作成效的重要因素。组织与沟通能力需要在实践中逐渐提高。在大一一年中，通过参加社团、与团员们一起多次参与举办各类活动，我觉得自己沟通能力有很大提升。在大二及以后，我准备继续留在社团工作。通过我对社团的付出，留任部长甚至竞选主席等职位。相信这些经历对我的组织能力会有巨大的提升。

以上四条是我为大学生涯制定的目标。我将坚决地执行此计划，不做半途而废之人；决心要把所列的措施逐渐培养成自己的习惯。我相信：如果我坚持完成以上目标，一定能实现我出国深造的愿望，学成回国后，找到合适自己的工作，并在工作中发光发热！

×××（署名）□□○

×年×月×日□□

简析

这是一篇大一学生写的大学生涯规划，属于计划类文书。第一段用于交代制定计划的背景，说明制定计划的目的和意义。正文部分对四个方面进行了规划，有明确的目标和具体的措施。结尾部分表达了实现目标的决心。

这篇计划尚有一些需要修改完善之处。在字词方面，有语义搭配、短语结构使用欠佳等问题。例如，"成绩绩点达到3.70左右"语义搭配不当，"达到"不能和"左右"搭配。"大学本科着重于知识的传授"的"传授"使用不当，教师可说是传授知识，而学生学习不宜说自己注重知识的传授。"其次，口语能力的提升"可改为"其次，提升英语口语能力"。在计划类文书中，一般使用"动宾结构"而非"偏正结构"来表达目标，动宾结构主要用来表达"做什么"。在句子方面，有些语句多余，如"第三"部分的"英语已经是我们这代人必会的语言了"，可删。有些语句在文中的位置不当，如"第二"部分的最后一句，可以放在段首。

另外，学生撰写自己的大学生涯规划，默认的主体就是"我"。全文"我"字太多，可以删去一些。

第二节　总　　结

一、总结的含义

总结是党政机关、企事业单位、社会团体或个人对以往某个阶段或某方面的工作进行系统的回顾、检查、分析、评价，从理论上概括经验、教训，获得规律性的认识，以便指导今后工作的一种事务性文书。

○　文中一个□表示右空一字，读者在写作时应注意此格式规范。特此说明，下同。

二、总结的种类

可以从不同角度对总结进行分类。

按内容分，有学习总结、工作总结、思想总结、科研总结等。

按范围分，有单位总结、部门总结、科室总结、个人总结等。

按时间分，有年度总结、学期总结、季度总结、月份总结等。

按性质分，有综合总结、专题总结等。

综合总结又称全面总结，它是对某一时期各项工作的全面回顾和检查，进而总结经验与教训。专题总结是对某项工作或某方面问题进行专项的总结，尤以总结推广成功经验为常。个人总结是对个人的思想、学习和工作等方面的情况进行总结。总结也有各种别称，如自查性质的评估、汇报、回顾、小结等都具有总结的性质。

三、总结的写法

总结的结构由标题、正文、落款三部分组成。

（一）标题

总结的标题一般有三种写法。

（1）公文式标题。这种标题一般由单位名称、时限、内容、文种名称构成，如《××大学20××年度教学工作总结》。

（2）文章式标题。以单行标题概括主要内容或基本观点，不出现总结字样，但对总结内容有提示作用，如《继承创新　扎实工作　促进共青团的事业不断发展》。

（3）正副标题。这种标题分别以文章式标题和公文式标题为正副标题，正标题揭示观点或概括内容，副标题点明单位名称、时间、事由和文种，如《知名教授上讲台　教书育人放异彩——××大学德育工作总结》。

（二）正文

正文一般包括前言、主体和结尾三部分。

（1）前言。总结的前言一般用来说明相关背景、基本概况等，也可交代总结主旨并作出基本评价，其目的在于让读者对总结的全貌有一个概括的了解。大学生在写个人总结时，前言可写明个人的基本信息，然后对过去一段时间的思想、学习、社团、科研、社会实践等方面进行总体的自我评价，然后转入下文。如果是在社会工作中，总结的前言部分首先写上个人的基本信息和工作岗位的基本情况，然后对自己的工作进行简要的自我评价。如果是写一个单位、一个部门的工作总结，特别是党政机关的总结，一般在前言部分写明工作依据、指导思想、工作业绩的自我评价等。开头力求简洁，开宗明义。

（2）主体。总结的主体应包括主要工作内容、成绩及评价、经验和体会、问题或教训等内容，这是总结的核心部分，可按纵式结构或横式结构撰写。所谓纵式结构，即按主体内容纵向所做的工作、方法、成绩、经验、教训等逐层展开，这种结构比较适合单一性、专题性的工作。所谓横式结构，即按材料的逻辑关系将其分成若干部分，标序加题，逐一写来。

总结质量的优劣在于能否全面分析取得的成绩以及取得成绩的原因和做法，能否总结出带有规律性、理论性的经验。

（3）结尾。以归纳呼应主题、指出努力方向、提出改进意见或表示决心信心等语句作结，要求简短精练。如果主体部分没有指出工作中的缺点或存在的不足，可在结尾部分提及，并写明今后的打算和努力的方向。

（三）落款

如果总结的标题中没有写明总结者或总结单位，就应在正文右下方署名署时。如是报纸、杂志或简报刊用的交流经验的专题总结，可在标题下方居中署名。

四、总结的案例分析及写作技巧

案例分析 1

积极进取　超越自我
——大学一年级个人总结

我是××，男，天津大学精仪学院20××级工程科学实验班本科生，是一个乐观，向上的青年。大一这一年，我由懵懂的，被老师约束的高中生走向成熟的，自主自立的大学生。这一年来，有过开心欢笑，也有过疲劳低沉，但无论如何，这一年我已然走过。

简析

第一句交代基本信息，然后对过去的一年进行自我评述，作为个人总结的开头是可以的，但有些细节问题需要斟酌。①标点符号使用不当。句内语段中并列词语之间应用顿号，如"一个乐观、向上的青年""走向成熟的、自主自立的大学生"。②词语选用可推敲。如"被老师约束"用词不太贴切，可改为"需老师管教的"。"被"表示不情愿，而"需"则可表达出自己没有自我管理能力，而需要老师来管教。③"已然走过"，有什么感受，可以用一两句话来概括。

一、以学习为中心的学术大学

学生以学为重，首先谈谈学习。我是自主招生降分录取的学生，高考分数不及天津大学的分数线。刚开学时，我经常和我的小伙伴们笑着说："我是天大第一，倒数第一。"虽然我嘴上说得这么轻松，心里却很不是滋味，并下定决心，一定要做一个华丽的咸鱼翻身。这也决定了我这一年最大的努力方向。虽然到了大学，没有人约束着，但我并没有因此放纵自己去玩、去堕落。这一年，我坚持每天晚上自习，成为大家口中的学霸，甚至成为工科班"被封神"的人。这样的坚持让我换来了第一学期加权93.77的成绩，虽然不是很高，或者说比大神们还低了许多，但相比于我的入学成绩，算得上是一个突破了，至少突破了我自己。

尽管如此，学习的路上不是一帆风顺的，我遇到过困难，但我成功克服了它。

譬如第一学期的《经典力学》。这门课是学习麻省理工的视频资源，全英文教学，对于英语不怎么好的我来说，简直就是噩梦。有几次我甚至想要放弃，最后，我通过查阅资料，重复的观看视频，最终这门课的成绩是 97 分。

简析

①上面最后两段在语义上密切相关，不必分段。②有些句子的表达需修改，如"我通过查阅资料，重复的观看视频，最终这门课的成绩是 97 分"，可改为"我通过查阅大量文献资料，反复地观看视频，最终这门课获得 97 分"。

学习有苦也有甜。大一下学期非常累，但非常有收获。

下学期，是个汗水与微笑交织的时期，课程很多。但这里面，我学到了我认为最有用的两门课程——《中文沟通与写作》和《科技文明史》。通过《沟通》部分的学习，我学到了很多与人交往的技巧，这让我彻底告别了高中多学习，少说话的时代。我的家人也夸赞我突然变得特别有礼貌了。《科技文明史》任课老师的博学将我折服，通过这门课程，我了解了国内外科技文明的发展，当时的很多想法都深深地触动我的大脑，让我也开始产生一些奇怪的想法。

苦是什么？课程非常难，需要大量时间去消化，高数赶上了 QC 计划，加课加作业。不巧的是我又参加了数学竞赛，两次选拔均入围，不得不参加竞赛的培训，还要参加社研会的骨干培训，学院的分党校党课学习，有一段时间真的很累，很想放弃一个或者两个，但我还是坚持下来了，嘴上吐槽大学没有周末，但心里还是很平静的，至少这让我充实，事实证明，我的坚持是正确的。

这一年，在学习上我没有输给我自己。我再也不是那个倒数第一。要是为我今年的学习情况打个分，我会给自己 90 分，因为我相信，我明年的状态将会更好，我将不断地超越自己。

简析

①标点符号的使用有误，如《沟通》应改为"沟通"，"多学习，少说话"的逗号改为顿号等，具体标点符号的用法请参见《标点符号用法》（GB/T 15834—2011）。为节省篇幅，后文中的标点符号错误不再一一指出。②遣词造句方面还需锤炼。例如："《科技文明史》任课老师的博学将我折服，通过这门课程，我了解了国内外科技文明的发展，当时的很多想法都深深地触动我的大脑，让我也开始产生一些奇怪的想法。"这句话中的"折服"不太好，"折服"的意思是使人从心里屈服或服从等，学生对老师的博学应该用"佩服"更恰当。"通过这门课程……"，有语法毛病，可改为"通过这门课程的学习"。"触动我的大脑"中的词语搭配不太好。③此部分最后一段，"我"字出现的频率太高，

可以适当删除几个，以避重复。④ "我没有输给我自己" 一句可商榷。"没有输"，不一定就是赢。为什么从 "输" 的角度来看待呢？建议改为 "我战胜了我自己。" 同样的意思，但是所反映的心态不一样。

二、以社团锻炼为辅助的能力大学

我的大学不能只有课本学习，我一直认为，大学里最重要的是获得知识，获得能力，而社团是可以锻炼能力的地方。为了不影响我的学习，我只加入了两个社团。

第一个社团是校级社研会，这是我非常看好的社团，在这里，有很多能力非常强的伙伴。我积极参加活动，相互学习，发现了自身的好多不足，也把自己的才智发挥到这个团体中。例如，高中的我，不敢在众人面前讲话；在社研会，我主动参加了见面晚会的游戏主持人，主持大家玩游戏，这次活动很成功，我的主持赢得了部员们、部长们和主席团所有七位主席的好评，也让我成了这个大家庭中的 "知名人物"。最值得欣慰的是，有过这次经历，不论在多少人面前讲话，我都会镇定自若，这一点的突破是非常有价值的。

简析

此部分第一段写 "我只加入了两个社团"，但文中只写了 "第一个社团是校级社研会"。如果第二个社团不详细写，也需提及一下，否则，文意就不完整了。

这一年，为了学到课本上没有的东西，我参加了大大小小的活动，譬如策划精仪学院学生科技协会项目部的见面会话剧，参与了 "研途杯" 场地的设计与布置，用一架摄像机为校歌校史大赛留下了美丽的回忆……了解到了一些团队合作中可能会突然出现的问题，积累了宝贵的经验。

这一年，我最大的遗憾是没有成为班委一员，因为开学时我担心自己能力不足，不能胜任，毕竟当时是倒数第一嘛，不过在一年的班级活动中，虽然我不是组织者，但我是最积极的参与者，支持者。没有关系，不管是谁，都可以为这个班级做贡献，支持班级工作就是为班级做贡献。

三、以多彩生活为中心的娱乐大学

除去学习和社团，就是大学的生活了。上学期，我学习了网球，并也迷上了它，所以我每周会抽出一小时左右的时间去打网球，愉悦身心，丰富课余生活，锻炼身体。

生活中，我最最最大的快乐是和我工科班的小伙伴们在一起，我们一起成就了具有工科班特色的大学生活道路。虽然来自全国各地，我们仍然像亲兄弟，亲姐妹，工科班的友谊是我这一年最大的收获，也将是我一生中最值得珍惜的东西。我们经常为同学举办生日庆祝会，共同经营着属于我们工科试验班这个温馨的家。

这一年，我很快乐。同时，我也会继续坚持，不断的积极进取，不断地超越自己，希望大学毕业后回想大一入学的自己，会认为当时是很幼稚的。

简析

①关联词、连词等使用有误。如"我学习了网球，并也迷上了它。"应去掉"也"字。②助词"的、地、得"的使用问题。有人主张状语后的"de"和定语后的"de"都写成"的"，以减轻学习负担。我们认为，把状语后的助词"de"写成"地"已经成了许多人的习惯，它有分清结构性质，避免定语、状语混淆的作用。"同时，我也会继续坚持，不断的积极进取，不断地超越自己……"可改为"今后，我会继续坚持，不断积极进取，不断超越自我……"。

总评

这是天津大学工程科学实验班一位同学的个人学年总结，我们能从文中看到他勤奋、好学、积极、执着的学习和工作态度。这篇总结很好地回顾了过去一年的大学生活，但总结的意义还在于总结经验教训，指导和推动下一步的学习和工作。因此，文中还可增加一些内容，如战胜了曾经倒数第一的自己后，下一步的目标、如何不断超越自我等。

案例分析 2

天津港保税区 20××年工作总结

（前言略。）

一、项目先导、创新驱动，助力区域经济发展

（一）高端高质产业不断聚集。落实制造业聚焦精华、服务业拓展高端、科技业追逐前沿战略。航空产业取得新发展，空客 A320 天津总装线交付第 200 架飞机，签署《空客中国总装线二期合作协议》、《空客天津 A330 完成和交付中心及客舱供应发展谅解备忘录》、《空客宽体机项目合作意向书》。高端装备制造和大众消费两大支柱产业加快聚集，新引进金佰利、统一饮品、大众变速箱系列项目等。新一代信息技术和生物医药两大主导产业规模逐步扩大，清华紫光、纳通医疗系列项目落户。高端服务业快速发展，一批总部金融、贸易物流等服务业企业落地，国寿养老、神州租车项目入区。

（二）科技创新体系不断完善。（略）

（三）"促惠上"成效不断显现。（略）

二、拓展功能、强化服务，管理效能实现提升

（四）功能开发有新进展。（略）

（五）审批改革有新突破。（略）

（六）管理服务有新转变。（略）

三、规划先行、建设支撑，区域配套日趋完善

（七）规划建设开拓新局面。以"八大亮点"、"两湖一路"、"土地整合"为抓手，完成二期商务生活区、空港四期城市设计，推进空港经济区控规编制、综合保税区围网调整和航空产业规划编制。（略）

（八）优质配套提升载体功能。（略）

四、科学管理、依法治理，美丽空港建设提速

（九）城市管理水平提高。（略）

（十）环境保护收效显著。（略）

五、加强保障、促进和谐，社会事业全面发展

（十一）公共服务加快发展。（略）

（十二）社会保障力度加大。（略）

（十三）就业总量质量同增。（略）

（十四）安全稳定局面良好。（略）

六、精细管理、服务区域，控股公司主导产业竞相发展

（十五）控股公司实力全面提升。（略）

七、巩固党建、强调作风，干部队伍建设加强

（十六）党的建设扎实推进。（略）

（十七）作风建设持续加强。（略）

（十八）廉政建设不断深入。（略）

简析

　　这篇总结中各大部分的标题拟定得很好。利用这个案例，我们来分析拟定总结各级标题的一些写作技巧，同时讲解标点符号使用规范。

　　（1）总结标题的写作技巧。除了总结的主标题外，文中的标题可分为一级标题、二级标题、三级标题等。从这篇案例来看，正文部分的一级标题多采用"动宾结构＋主谓结构"的表述方式。例如：

【扫码看视频】
总结的写作技巧

　　二、拓展功能、强化服务，管理效能实现提升

　　三、规划先行、建设支撑，区域配套日趋完善

　　四、科学管理、依法治理，美丽空港建设提速

　　五、加强保障、促进和谐，社会事业全面发展

这些一级标题的前八个字，多用来概括具体的措施和典型的做法，后半部分则用来表达工作成效。从总体来看，每个标题的格式和字数协调一致。在一级标题之下还可设

置二级标题，二级标题多采用"主谓结构"（如不独立成段，则作为段落中心句来使用）。例如：

（十）环境保护收效显著。

（十一）公共服务加快发展。

（十二）社会保障力度加大。

（十三）就业总量质量同增。

每个二级标题都是一个主谓结构，前面是主语，说明工作内容，后面是谓语，表达工作效果。相比而言，计划则多采用动宾结构来表达工作措施，若是计划，在语言表达上则是这样的：

提升环境保护收效

加快发展公共服务

加大社会保障力度

提高就业总量质量

通过比较，我们就把握了总结和计划在短语结构上的特点和写法。

（2）标点符号的使用规范。在案例中，"《空客中国总装线二期合作协议》、《空客天津A330完成和交付中心及客舱供应发展谅解备忘录》、《空客宽体机项目合作意向书》"三对书名号之间使用了顿号；"八大亮点"、"两湖一路"、"土地整合"，这三对引号之间也使用了顿号。

根据《标点符号用法》（GB/T 15834—2011），"标有引号的并列成分之间、标有书名号的并列成分之间通常不用顿号。若有其他成分插在并列的引号之间或并列的书名号之间（如引语或书名号之后还有括注），宜用顿号。"

示例1："日""月"构成"明"字。

示例2：店里挂着"顾客就是上帝""质量就是生命"等横幅。

示例3：《红楼梦》《三国演义》《西游记》《水浒传》，是我国长篇小说的四大名著。

示例4：李白的"白发三千丈"（《秋浦歌》）、"朝如青丝暮成雪"（《将进酒》）都是脍炙人口的诗句。

示例5：办公室里订有《人民日报》（海外版)、《光明日报》和《时代周刊》等报刊。

第三节　事迹材料

一、事迹材料的含义

事迹材料，又称典型材料，一般有两种用途：一是宣传典型，二是评选先进。用于宣传的事迹材料是党政机关、企事业单位用于表扬先进、树立典型，使广大干部群众见贤思齐，有所效仿，从而尽心竭力地做好本职工作而如实记载和反映工作、学习中涌现出来的先进集体、先进人物的优秀事迹的书面材料。用于申报、评选先进集体或个人的事迹材料，是有关单位或部门为引导良好风气、推动工作、激励后进等原因，组织相关先进典型的评选，有关个人根据评选要求撰写的事迹材料，以便评选活动的组织单位考评。

二、事迹材料的种类

根据事迹材料的性质，可分为正面典型材料和反面典型材料。正面典型材料，又叫先进事迹材料，可以起到积极的示范带动作用，具有树立先进典型、引导良好社会风气的积极意义；反面典型材料可以起到警示的作用，一般不独立使用，往往结合正面典型材料使用，有利于党政机关、企事业单位或个人受到正反两个方面的教育或警戒。

根据事迹材料的对象，又可分为个人事迹材料和集体事迹材料。在此，以先进个人事迹材料的写作为例进行讲解，先进集体事迹材料的写作可仿此。

三、事迹材料的写作

事迹材料一般由标题和正文两部分组成，正文又可细分为开头、主体和结尾三部分。

（一）标题

事迹材料的标题一般有三种写法。

（1）公文式标题。一般由单位或个人的名称、内容、文种构成，如《××竞选××大学十佳杰出青年事迹材料》。

（2）文章式标题。以单行标题概括事迹材料的主要内容，如《学海无涯唯奋斗　敬业奉献知感恩》《走科学发展之路　行党员带头之风》。

（3）正副标题。分别以文章式标题和公文式标题为正副标题，如《承担责任　放飞思想——申请国家奖学金事迹材料》《追求卓越品质　树立行业标杆　建设党和人民信赖的高水平律所——××律师事务所申报"全国优秀律所"事迹材料》。

（二）正文

1. 开头

先进事迹材料的开头部分一般用来简要介绍先进个人或先进集体的基本情况。下面介绍开头部分的四种撰写模式，在具体的写作中，这四种模式还可以综合运用。

（1）基本信息呈现式开头。交代清楚个人的姓名、性别、学校、专业、现状等基本信息，然后用一两句话自我评价，自然过渡到下一部分。这类写法适合向上级部门申请奖学金、申请助学金、申请先进个人、竞选十佳杰出青年等。

（2）理想信念式开头。一开头就写自己的远大理想，并为之努力奋斗，现在终于达到了什么状态，取得了什么成绩，这些成绩的取得源于什么，并由此转入下文。这类写法适合各类典型人物的竞选，如先进共产党员、优秀学生干部、道德类的先进个人、教书育人先进工作者等。

（3）他人角度式开头。以第三人称的角度来撰写，为别人写事迹材料，或者写别人眼中的自己，以突出自己的与众不同。这种开头方式适合介绍成功经验、宣传先进事迹，不适合本人做竞选先进个人的口头事迹报告。这种开头方式的适用范围很广泛，如撰写人物通讯、进行宣传展示、进行网络投票等。

（4）落差悬念式开头。这种开头不太好写，写好了就很容易打动人、感染人。写一个人从平凡平庸到优秀，把不可能变成可能，写出一种出人意料而又在情理之中的感觉。这种开头比较适合自强之星、道德模范、年度人物等类型的事迹材料。

2. 主体

主体部分应与开头部分自然衔接，过渡自然。主体部分用来具体、准确、完整地介绍先进者的典型事迹或成功的做法。在结构安排上，主要有两种写法。

（1）总分式。在开头部分总体概括、评述，正文部分逐一展开。在"分"的部分，可以按事迹的主次、递进、因果等内在关系来安排顺序。这种结构安排适合单一性质的典型材料。

（2）并列式。这是一种常用的文章结构，但并非真正的并列式，每项内容之间也是有重点、有逻辑关系的。每项内容可采用小标题进行概括，每个小标题就是一个先进、一个典型。每个事迹的篇幅要尽量保持均衡、协调，然后用一条主线把各个小标题串起来，否则整篇材料就会很散，主题不集中。

具体内容的撰写应寓先进事迹或典型经验于具有代表性的具体实例之中，可以使用量化的数据加以说明，以增强感染力和说服力。主体部分不要追求"大而全"，一般选取三个或四个角度来塑造典型、体现先进。如果太少，不足以丰富人物的立体形象；如果太多，想面面俱到，反而没有特点。

3. 结尾

结尾部分可以阐明先进事迹的意义，进行总体的评价，或者对未来进行展望，或者对自己进行激励等。如果是用于宣传的事迹材料，可以提出向先进学习的倡议或号召。事迹材料的结尾部分不是必需的内容，大多数事迹材料有结尾部分。不同性质的事迹材料可采用不同的结尾方式，下面介绍四种常用写法。

（1）总结陈述式。用一段话对上文所提到的先进事迹进行总结，指出事迹的先进性和典型性。这也是一种用来点题或首尾呼应的写法。

（2）展望未来式。主体部分所提到的事迹是以往所取得的成绩或典型的做法，面对未来，可以提出初步设想，以便今后做得更好。

（3）自我激励式。可以简单阐述学习、工作中的一些经验，说明成绩的取得源于什么，这些经验和成绩对未来学习或工作有何促进作用，并把受到相关表彰视为对今后工作的一种激励。

（4）人生思考式（哲理式）。在结尾部分，提出一些值得思考的问题，启发读者进一步思考什么样的人生才是有意义、有价值的人生。这种方式比较适合道德模范、自强之星等类型的事迹材料。

四、事迹材料的案例分析及写作技巧

追求卓越品质　树立行业标杆
建设党和人民信赖的高水平律所
——××律师事务所申报"全国优秀律所"事迹材料

××律师事务所（简称××律所）成立于 2007 年，在唐山、郑州、哈尔滨、天津市河北区设有分所。先后成立党支部和党总支，在服务社会服务大局的专业发展领域深耕细作，树立行业标杆，建设党和人民信赖的高水平律所。

一、坚持政治引领党建先行，为律所发展保驾护航

1. 律所始终把党建工作摆在重要位置

××律所秉承"党建促所建，党务强业务"的理念，把党建工作摆在重要位置。党总支下设 4 个党支部，依托"三会一课"，利用多种形式开展党建活动；设有党员活动室和每年 10 万元的党建经费，保障党建工作常态化。

2. 守初心担使命，主题教育取得显著成效

××律所党总支开展"不忘初心、牢记使命"主题教育，由党总支书记带队，指派优秀党员律师进驻政府、企事业单位、社区、乡村等进行法律义务咨询，接待咨询群众百余人次，并建立了常态化的义务咨询制度。

3. 充分发挥党组织战斗堡垒作用和党员先锋模范作用

重大疑难复杂案件优先安排党员律师承办；每年七一建党日党员律师接待咨询群众均达百余人次；指派党员律师参加政府和社会机构主办的法律宣传活动，每年达数十场；党员律师投身扶贫工作，长期服务 24 个基层社区、1 个司法所、25 个村、10 个村委会。

二、探索公司化管理，为专业化发展凝心聚力

1. 加强制度建设，规范律所管理

××律所坚持民主决策，律所管理模式公司化。自上而下设有律所合伙人会议、律所管理委员会、各业务管理委员会；设立财务、人力、考评委员会等部门；统一招聘、考评、财务核算和分配；制定了规范完善办案流程，精确把控案件细节；建立整套完善的制度，做到用制度管人、用待遇留人。

2. 加强业务建设，突出专业特色

律所精于刑事辩护，成立 6 个部门，实现业务精细化，代理各类刑事案件万余起，其中不乏影响力的大案要案，更有数起一审判处无期经辩护二审改判无罪的经典案例。办理刑事案件数量连续多年居全国前列。成立民商事业务部，下设 6 个分部。担任几十家政

府机关及政府职能部门的法律顾问，全面参与法治政府的建设工作；为各类企业提供法律顾问的工作。

3. 加强文化建设，以文化凝聚人心

环境熏陶，塑造品格文化。青花元素在××律所随处可见，青花瓷乃良瓷，与"良知"谐音，做有良知的律师，任岁月变迁初心不忘！

精雕细琢，彰显工匠精神。争做能工巧匠，将精益求精的工匠精神融入案件每一个环节，把维护当事人的合法权益作为永恒追求。

诚信服务，打造律所形象。切实依法办案，维护当事人的合法权益，实现社会的公正。诚信履行职责，树立律师良好形象。

回馈社会，发展公益文化。在普法援助、扶贫济困等方面投入资源，多次荣获法律援助先进集体、优秀志愿者服务站、维护妇女儿童权益先进集体等荣誉。

三、服务大局主动担当，为法治天津建设贡献力量

1. 发挥专业优势，助力天津市出台金融法规

2017年，××律所接受天津市政府指派的《天津市融资担保公司管理办法》起草任务，经反复研究论证，多方征求意见，修改近30个版本，最终获得市政府常务会审议通过。

2. 做好顾问服务，助力政府依法行政

2019年，××律所共代理市政府委办局和区级政府等顾问单位行政案件70余件，审核规范性文件12件，参加法律咨询35次，出具法律意见书44份，审查合同136份。持续为××区政府和××区政府提供专项法律服务，成功解决诸多历史遗留问题，节约资金上亿元。

3. 工作重心前移，助力非法集资的防范与处置

律所受市金融工作局委托，组建团队进驻工作，重点针对非法集资行为出具了调研报告，为金融局打击非法集资行为提供参考，得到市政府领导和国家处非联办领导的高度评价。

四、旗帜引领党员示范，为抗击新冠肺炎疫情尽心尽力

1. 凝心聚力，全员参与"抗疫"

新冠肺炎疫情发生后，××律所成立疫情防控领导小组，严格落实防控要求，确保防疫政策精准落地。律所员工捐款19万元，向天津市援鄂医护人员、一线防控工作者捐赠物资；10名党员深入社区值守防控疫情岗位。

2. 答疑解惑，创新服务方式

疫情期间，律所律师线上办公，为客户提供优质高效的法律服务。就政府、企业、民众普遍关注的法律问题进行解读，律所官方微信公众号推送疫情相关文章近30篇。

3. 针对防疫，提供法律意见

××律所针对疫情期间涉及的法律问题成立了专业法律服务团队，主动联系顾问单位，询问疫情期间面临的困难，并出具了数十份相应的法律意见。

五、无私援助热心公益，为社会公益事业添砖加瓦

1. 法律援助，普法宣传献爱心

积极参与法律援助和普法宣传，履行法律援助义务，先后获评第五届全国法律援助工作先进集体和全国维护妇女儿童权益先进集体。

2. 聚焦媒体，传递法治献智慧

律所律师连续十年担任天津电视台法制栏目嘉宾，参与400多期法制节目，被天津电视台授予"法眼大法庭法律援助基地""法眼大律师法律援助基地"，充分发挥律师在法治建设中的作用。

3. 济困扶贫，精准救助献真情

在爱心助学、扶贫济困、慈善捐赠等领域贡献力量，捐款200余万元。2019年，律所助力脱贫攻坚，承接"一带一路"倡议共享发展的重要任务，与甘肃省相关县政府签署扶贫帮扶框架协议，捐款逾50万元。

简析

这篇事迹材料是××律师事务所用于申报全国优秀律师事务所的材料。从整体来看，文章标题和文中各级标题拟定得很好。

编者在工作中看过一些同学写的先进事迹申报材料，有些不写标题或者标题拟得不好。有些同学将标题直接写成"我的事迹材料"或者"申请××事迹材料"，这样的标题不好。一是没有突出自己与其他申请人的区别，二是没有将自己的优势显现出来，需要读者看完材料后去理解、体会。不少同学撰写事迹材料时，先不拟定题目，而是把事迹材料写好后，最后写标题。这种做法是本末倒置的，这样容易造成文章中心、重点不突出，甚至会影响文章的结构和选材。

这篇案例材料采用了正副标题的形式。正标题采用一个短语或一个对偶句，将事迹材料进行归纳、总结，形成一个有特色的标题。拟定标题时，一要突出先进，二要突出特色，语言要优美，富有文学气息，就是力求文雅、高雅一些。副标题采用破折号引出，用于写明申请什么奖项的事迹材料。如果不是用于申报、评选的，而是用于宣传的事迹材料，可以不用副标题。除了全文大标题外，事迹材料中一般陈述三四个方面的典型事迹，每项内容应采用小标题进行概括。事迹材料的更多写作技巧可以扫描二维码，观看视频讲解。

【扫码看视频】
事迹材料的写作技巧

这篇案例总结了××律师事务所近年来在党建、管理、业务、抗疫和社会公益方面的做法和成效，其中使用了很多数据，这些数据都是采用阿拉伯数字，这样的写法是规范的。

在应用写作中，汉字数字和阿拉伯数字的使用是有相关规范的，需要按照国家相关标准来使用。读者可查看《出版物上数字用法》（GB/T 15835—2011）。

第四节 述职报告

一、述职报告的含义

述职报告是指担任领导职务的干部或单位负责人，根据制度规定或工作需要，定期或不定期向选举或任命机构、上级领导机关、主管部门以及本单位的干部群众，汇报自己履行岗位职责情况和德、能、勤、绩、廉等方面情况的一种文种。

述职报告是工作报告中的总结性报告，主要是用于干部管理考核的一种专用文种。述职报告的作用是使上级或人事部门和群众了解和评定领导干部个人或集体的政绩，预测其发展潜力，进而更好地完成工作任务。党政领导干部述职始于实施公务员制度之后，随着述职报告的广泛使用，述职报告也可用于考核各级各类工作人员履行岗位职责的情况。对于没有一定职务的工作人员来说，常称为"工作业绩报告"，这就是广义的述职报告。

二、述职报告的种类

述职报告的分类，可以从不同的角度进行划分。

（一）从内容上划分

（1）综合性述职报告。报告内容是一个时期所做工作全面的、综合的反映。

（2）专题性述职报告。报告内容是对某一方面工作的专题反映。

（3）单项工作述职报告。报告内容是对某项具体工作的汇报，这往往是临时性的工作，又是专项性的工作。

（二）从时间上划分

（1）任期述职报告。这类报告是指对任现职以来的总体工作进行报告。一般来说，任期时间较长、涉及面较广的，要写出一届任期的情况，一般用于任期考核。

（2）年度述职报告。这类报告是指一年一度的述职报告，写本年度的履职情况，一般用于年度考核。

（3）临时性述职报告。这类报告是指担任某一项临时性的职务，写出其任职情况。例如，主持了一项科研项目，或组织了一项体育赛事，写出其履职情况。

（三）从表达形式上划分

（1）口头述职报告。这类报告是指需要向选区选民述职，或向本单位职工群众述职的，用口语化的语言写成的述职报告。

（2）书面述职报告。这类报告是指向上级领导机关或人事部门报告的书面述职报告。

（四）从功用上划分

（1）考核述职报告。这类报告是指担任某一领导职务的干部向上级主管部门汇报自己履行干部岗位职责的报告，是上级主管部门考核、评估的依据。

（2）竞聘述职报告。这类报告是指在公开竞聘某一领导岗位时，竞聘者向聘任机构或组织汇报自己履行原岗位职责的报告，是上级组织部门任免、使用干部的依据。

三、述职报告的内容

述职报告虽以"报告"为名，但与作为党政机关公文的"报告"却不是同类文种，内容、功能和作者身份都有很大不同；述职报告与工作总结和个人总结倒有不少相似之处，但写作内容及相关要求也有所不同。

述职报告的内容，不同行业、不同层次的领导各不相同，但不论哪一行业、哪一个级别和层次的领导的述职报告，都应该具备以下几个方面的内容。

（一）岗位职责

述职报告首先要简明扼要地介绍自己的基本情况，如所任职务、任职时间等，然后介绍自己的岗位职责范围，即自己分管的工作、任职期间的主要工作目标等。之所以要介绍，是因为岗位职责是群众评议和干部考核部门衡量述职者是否称职的标准。同一层次甚至同一职位的领导，因为分工的不同其职责范围各不相同，但岗位职责是任何一个职位都具有的。

（二）指导思想

指导思想是每一位领导干部开展工作不可缺少的前提条件。领导干部的工作有其目的性和原则性，那就是站在党的立场，依据党和国家的政策法规去观察事物、分析问题、处理问题、开展工作。没有正确的指导思想，没有对党和国家的方针政策的深入领会，就不可能辨明工作中的是非曲直。只有在正确思想的指导下，才能看清事物的本质，找出存在的问题，采取正确的方法，从而很好地完成本职工作。

（三）主要工作

主要工作部分是述职报告的核心内容。报告者要向组织、向群众如实汇报自己所做的主要工作。工作过程中所取得的成绩以及由此带来的经济和社会效益，工作中出现的失误以及由此造成的损失，都要一一汇报。具体说来，主要包括以下几个方面：自己主持开展了哪些工作，结果如何；协助别人开展了哪些工作，结果如何，自己所起的作用如何；在任职期间，党和国家有哪些方针政策出台，自己是如何贯彻执行的，效果如何；在任职期间，上级有哪些重要指示，自己是如何落实的，效果如何；在工作实践中遇到了哪些新情况和新问题，自己是如何处理的。以上各点，都应包括成功和失误两个方面，不能只说成绩，报喜不报忧。

（四）经验教训

对自身的工作实践，还要能够概括出一些规律性的认识，其中包括成功的经验有哪些，今后应该如何应用；失败的教训有哪些，今后应该如何防止。这部分内容要有分析研究、集中概括，要提高到理论的高度来认识。对于教训，还应着重分析造成失误的主客观原因，明确自己应承担什么样的责任。

四、述职报告的写法

述职报告的结构一般由标题、称谓、正文和落款四部分组成。

（一）标题

述职报告的标题有多种写法，大致可分为单标题和双标题两种模式。

1. 单标题

1）只用文种名称作标题，如《我的述职报告》或《述职报告》。

2）由时间和文种构成，如《20××—20××年度述职报告》。

3）由职务和文种构成，如《××学院院长述职报告》。

4）由职务、时间、文种构成，如《××大学校长办公室主任20××年度述职报告》。

2. 双标题

双标题由正标题和副标题组成，将内容的侧重点或主旨概括为几个短语作为正标题，以年度和文种构成副标题，如《深化本科生教育改革　提高本科生培养质量——教务处处长20××年度述职报告》。

（二）称谓

若是向上级机关呈送的述职报告，应写明受文机关；若是向领导和本单位干部职工口头述职报告，则应写明称谓（称呼）；若是用于公示的述职报告，可以不写称谓。

（三）正文

正文一般包括前言、主体和结尾三部分。

1. 前言

前言部分一般包括三个方面的内容：一是任职情况，包括任职时间、担任职务以及变动情况等；二是岗位职责和考核期内的目标任务；三是对任职期间的履职情况进行总体自评。这三个方面的内容都要简略地写，写一个自然段即可。有时，因工作变动等原因，上述三个方面的内容在写作中可以灵活处理，有些内容可写入主体部分。

2. 主体

主体部分是述职报告的核心，是考核评议的主要依据，主要写工作思路、工作业绩、经验体会、问题及教训，以及今后的努力方向、目标或打算。用于考核的述职报告，应当侧重陈述工作业绩、总结经验教训；用于竞聘的述职报告，需重点写原岗位的工作思路、应聘岗位的初步设想，向组织部门或选聘单位展示自己的工作能力和领导能力。

主体部分的写法大致有以下三种。

（1）工作项目归类式。这种形式即把自己所做的工作按性质加以分类，如管理方面、科研方面、教学方面、后勤方面等，一类作为一个层次依次进行陈述。自己主持开展的工作和协助别人开展的工作要分开写。对自己取得突出成绩的工作、有创造性开拓性进展的工作要重点写；一般性、日常事务性的工作要简略写。

（2）时间发展顺序式。这种形式即把任期内的工作情况按时间先后顺序分成几个阶段来写。这种形式在任期述职报告中经常采用，因为任期时间较长、涉及面广，所做的工作和存在的问题较多，这样写便于归纳总结，以展现工作的全貌。

（3）内容分类集中式。这种形式是最常用的，一般分为主要工作、工作思路、成绩效益、经验教训、存在问题和对策等内容。

3. 结尾

结尾部分一般用"专此述职""以上报告，请审阅""特此报告，请审查""以上报告，请领导和同志们批评指正"等语句作结。必要时，可以安排一个专门的结尾部分放在结束语之前。可以对自己做一个基本的总结性评价，也可以简要说明自己的一些体会或今后的打算，这些内容如果前面已经提及，也可不写。

（四）落款

在结尾之后，署名署时。署名也可以放在标题之下。

五、述职报告的案例分析及写作技巧

××同志工作业绩报告

××，男，中共党员，汉族，生于×年×月，××学历，××学位，副教授。曾任××大学××学院团委书记、科技处××科科长（办公室主任），×年×月任××大学后勤服务集团副总经理至今。工作中，经历了学校基层党团工作、学校机关管理工作和学校后勤保障工作等岗位。在组织和领导的关心帮助下，积极提升大局观，在不同的工作内容中完成岗位和身份的转变，在实践中提高工作水平，取得了一定的成绩，现总结汇报如下。

一、不断强化政治素质，努力提升工作水平

养成良好的学习习惯，坚持不懈地学习党的理论和方针政策，坚持理论联系实际，用行动践行入党誓词。在注重自身理论学习和党性修养的同时，注重发挥党员模范带头作用，廉洁自律。在担任基层学院团委书记期间，带领学生党员、团员青年加强党团建设，学生团支部荣获××大学优秀团支部。

×年，由组织推荐参加教育部思政司组织的国家教育行政学院第×期全国高校辅导员班主任骨干培训班，使我有机会开阔视野，提升了工作理论水平。不断地学习积累，使我自身知识结构更加完善，为适应不同工作的需要，奠定了基础。

二、立足本职工作，服务学校大局

×年参加工作至今，从××大学基层党团工作到机关行政工作，再到后勤保障，我积极适应不同岗位要求，始终坚持围绕学校中心工作，努力提升自身的大局观和执行力。

1. 围绕"育人第一"，探索工科学校对艺术类学生管理方法

××学院于×年正式启动，是当时××大学唯一的艺术类学院。面对专业特点突出、学生对理工科环境认同感低的状况，如何探索工科学校对艺术类学生的有效管理方法是一个新的课题。在担任该学院辅导员和团委书记期间，按照学院"遵循艺术教育规律，适应××大学管理"的思路，针对学生特点，找准突破方向，积极探索。

以专业特点为切入点，多种途径和方法做好思想教育工作。首先，抓好迎新、入学教育

阶段；其次，抓住教育契机，开展主题教育活动；再次，抓住学生党团组织开展教育工作。实现艺术类学生在理工科学校的契合。

做好顶层设计，加强学生自我管理与服务。注重发挥学生的主动性，增强学生的自我管理意识，引导学生进行自我服务。创立"年级工作委员会"制度，牢牢抓住学生党员、学生干部、专业骨干三支队伍，培养一支高素质干部队伍，提高学生的自我管理能力，有效深入地推动学生日常管理工作。

树立优秀典范，开展朋辈教育引领学生成才。通过挖掘学生中的典型人物，充分发挥青春榜样的示范、带动和辐射作用。如表演系一名学生获"世界大学生先生"国际荣誉，动画系一名学生获得有××大学诺贝尔奖之称的"学生科学奖"，这是该奖项设立以来首次由艺术类专业学生获得的。通过典型的示范作用，引导学生把个人价值的实现和成才需要紧密结合起来，不断提高自身综合素质。

2. 围绕"两个聚焦"，强化科技处办公室职能

×年×月至×年×月，担任××大学科技处××科科长（办公室主任）。我深刻意识到办公室工作的承上启下作用，是机关和基层的桥梁，是协调部门间关系的纽带，是保证工作正常运转的中枢。为使科技处办公室在学校科技工作中发挥更大的作用，积极采取有效措施。

广泛学习、把握政策，办公室参谋能力不断提升。积极学习业务知识，了解学校科技信息，及时掌握科技工作进展，共计编撰8期××大学科技工作简报——《科技聚焦》，参与完成《××大学科研情况介绍》，积极为学校科技工作发挥参谋助手作用。

规范制度、创新方法，办公室执行能力逐步加强。制定和完善科技处内部管理规定，如公章管理使用制度、值班制度，参与制定保密制度、计算机安全管理制度等。以建立合理和稳定的机制，保证执行过程中的统一性，提升工作效率；任用学生助理并成立科技处学生助理小组，分担日常工作，充实办公室人力资源。在美国××部部长×××访问××大学期间，科技处办公室参与承担主会场接待工作，取得良好效果。

统筹兼顾、服务基层，办公室协调能力显著增强。在纵向协调上，利用办公室了解政策、明确信息，了解学校意图等条件，积极为基层工作出点子、理思路、谋对策；在横向协调上，通过联系、沟通、调解、协商等方法，统筹各部门关系，形成有效合力，避免矛盾上交；在内部协调上，通过紧紧抓住重点工作和急难事务，带动办公室有侧重地开展工作。通过三个方面的协调，实现上下之间、部门之间和人员之间统一思想、协调行动，有效地发挥整体能力。

3. 促进后勤集团服务能力，为学校发展保驾护航

×年×月担任后勤服务集团副总经理，分管商贸服务中心，×年×月，又分管会议接待中心。在工作关系上，找准工作定位，对正职做到服从而不盲从、到位而不越位；对其他副职配合而不旁观、补台而不拆台；对下级宽宏而不刻薄。在工作内容上，按照集团"以服务为根本，以经营促服务"的理念，通过规范运营，提升服务能力，确保商贸服务中心和会议接待中心对后勤集团的造血功能，实现集团社会效益和经济效益的双丰收，为学校事业发展提供更加优质的服务保障。

加强制度建设，打造运营标准化。建立健全商贸服务中心管理组织架构，制定并实施绩效目标考评体系和《商贸服务中心员工工资制度》等一系列内部管理办法，强化目标管理和过程控制相结合的管理模式。在此措施推动下，平稳渡过×年全国"用工荒"，员工队伍结构趋于合理。

完成了以速达系统为基础的进销存模式的建立，各超市采取集中采购、统一管理、资源共享、在线沟通的运营模式，增强质量意识、满足师生需求、降低运营成本，提高企业运营的成熟度，同时保证了采购环节的廉洁性。

延伸经营链条，实现服务高水平。商贸服务中心整合学校多方资源，做大做强连锁品牌，在教学楼内增设服务区，为广大师生在课间提供茶歇休息服务，增强市场竞争力；会议接待中心多方筹资400余万元改造升级招待所软硬件，在提高服务水平的同时大幅增加经济收入。

文化融入商业，引领消费意识。变"生意人"为"经营者"，不断增强对学校的热爱和对师生的关心，商贸服务中心提供工作岗位供学生勤工助学，鼓励学生创业。会议接待中心招待所参与网络团购活动，引领校内消费意识。

一年多来，师生对商贸服务中心和会议接待中心满意度不断提高，商贸服务中心商品种类增加28.8%，销售额增加71.6%，会议接待中心销售额增加21%。两个中心的员工在后勤职工文化节、学校红歌大赛等活动中也表现出了良好的精神面貌，进一步形成了上下一体、真抓实干的良好局面。

三、所获荣誉

在领导和同志们的帮助下，我也取得了一些荣誉，如×年获××大学管理育人先进工作者，×年获××市新长征突击手等称号。

工作虽有一些成绩，但我始终清醒地认识到自身还有许多不足。在未来的工作中，还需要继续磨炼意志，进一步提高个人素质和工作水平，不辜负组织的培养和期望。

简析

这是一篇用于干部竞聘的述职报告，写得很全面，工作思路、工作成效、经验体会都分析得很深入，文章结构安排合理，重点突出。

（1）称谓。这篇述职报告在所在单位进行了公示，用于公示的述职报告可以不写明称谓。

（2）开头。写明述职者基本信息、任职情况，并对任职期间的履职情况进行了总体自评。

（3）主体。首先写自己的思想政治素质，这是开展工作的前提。然后根据三个不同岗位分了三个小部分，分别列出小标题，每个小标题都是对每个部分主要内容的概括。这些小标题鲜明醒目地显示了工作内容、工作思路，这样的结构方式概括性强、中心突

【扫码看视频】
述职报告的写作技巧

出、脉络清晰。

（4）结尾。采用谦虚式写法，"不足之处"写得稍显简略。

（5）具体写法。这篇述职报告的遣词造句很有特点，下面作具体分析。

① 在"做好顶层设计，加强学生自我管理与服务"部分，很精练地概括了述职者从事学生管理的工作思路和具体做法，很好地做到了"虚实结合"。学生工作十分烦琐，从中概括出几条举措即可。这里使用了很多体现工作能力的动词，如"注重、增强、引导、创立、抓住、培养、提高、推动"等，这些动词用得特别准确，把自己履行岗位职责的情况很好地总结出来了。

② 在第二部分的第 2 小点，小标题和各段中心句都写得很好。标题下有个过渡段，说明岗位及岗位职责情况，并以"积极采取有效措施"引出下文。下面三段的首句均为中心句，用于总结工作思路和认识等，中心句之后是对理论认识的支撑。这样，就把工作实践上升为理论认识了，以便运用这个理论认识去指导今后的工作实践。需要说明的是，这篇案例原文中写的是"广泛学习、把握政策，提升办公室参谋能力""规范制度、创新方法，提升办公室执行能力""统筹兼顾、服务基层，提升办公室协调能力"，我们将其中后半句分别改为"办公室参谋能力不断提升""办公室执行能力逐步加强""办公室协调能力显著增强"，意在用前半句表达工作措施，后半句表达工作成效。

总的来说，这篇述职报告主次分明，行文流畅，内容翔实，数据详细具体，虚实结合处理恰当，事例典型，详略得当，不失为一篇典范之作。

第五节 新闻与简报

一、新闻的写作

（一）新闻的含义

新闻是用概括性的叙述方式，以简明扼要的文字或图片，迅速及时地报道国内外新近发生的、有报道价值的、群众最关心的事件的一种文体。新闻有广义和狭义之分。广义的新闻是指报纸、电台、电视台、互联网等媒体上经常使用的记录与传播信息的一种文体，主要包括消息、通讯、特写、新闻评论等。狭义的新闻一般专指消息。

根据新闻发布的范围，可将新闻分为对内新闻与对外新闻。例如，在一个学校或一个工作单位内部向特定人群发布的新闻，可称为对内新闻。在大学校园里，各类教育教学活动的新闻，就是对新近发生在校园的事实的报道。一般来说，校内新闻的受众是学校的教师和同学。校内新闻和校外新闻的目的是有所不同的，新闻的卖点也就有所不同。

（二）新闻的特点

新闻具有真实性、时效性和简短性等特点。真实性是新闻的灵魂和生命，是撰写新闻的基本原则。新闻的价值体现在时效性方面，要及时报道新情况、新经验、新问题，给人以新意、新信息。新闻写作要求用最简洁的语言，摆出事实，讲明道理。

（三）新闻的要素和结构

1. 新闻六要素

学界一般把新闻的构成要素概括为六要素，谁（Who）、何时（When）、何地（Where）、何事（What）、为何（Why）、过程如何（How），即"5W+1H"；换一种说法，也就是人物、时间、地点、事件、原因、发生过程。撰写校内新闻，在导语部分一般要包括这六个要素，这样有利于读者迅速把握新闻的主要内容，提高阅读的效率。

2. 新闻的结构

新闻的结构有很多种，常用的有以下三种。

（1）倒金字塔结构。这是最常用的一种结构，是以事实的重要程度或者受众关心程度依次递减的次序，把最重要的内容写在前面，把次要的内容写在后面。

（2）金字塔结构。金字塔结构也叫时间顺序结构，是按照时间顺序来安排材料的，事实如何发生就如何写。

（3）平行结构。平行结构又叫并列结构，也称为蒙太奇式结构，是对同一个主题从不同的侧面来反映的。

【扫码看视频】
新闻的写法

（四）新闻的写法

一则新闻一般由标题、导语、主体、背景材料和结尾等部分组成。

（1）标题。各大纸质媒体采用的新闻标题形式多样，有正题、引题和副题等，而网络媒体以单行式标题居多。采用单标题还是双标题，可根据发布新闻的载体来决定。例如，目前很多校内新闻都发布在校园网、微信公众平台上，采用单标题形式的居多。

（2）导语。导语是开头的第一句话或者第一段话，用简练的文字将新闻最重要、最新鲜的事实概括地反映出来，给读者以强烈的印象，并吸引读者读完全文。

（3）主体。这部分是对导语的进一步深化和解释，可以补充导语里面没有涉及的一些新闻事实。主体部分的内容要充实，事实要典型，材料取舍要得当。

（4）背景材料。背景材料主要用来交代新闻活动中的主要人物、活动背景以及历史情况等，帮助烘托和深化主题，加深读者的理解。背景材料有对比性材料和说明性材料两大类。不是每一则新闻都需要写背景材料。

（5）结尾。可采用自然结尾、概括结尾、议论结尾等形式，应简短有力。校内新闻的结尾一般用来阐述活动的意义和效果。结尾部分不是新闻必需的内容。

二、简报的写作

（一）简报的含义

简报，是情况的简要报道，是各级各类机关、企事业单位及社会团体内部用来反映情况、汇报工作、交流经验、沟通信息的一种内部事务性文书。它是具有汇报性、交流性和指导性的简短、灵活、快捷的简要报道。根据内容性质不同，简报又可称为"动态""简讯"

"要情""摘报""工作通讯""情况反映""内部参考""会议简报"等；也可以说，简报就是简要的调查报告，或简要的情况报告，或简要的工作报告，或简要的消息报道等。它具有简、快、精、新、实、活等特点。

（二）简报的种类

简报的种类繁多。按时间分，有定期的简报和不定期的简报；按内容分，有日常工作简报、中心工作简报、会议简报、动态简报等。

1. 日常工作简报

日常工作简报又称"业务简报"，这是一种反映本地区、本系统、本部门日常工作或问题的经常性简报。它包含的内容较广，工作情况、成绩问题、经验教训、表扬批评，以及对上级某些政策或指示执行的步骤、措施都可以反映。

2. 中心工作简报

中心工作简报又称"专题简报"，这是一种阶段性的简报。它往往是针对工作中某一时期的中心工作、某项中心任务专门编发的简报，中心工作一旦完成，简报即停办。

3. 会议简报

会议简报是会议期间反映会议情况的简报。它是一种临时性的简报，内容包括会议举办情况、发言及会议决定等。规模较大、时间较长的会议常要编发多期简报，以起到及时交流情况、推动会议的作用。小型会议一般是一会一期简报，常常在会议结束后，编发一期较全面的总结性简报。

4. 动态简报

动态简报包括情况动态和思想动态。这类简报的时效性、机密性较强，要求迅速编发，发送范围有一定的限制，在某一个时期、某一阶段要保密。

（三）简报的格式及写法

在日常事务文书中，简报是一种格式比较特殊的内部文件。简报的结构由报头、报核和报尾三部分组成。

1. 简报的报头

（1）简报名称。简报的名称一般用套红印刷的大号字体，如"工作简报""近日要情"等。如有特殊内容而又不必另出一期简报时，就在名称或期数下面注明"增刊"或"××专刊"字样。

（2）期数。可写在简报名称的正下方，加上圆括号，有时也可不加括号。

（3）编发单位。写在报头的左下方，如"大会秘书处""××大学教务处"等。

（4）印发日期。写在报头的右下方，与编发单位平行的右侧。

（5）简报的密级。如有保密要求，秘密等级写在左上角，也有的写"内部文件"或"内部资料，注意保存"等字样。如无保密要求，可以不写。

（6）简报的编号。简报的编号位于报头右上方，按印数编号，如"012"等。根据需要进行编号，有时可不编号。

在报头的下面，用一条红色分隔线将报头与报核隔开，分隔线与版心等宽。

2. 简报的报核

报核，即简报所刊的一篇或几篇文章。简报的写法多种多样，因此，它的形式也比较灵活。大多数属于消息性的报道，一般由标题、导语、主体、结尾、署名等部分组成。

【扫码看视频】
简报的写法

（1）标题。简报的标题类似新闻的标题，要揭示主题，简短醒目。可用单标题，也可用双标题。

（2）正文。消息类简报正文的写法类似于新闻的写法，经验类简报正文的写法类似于总结的写法。正文一般由导语、主体和结尾三部分组成。

导语部分，通常用简明的一句话或一段话对主要内容进行概括，给读者一个总体印象。导语的写法多种多样，有提问式、结论式、描写式、叙述式等。导语一般要交代清楚谁（某人或某单位）、何时何地、干什么（事件）、结果怎样等内容。

主体部分用足够的、典型的、有说服力的材料，把导语的内容加以具体化。主体的写法多种多样。若是会议简报，可按新闻报道的写法来写。若是工作经验类简报，写法更为灵活，可以采用总分式结构，在导语部分总体概括，在主体部分分条写明所做的工作、取得的成绩、获得的经验、存在的问题等；也可采用列小标题的形式来总结经验，每个小标题统领一部分内容，按并列结构来安排各部分内容。

简报的结尾或指明事情发展趋势，或提出希望及今后打算。如果主体部分已经把事情说清楚，那就不必另加结尾了。

（3）署名。简报正文的署名可以是供稿部门的名称，也可以是供稿者的姓名，有时还要加上责任编辑的姓名。写在正文的右下方，加上圆括号。

有些重要的简报，有时需在标题前面加编者按语，按语是编发单位引导读者理解简报内容、了解编者意图而写的提示语。如果简报内容有多篇文章，还可在简报首页编制目录。

3. 简报的报尾

简报的报尾包括发送范围和印发份数这两个要素。简报的报尾位于简报最后一页的下三分之一处，用一条间隔线与报核隔开，间隔线下面的左边写明发送范围，在平行的右侧写明印刷份数。电子版简报不用写明印发份数。

（四）简报的案例分析及写作技巧

 案例分析

天津大学"四个聚焦"扎实推进一流本科教育

天津大学深入学习贯彻全国教育大会精神，以"新工科"建设为契机，以"一流本科教育2030行动计划"为抓手，不断深化本科教育综合改革，提高人才培养质量，努力建设一流本科教育。

聚焦立德树人，落实人才培养根本任务。紧紧围绕"培养什么样的人、如何培养人以

及为谁培养人"这个根本问题，把立德树人的成效作为检验学校一切工作的根本标准，培养德智体美劳全面发展的社会主义建设者和接班人。制定贯彻落实新时代全国高等学校本科教育工作会议精神实施意见，建立全校协同工作机制，确立学院（部）主体地位，加强服务保障，营造良好的育人文化氛围。深入系统开展习近平新时代中国特色社会主义思想研究，突出教育特色，注重研读原著，全面推动习近平新时代中国特色社会主义思想进教材、进课堂、进头脑。实施"思想政治理论课建设体系创新计划"，建立课程资源库，推行"中班上课、小班研讨"，打造思政课示范课堂。注重第一课堂与第二课堂思想政治理论教育深度融合，设置社会实践环节，增强思政育人实效。出台"课程思政"工作实施方案，制定"课程思政"育人目标、方案和考核标准，并将其纳入年度重点工作。实施"思想政治工作质量提升工程"，挖掘育人要素，完善育人机制，确保"思政课程"与"课程思政"同向同行、协同育人。

聚焦以本为本，巩固本科教育核心地位。加强通识教育，开展名师"进书院、上讲堂"等活动，注重教材、教法、教研、课程协同推进，着力建设优质课程。实施"课程质量提升计划"，制定课程建设标准，重点建设30门公共基础课、50门学科基础课、100门专业核心课、100门在线课程。完善创新创业教育体系，构建"创意—创新—创业"全链条创新创业人才培养"生态系统"，成立宣怀学院"创业教育试验田"，形成"未来三十年"颠覆性创新创想大赛等品牌。加强产学研协同育人，建设搭伙众创空间，获批科技部全国首批众创空间。完善教学保障体系，坚持"严谨治学、严格教学要求"的"双严"方针，牢固树立本科教学质量意识，完善校内教学质量监督与保障体系。成立思想政治理论课和实践教学专项督导组，发挥监督引导作用。以审核评估为契机，各学院主要领导带头讨论人才培养目标，各专业负责人牵头梳理专业课程教学内容，排查教学环节存在的突出问题，打造"金课"，持续强化本科教学质量。

聚焦改革创新，探索卓越人才培养模式。出台"一流本科教育2030行动计划"，以学生发展为中心，坚持通专融合、贯通培养，建立"1+10+N"的基本实施架构，即1个主文件、10个配套文件、若干个院级教学单位执行文件，构建高水平人才培养体系。成立"新工科"教育教学研究中心，出台关于推进新工科建设的指导意见、2018—2030本科专业建设发展规划、关于推进传统专业改造升级的指导意见等，优化学科布局，科学制定专业发展规划，积极探索专业建设与改造升级路径。发布新工科教育教学改革项目2018年度项目指南，围绕12项内容设置74个子课题，确立14个校级新工科建设教育教学改革项目，推动形成新工科研究与实践项目"三级实施体系"。推进"卓越工程师教育培养计划"，实施"尊重个性、强化能力、拓展素质"的工程创新人才培养模式，打造传统专业升级版。

聚焦师资建设，强化教师教学主体责任。秉承"忠诚不倦、业务精湛、挚爱学生、率先垂范"师德规范，开展"师德大讨论""师说""我心目中的好导师"等活动，选树教书育人先进典型，营造尊师重教良好氛围。将师德表现作为教师考核评价、职称评聘、奖惩激励的首要内容，实行师德"一票否决制"。将教学能力考察作为重要环节，通过开展本科基础课程"教学试讲"及"高校教师职业素质测评"评判申请人教学潜质。将教学工作量作为晋升条件，把给本科生上课作为研究生导师聘任基本条件和关键指标，加大教学工作量、教学质量和教学成果考核。实施名师奖教计划，发挥优秀教师、优秀教学成果的示范与辐射作用。建立院士、长江学者等为本科生开设创新课制度，鼓励引导高层次人才进入教学一线。

简析

这是天津大学关于推进一流本科教育的一篇经验类简报。

标题中的"四个聚焦"具有概括性，重点突出，统领全文。

导语部分点明了建设一流本科教育的背景和目的。

主体部分分为四个自然段来总结天津大学在推进一流本科教育方面的四个做法，与导语构成总分结构。从具体写法来看，在总结经验和做法时，一般使用"动宾结构"来表达具体的措施；在总结工作成效时，还使用了定性与定量相结合的方法。

把工作中好的经验和做法总结出来，形成一份简报，可以报送上级部门，也可以供其他兄弟院校参考、借鉴，这就是简报用来沟通信息、交流经验的作用。

下面分享经验类简报的一些写作技巧，读者可以扫描二维码，阅读相关案例，领会其中的写作方法。

（1）经验类简报的虚实结合法。经验类简报与工作总结均是对正在进行或已完成的事项的回顾和反思，它们在写法上有类似之处，有学者把简报归入总结类文书，也有一定的道理。总结要求做到点面结合，力求全面，而简报则是抓住一点，不及其余。

【扫码看案例】
教育部简报——
"双一流"建设

虚实结合法，可体现在文章整体布局上，也可体现在各个段落中。导语部分概括叙述（虚），主体部分具体展开（实）。主体部分各段第一句为"虚"，后面为"实"。"虚"是指观点，如经验、见解、道理等，体现在大小标题或段旨中；"实"是指材料，如情况、事例、数字等。"实"是"虚"的支撑，而没有"虚"，就缺乏高度和深度。行文时，先虚后实，以虚带实，这是经验类简报的常用写法。上面案例中各段段首中心句就是"虚"，后面的内容就是"实"。

（2）经验类简报的总分布局法。利用简报宣传某一工作的先进经验或典型做法时，可采用总分布局法。导语为"总"，主体为"分"，即导语部分先总括工作的整体情况、成效，在主体部分拆分为三四条具体经验、认识或做法。这样写的优点在于结构清晰、逻辑性强。在每条经验中，再结合前面提到的虚实结合法进行写作。

【扫码看案例】
天津大学简报——
天津大学开通在线
开放课程提高学生
应用写作能力

（3）经验类简报的点面结合法。点面结合法，是文章写作中的一种常用手法，常在描写某一事物时，同时进行一般性和特殊性的描写，使文章更具有说服力，鲜活、生动，突出特殊和一般的辩证关系。在典型经验类简报的撰写中，忌讳使用"观点+事例1+事例2+事例3"的布局形式，而要采用"观点+概括叙述+事例1+事例2+事例3"，前者有点无面，后者点面结合，这就是加一个"概括叙述"的效果。所谓概括叙述，就是用高度概括的语言从整体上客观反映全面的情况，使人看到事物的全貌。这种写法既有面又有点，既有森林又有树木，反映的情况既有广度又有深度。

（4）定性分析与定量分析结合法。定性分析就是对事物进行"质"的方面的分析，运用归纳与演绎、分析与综合、抽象与概括等方法，对获得的各种材料进行思维加工，从而去粗取精、去伪存真、由此及彼、由表及里，从而认识事物本质、揭示内在规律。定量分析则是对事物进行"量"的方面的分析。在对事物进行定性分析时，往往容易受个人价值观的影响。因此，利用简报总结各类经验时，应在定性分析基础上辅以定量分析，用数据说话，做到定性和定量相结合，以得出更准确、更客观、更科学的结论。没有定性分析，事物的性质不明；没有定量分析，定性分析则缺乏说服力。

思考练习题

1. 结合自身实际，撰写一篇大学生涯规划。

2. 结合自身实际，撰写一篇大学学习生活总结。

3. 暑假参加社会实践后，撰写一篇社会实践总结。

【扫码做练习】
第九章客观题

4. 在平时的学习中、在社团工作中，甚至以后在工作岗位上，一年中做了很多工作，若要写成一篇总结，如何写到总结里面去？

5. 总结不是大事记，不能堆砌材料，需要对所做的工作进行提炼，那该如何提炼？

6. 结合自身实际情况，拟申请国家奖学金、优秀学生干部、自强之星、三好学生、优秀党员、优秀团干部等其中的一项，撰写一篇参评先进个人事迹材料。

7. 如果你是一名学生干部，结合自身实际情况，拟写一份任期内的述职报告。

8. 如果你是一名管理工作人员，根据你的岗位情况，拟写一份年度述职报告。

9. 根据你所在工作单位近期开展的主要工作，编写一期简报。

10. 不同教材对"事务文书"的定义不尽相同，谈谈你对事务文书的认识和理解。

第十章

日常文书

日常文书是党政机关、企事业单位、社会团体和人民群众在日常工作和生活中广泛使用的，用来沟通信息、联络感情、表达意愿的实用文书。日常文书虽然不像党政机关公文那样具有法定的规范格式，但也自有约定俗成的格式和特点。

常见的日常文书可分为书信类文书、求职类文书、致辞类文书、条据类文书和宣告类文书等类别。下面主要选取书信类文书、求职类文书、致辞类文书这三类文书进行讲解。

第一节　书信类文书

书信是生活、学习和工作中普遍使用的一类应用文，是人们在社会生活中广泛使用，不可缺少的交际工具。用于向家人、同志、亲友问候，交流思想、联系事情、讨论问题的称为一般书信；用于礼仪交往、联系工作的称为专用书信。

【扫码看资料】
常用客套用语精粹

专用书信用于礼仪交往、联系工作，具有一定使用范围和特定格式。常见的专用书信有申请书、贺信、介绍信、证明信、慰问信、表扬信、倡议书、建议书、邀请书、聘请书、捐赠书等。下面对其中常用的书信进行介绍。

一、申请书

（一）申请书的含义及分类

申请书是个人或集体向上级组织或有关部门表达愿望、提出请求时所写的一种专用书信。根据内容和目的，申请书大致可以分为以下三类：思想政治类，如《入党申请书》《入会申请书》等；学习工作类，如《奖学金申请书》《缓考申请书》《休学申请书》等；日常生活类，如《助学贷款申请》《退宿申请》《补办学生证申请》等。

（二）申请书的写法

从内容上看，申请书内容单一，主题明确，一般一事一书，即一份申请书只提出一个请求。

从结构上看，申请书的格式一般比较固定，申请书由标题、称谓、正文、结语、落款五部分组成。

1. 标题

申请书的标题有两种形式。有的只写"申请书"三个字，有的由申请事项和文种构成，如《入党申请书》。标题位于第一行居中。

2. 称谓

称谓，也称"受文对象""抬头"等，在标题下空一行顶格处写出接受申请书的组织、单位、团体的名称或有关负责人的姓名，如"敬爱的党组织""××公司人力资源部负责人"等。

3. 正文

正文一般包括三部分：一是开头部分，简要交代申请人的基本信息或情况；二是主体部分，要真实、充分、有条理地写明申请的依据和理由，然后提出申请的内容；三是结尾部分，围绕所申请的事项，写出相应的保证或相关说明。

4. 结尾

书信类文书的结尾又可称为"结尾语"，长期以来，形成了一些惯用语。在正文后，独立成段写惯用语、感谢或祝颂的言辞，如"特此申请""敬请领导批准""此致敬礼"等。

5. 落款

落款，即署名署时，在结语下一行的后半行写明申请人姓名或申请单位名称（盖章），再在署名下方署上成文日期或提交申请的日期。日期要确切，具体到年月日。

【扫码看案例】
入党申请书

（三）申请书的案例分析及写作技巧

📖 **案例分析**

国家助学金申请书

尊敬的学校领导：

您们好！我是×学院×专业×级×班的本科生×××，很荣幸成为我校的一名学生。在这里已经度过了两年的大学生活，我始终保持着一颗上进心，时刻以高标准要求自己做到全面发展。经过两年来的努力，我在各个方面都取得了很大的进步，在此特向领导申请国家助学金。

我来自农村，对于当地当时的情况，亲朋好友都为我考上××大学感到骄傲。我怀着满腔的热情，离开故土来到××大学求学。带着乡亲们的自豪与执着，我一直在努力地做着我应该做的事情——学习。在我求学的路上，父母省吃俭用，把学费生活费寄给我，他们希望我能过得好。父母只想让我好好学习，我只能用学习成绩来回报他们，每每取得好成绩向家里报告时，都可以感受到父母舒心的笑容，还有他们的嘱咐，这让我再接再厉！

早年就靠父母远走他乡打工挣钱为我攒学费，并且一直持续到现在。也许是父母对我的关爱，他们总是要我不要太薄对自己，总是把最好的东西留给我，他们自己说："钱我们俩会努力去挣的，你尽管按你的需要去做你的事情吧！只要你将来能够有所作为。"每当我听到这句话，我都会感到阵阵心痛。我只愿为他们减轻些。这 3000 元的助学金对我来说能解决家里的困难，我想给父母减轻一些负担。

大学阶段是我人生中一个极为重要的阶段。在这两年中，我在各个方面都获得了很大的进步，综合素质得到了很大的提高。我也要特别感谢学校学院的大力培养，以及老师在专业方面的悉心指导和同学们在工作、生活中给我的支持和帮助。非常感谢国家给予我们大学生的帮助，资助优秀大学生完成学业。今天我得到了帮助，我会在以后的日子里更加严格要求自己，学好专业知识，争取早日服务社会，为国家奉献一份力量。

敬请各位领导、老师加以评判审核！

申请人：×××□□

×年×月□□□

简析

这是一篇格式较为规范的申请书，但内容上有较多问题。

称谓应为学校助学金评审部门，而不是写给相关领导。

第一段介绍个人基本信息后提出申请，但申请理由缺乏针对性和说服力。

第二段陈述学习表现，但不够具体，未将大学两年来的学习情况说清楚。

第三段陈述经济困难情况，但不够翔实。只说父母打工挣钱还不足以说明经济困难情况，并且不宜把父母对子女的关爱作为经济困难的申请理由。申请书应详细陈述自己家庭经济的实际情况，如家庭成员构成、家庭经济收入来源、父母身体状况、兄弟姐妹求学情况或其他特殊情况等，以便资助管理机构认定申请人的贫困等级。

第四段用来表示感谢和表达决心。此段篇幅较长，致谢内容过多，自己如何奋斗略少。

署名需亲笔签名，申请日期要确切，具体到日，日期要使用阿拉伯数字。

二、贺信

（一）贺信的含义

贺信是党政机关、企事业单位、社会团体或个人向其他集体或个人取得的成就、获得某一职位、组织的成立、纪念日期等表示祝贺的一种专用书信。

贺信已成为表彰、赞扬、庆贺对方在某个方面作出贡献的一种常用形式，它还兼有表示慰问和赞扬的功能。贺信是从古代的祝辞演变而来的，它既可以宣读，也可以通过邮寄送达对方。以函件形式送达的贺词叫作贺信，借助电报发出的贺词通常称作贺电。

（二）贺信的写法

贺信的结构由标题、称谓、正文、结尾、落款五部分组成。

1. 标题

贺信的标题可直接写成"贺信"或"××致××的贺信",也可由发信单位或个人名称与庆贺的事由构成。

2. 称谓

在标题下一行顶格写称谓,后加冒号。如果受信方是会议或单位,要用全称或规范化简称;如果受信方是个人,应在姓名前冠以敬词,姓名后加称呼,如"尊敬的××先生"。

3. 正文

正文可以分为若干自然段。概述对方取得的成绩并简单分析主观和客观原因,表达热情的鼓励、殷切的希望或双方的共同理想。

4. 结尾

结尾写上表示祝贺、祝愿的话,如"预祝本次大会取得圆满成功""祝您健康长寿"等。

5. 落款

落款另起一行,在正文右下方署名和署时。

【扫码看案例】
贺信与贺词

（三）贺信的案例分析及写作技巧

📰 案例分析

天津大学致××中学的教师节贺信

××省××中学校长及全体教师:

春播桃李三千圃,秋来硕果满神州。金秋时节,我们即将迎来中秋佳节和第×个教师节。在此,我谨代表×××书记、×××校长以及天津大学全体师生向贵校全体教师致以诚挚的祝福和崇高的敬意!

巍巍学府,肇基北洋。作为中国第一所现代大学,天津大学始终坚持按照"形上形下、达材成德"的理念作育人才。今年4月29日,教育部、中央政法委、科技部等13个部门在天津大学联合启动"六卓越一拔尖"计划2.0,全面推进新工科、新医科、新农科、新文科建设,提高高校服务经济社会发展能力。天津大学将以此为契机,始终将一流人才的培养置于核心位置,从探索工程教育改革到引领"新工科"建设,坚持价值塑造、能力培养和知识传授"三位一体",致力于培养具有"家国情怀、全球视野、创新精神、实践能力"的卓越人才。据统计,2019年我校录取学生的专业志愿满足率创历史新高,达到了96.08%。同时,今年天津大学的生源质量在全国范围稳中有升,部分省份大幅提升,本科生源质量持续向好。2020年,我校将继续全面实施大类招生选拔机制,坚持以学生发展为中心,为祖国培育新时代中国特色社会主义一流卓越人才。

博观而约取,厚积而薄发。贵校与我校在人才培养过程中,一直秉持真诚合作、密切交流的理念,彼此信任,相互支持,结下了深厚友谊。在124年的办学历程中,天津大学已培养了 30 余万高层次人才，他们活跃在政治、经济、科技、教育、文化等各个领域，成为新时代民族复兴的"接力人"，为社会的进步与发展贡献着智慧与能量。今年天津大学迎来了 4804 位本科生，其中有×位学子来自××中学，这离不开贵校的倾力栽培以及各位老师的呕心沥血。英才输送，两校共荣，春风化雨，桃李三千。贵校输送给我校的优秀人才，我们将不负重托，全力让他们成长成才。

落其实者思其树，饮其流者怀其源。感谢贵校对天津大学的信任与支持，持续为我校输送你们引以为傲的学子。未来，天津大学也将不辱使命，在建设中国特色、世界一流大学的道路上奋勇前进，以作育人才为本、为国之所需作育人才，为实现中国强起来贡献智慧和力量。

再次恭祝贵校全体教师节日快乐！欢迎你们到访天大，共话教育事业的发展与未来！

天津大学副校长 ×××

2019 年 9 月 5 日

简析

这是在节日表示问候和祝贺的一封贺信，可以加强双方的联系与合作。近年来，不少高校向优质生源高中发送贺信，祝贺对方取得优异的教学成果，或者将在大学表现优秀的大学生事迹以"喜报"的形式发送给相关的高级中学。除了这种贺信，常见的还有祝贺会议召开的贺信，一般需制作成海报形式，多用于会场张贴。

贺信的内容要实事求是，对成绩或贡献的评价要恰如其分，表示的决心要切实可行，不可言过其实。贺信的语言要精练、明快、通俗流畅，不能堆砌华丽的辞藻；篇幅要短小。用于会场张贴的贺信，更要注意控制篇幅。

在内容安排上，贺信常用的写作思路是：第一段开门见山写明谁对谁表示祝贺；然后概述对方取得的成绩或作出的贡献等值得祝贺的事由或原因；还可回顾双方的合作关系，展望未来的合作前景，表达良好的祝愿等。

三、介绍信

（一）介绍信的含义和分类

介绍信是介绍本单位的人员到有关单位接洽事情、联系工作、了解情况、参观学习或出席会议等所出具的一种专用书信。它具有介绍、证明的双重作用。公务往来中使用介绍信，可以使对方了解来人的身份和目的，以便得到对方的信任和支持。

介绍信是公务往来的一种常用信函，在其发展过程中形成了两种表现形式。

1. 书写式介绍信

书写式介绍信也称为普通介绍信，一般采用公文信纸书写或书写在党政机关、企事业单位自制的专用信笺上。

2. 填写式介绍信

填写式介绍信是一种正式的介绍信，铅印成文，装订成册，内容和格式等已事先印制出来，使用时只需填写被介绍人的姓名、前往单位及办理事项，加盖公章即可。填写式介绍信又可以分为两种：一种为有存根联的介绍信，另一种为不带存根联的介绍信。

下面主要介绍灵活多样的书写式介绍信。

（二）介绍信的写法

书写式介绍信的结构由标题、称谓、正文、结尾、落款、附注六部分组成。

1. 标题

一般在信纸的首行居中写上"介绍信"三个字。

2. 称谓

在标题下一行顶格写称谓，一定要写明联系单位的名称（全称）或个人的姓名，称呼后加冒号。

3. 正文

正文一般包括以下内容：必须写明被介绍者的姓名、身份、人数等，写明要接洽或联系的事项，以及向接洽单位或个人所提出的希望或请求等。有的还要注明政治面貌、年龄、级别、职务等信息。

4. 结尾

介绍信的结尾要写上"此致""敬礼"等书信惯用语，或者写上表示祝愿或表示谢意的话，如"请予以接洽为盼"。

5. 落款

落款另起一行，在正文右下方写清单位名称和日期，并盖章。

6. 附注

介绍信的附注一般为"有效期"。注明介绍信的有效期限，用大写数字写明具体天数。

（三）介绍信的案例分析

📰 **案例分析**

介 绍 信

××公司：

  兹介绍我校_____同志等_____人，前往贵公司联系有关安排学生实习事宜，请接洽为荷。

  此致

敬礼

××学校（盖章）

×年×月×日

（有效期×天）

简析

介绍信写作具有要素化的特点，写清相关信息即可。要注意的是，介绍信注明使用期限时，建议使用大写的数字形式。介绍信务必加盖公章。书写介绍信时不得涂改，如有涂改的地方，需在涂改之处加盖公章。

四、证明信

（一）证明信的含义

证明信是以党政机关、企事业单位、社会团体或个人的名义凭借确凿的证据证明某人的身份、经历或某件事情的真实情况时所使用的一种专用书信。证明信也称作"证明"。写证明信必须对被证明的人或事了解清楚，如实证明。证明信措词要肯定、确切。

（二）证明信的写法

证明信的结构由标题、称谓、正文、结尾、落款五部分组成。

1. 标题

证明信的标题一般有两种写法：一是直接写"证明信"或"证明"，二是由事由和文种名构成，如《关于××同学在学期间现实表现的证明》。

2. 称谓

在标题下一行顶格写称谓，一般是写受文单位名称或受文个人的姓名称呼，后加冒号。有些供有关人员外出活动证明身份的证明信因没有明确的受文对象，称谓部分可以不写，而是在正文前用公文引导词"兹"或"今"引出正文内容。

3. 正文

正文要针对对方所要求的要点来写，需要证明什么问题就证明什么问题，无关的无须写出。如证明的是某人的历史问题，则应写清人名、何时、何地及所经历的事情；若要证明某一事件，则要写清参与者的姓名、身份及其在此事件中的地位、作用和事件本身的前因后果。

4. 结尾

另起一行写上"特此证明"，也可写在正文结尾处。

5. 落款

另起一行，在正文右下方写上证明单位或个人的姓名称呼，成文日期另起一行写在署名下方。成文后，由证明单位或证明人加盖公章或签名，否则证明信无效。

（三）证明信的案例分析

案例分析 1

在学证明信

_____：

　　兹有学生_____，性别_____，学号：_____，生于_____年_____月。_____年_____月入我校_____学院_____专业学习，该专业学制_____年。该生现为我校_____级普通全日制本科学生。

　　特此证明。

××大学××学院（盖章）　　　　××大学教务处（盖章）

×年×月×日

简析

　　在学证明信一般由学生所在院系和（或）学生学籍管理部门证明，学号是学生在校期间的身份识别标志，注明学籍编号和所学专业等信息，可以避免重名情况。

案例分析 2

学生干部证明信

_____：

　　学生×××，男，中共党员，学号：×××，20××年9月入我校××学院××专业学习，该专业学制四年。该生现为我校20××级普通全日制应届本科毕业生。

　　该生在学期间，担任××学院学生会主席、20××级学生党支部书记等职，任职期间，能积极组织、参与学生各类课外活动，具备了较强的管理、组织和协调能力，得到了师生的广泛认可和好评。

　　特此证明。

××大学××学院（盖章）

×年×月×日

> 📖 **简析** _____
>
> 　　学生干部证明信一般由学生所在院系或学生所在社团的管理部门开具。证明信不仅要提供学生的基本信息，还要证明其在学期间担任学生干部的情况，为了让对方了解学生的任职情况，还应提供任职起止时间。另外，在证明学生干部职务的同时，还可对其任期表现进行简要评价。如果是学生党员证明信或担任学生党组织的干部，应由所属党委或党总支提供证明并加盖党组织印章。

五、邀请信

（一）邀请信的含义

　　邀请信是党政机关、企事业单位、社会团体或个人邀请有关人士前往某地参加会议、学术报告、纪念活动以及婚宴、丧葬等的一种专用书信，有时又叫"邀请函""邀请书""请柬"等。这里的邀请函不同于党政机关公文中的公函，在法律效力和行文要求上有所不同。

（二）邀请信的写法

　　邀请信的结构由标题、称谓、正文、结尾、落款五部分组成。

　　1. 标题

　　邀请信的标题一般有两种写法：一是直接写"邀请信"或"邀请函"，二是由事由和文种构成，如《关于出席××会议的邀请函》。

　　2. 称谓

　　在标题下一行顶格写称谓，写被邀请的单位或个人的姓名称呼，后加冒号。

　　3. 正文

　　邀请信的正文通常要求写出举办活动的背景、目的、时间、地点、内容、方式、邀请对象以及需要邀请对象所做的工作等。活动的各种事宜务必在邀请信中写周详。如果邀请了外地来宾，可将报到地点、食宿安排、接站安排、乘车线路等信息告知受邀方。

　　4. 结尾

　　邀请信的结尾在正文后另起一行，独立成段写上"敬请光临""欢迎光临""敬请莅临指导"等。也可直接在正文结尾处写出，不再另起一行。

　　5. 落款

　　落款另起一行，在正文右下方写上发出邀请的单位名称或个人姓名，成文日期另起一行写在署名下方。若邀请方是单位，还应该加盖印章。

（三）邀请信的案例分析

案例分析

"第×届全国话语语言学学术研讨会" 邀请函

_____先生/女士：

"第×届全国话语语言学学术研讨会"将于20××年×月×日至×月×日在××大学举办。本次学术会议由××大学外国语学院和全国话语语言学研究会联合举办，旨在促进（外国）语言学及应用语言学学术界的广泛沟通和学术交流。工作语言为汉语/英语。在此，我们真诚邀请您前来参加会议，并请您注意以下事项：

一、会议主题

现代话语语言学：传承与发展

二、会议子议题

1. 话语语言学的历史、现状与展望

2. 文化学中的话语研究

3. 传播话语研究

4. 话语的跨学科研究

5. 中外话语对比研究

6. 其他相关理论与应用研究

三、大会语言

汉语和英语

四、会议日程安排

20××年×月×日报到；×月×日会议；×日上午会议。×日晚餐后离会。

五、其他事项

会务费：×元/人（研究生减半），来往交通费用及会议期间住宿费用自理。

报到地点：××大学外国语学院

乘车路线：北京站乘地铁到建国门，换乘1号地铁到四惠站，换乘轻轨八通线到××大学站下车。

从市内来，可乘728路公共汽车到梆子井站下车；乘1路公共汽车，在四惠站换乘312路公共汽车到梆子井站下车；或乘342路、382路、388路、731路、846路公共汽车到定福庄站下车。

从首都机场站上车，乘359（首都机场—东直门外），在三元桥站下车，换乘731（顺新百货商场—康城南站），在定福庄站下车；或乘359路公交车，在东直门外站下车，换乘815（二里庄—杨闸环岛西），在定福庄站下车。

在首都机场乘坐机场大巴，在国贸站下车，换乘728路公共汽车，在梆子井站下车；或乘坐机场大巴到三元桥下，换乘 731 路公共汽车，在定福庄站下车，机场大巴费用每人 16 元。

回程车/机票：代表若需购买回程车票或机票，请报到时直接与大会会务组联系。

会议论文：与会者请将中英文（中文以 200 字左右为宜）摘要于 20×× 年 × 月 × 日前邮寄或用电子邮件发送至会务组。用于大会交流的论文由作者自行印刷，请在页眉上注明"第×届全国话语语言学学术研讨会"字样。

联系人：×××老师

联系地址：北京市朝阳区××大学外国语学院"第×届全国话语语言学学术研讨会"会务组。

电子信箱：××@163.com　**传真：**010-×××××××

六、参会确认

收到通知后，请各位与会者根据您的实际需要，务必在 20×× 年 × 月 × 日前通过电子邮件或电话方式向我们确认以下信息，以便我们会议的组织与接待工作。

第×届全国话语语言学学术研讨会（20×× 北京）

回　执

姓名	
性别	
联系方式（电话、邮箱）	E-mail： Tel：
是否需要单独住宿（标准间 280 元/间）	
发言时是否需要 ppt 演示等多媒体器材	
是否参加文化考察	

全国话语语言学研究会

××大学外国语学院

20×× 年 × 月 × 日

🔍 简析

这是一篇学术研讨会的邀请函。为了方便相关专家、学者以及研究生同学了解学术研讨会的具体情况，邀请函将会议目的、会议主题、会议子议题、时间地点、日程安排、报到事项等信息进行了说明，要素俱全，但是此函主次不当，会议主题、议题、日程安排等部分太简略，而第五部分"其他事项"内容过多，有喧宾夺主之嫌。从"乘车路线"到"回程车/机票"这部分和会议回执部分可作为邀请函的附件，不宜作为邀请函的正文。

第二节 求职类文书

一、求职类文书的含义和种类

（一）求职类文书的含义

求职类文书是大中专院校毕业生、无业待业人员求职，以及在职人员谋求转换工作时所使用的一类文书。

（二）求职类文书的种类

常用的求职文书有五类：推荐信、自荐信、求职信、应聘书和求职简历。

1. 推荐信

求职推荐信是指写给用人单位、向用人单位推荐优秀人才或者向自己的熟人和朋友推荐某个人去承担某项工作以便使之采纳的专用书信。对于大学生而言，推荐信一般是由应届毕业生所在学校就业部门统一印制的求职推荐材料，以表格形式居多，毕业生如实填写个人信息、自我鉴定等，然后由就业部门加盖印章。这种推荐信具有推荐和证明身份的双重作用，所以很多用人单位都需要毕业生提供求职推荐信。另外，研究生毕业生的推荐信中往往还有导师的推荐意见。

2. 自荐信

自荐信是推荐自己担任某项工作或从事某种活动，以便对方能接受的一种专用书信。它的基本格式与普通书信相似。值得注意的是，自荐信内容要真实、具体，篇幅要短小精悍，行文要简洁明确，从而让对方对你的主要特长有明确的了解，给对方留下诚恳、朴实、乐于接受的印象。

3. 求职信

求职信是求职者根据自身条件和求职意向，向用人单位人事部门或单位领导介绍自己的实际才能，表达自己的求职愿望，请求对方聘请、接受的一种信函。

4. 应聘书

应聘书是指求职者根据用人单位发布的招聘通知、广告和其他有关信息，有目的地表达求职意向的信函。相对于求职信来说，应聘书更讲究针对性。

5. 求职简历

求职简历，又称个人简历、求职资历等，是求职者将自己与所申请职位紧密相关的个人信息，经过分析整理并清晰简要地表述出来的书面求职资料。求职者用真实准确的事实向招聘者明示自己的教育背景、经历经验、知识技能、相关成果等信息。求职简历是招聘者在阅读求职者求职申请后对其产生兴趣，进而进一步决定是否给予面试机会的极重要的依据性材料。

推荐信、自荐信、求职信、应聘书这四种材料都属于求职类信函，也可将它们归入书信类文书，因其有专门的用途，常常独立为一类。下面主要讲解应届毕业生求职信和求职简历的写作。

二、求职信的格式和写法

求职信是求职者根据自身条件和求职意向向用人单位推荐自己担任某项工作或从事某项活动，请求对方聘请、接受的一种信函。求职信具有介绍性、自述性和请求性的特点，其作用是向用人单位表达求职意愿和展示自己的能力。一般来说，应聘求职时，要写一封求职信，然后附上求职简历。

过去，求职信主要以纸质形式寄送到用人单位，篇幅一般在一页左右；现在，多以电子邮件形式发送给用人单位，篇幅短小。不管是纸质形式还是电子形式，求职信的写法基本相同。

求职信一般由标题、称谓、正文、祝颂语、落款和附件组成。

（一）标题

求职信的标题有两种写法：一是直接在第一行正中间写"求职信"三个字；二是由事由和文种名称构成。如果是以邮件形式发送，应在邮件主题中注明"××应聘××岗位的求职信"。

（二）称谓

顶格写明求职单位的领导或招聘负责人的姓名和称呼，不知道姓名时，可直接称呼其职务，如"尊敬的人力资源部部长"。如果用人单位招聘简章上写明联系人的，就直接发送给指定联系人即可，所以，求职信的称谓应根据具体情况灵活处理。

（三）正文

正文是求职信的核心，包括开头、主体、结尾三部分，内容方面应包括以下要素：个人信息、求职目标、求职原因、自身条件、表达求职意愿等。若以电子邮件形式发送，篇幅虽短，但要素需俱全。

1. 开头

开头部分应先向对方阅读自己的求职信表示感谢，然后进行简要的自我介绍，交代清楚自己的身份、年龄、学历、毕业院校及专业等基本信息，给用人单位一个初步的印象。

2. 主体

说明求职目标，即明确提出所应聘的具体岗位或职位名称，一定要有针对性，不能同时应聘多个岗位，然后围绕求职目标交代求职原因和自身条件。

求职原因部分要把自己的求职动机说清楚，应尽可能表现出你对目标岗位的熟悉程度和钟爱程度，表明自己渴望为用人单位效力的意愿和决心。

自身条件部分要围绕具体岗位的招聘条件来写，有针对性地推销自己，这部分是求职信的重点和难点，要写得有条理。一般可从三个层面来陈述。

一是专业背景。为增强求职的针对性，需要着重介绍自己的专业背景、知识结构、学科能力、学习成绩等。

二是专业技能。这部分要突出自己学以致用所具备的业务技能，对大学生来说，主要是突出自己参与科研实践、社会实践方面的经历和成绩。

三是综合能力。除了专业素养以外，还应介绍自己在校期间参与了哪些课外活动，取得了哪些成绩，可以用获奖情况来支撑，旨在说明自己的领导、组织和协调等社会活动能力。

3. 结尾

结尾部分一般用于表达希望，希望用人单位能给予面试机会或接纳，要把自己希望得到工作的迫切心情以及被录用后的态度和决心表达出来，请用人单位尽快答复你是否给予面试机会，这部分要注意措辞和语气。

（四）祝颂语

祝颂语是书信类文书的一个重要组成部分，需另起一段空两格写上"此致"，转行顶格写上"敬礼"，也可用其他祝颂语来代替，如"祝贵单位事业蒸蒸日上"。

（五）落款

如是书面形式的求职信，署落款部分的名时，一定要亲笔签名；如果是电子邮件，也应写上姓名和求职日期。

在落款后面注明自己的详细通信地址、联系方式，以备用人单位以后联系。如果是电子邮件形式的求职信，若有附件材料，应说明附件中材料的性质及数量，以便对方查阅。

（六）附件

附件是证明求职信内容的相关佐证材料，如个人简历、学习成绩单、获奖证书复印件、学历证书复印件、各类技能证书复印件（扫描件）等。如果是纸质材料，则需装订在求职信之后；如果是电子形式，则个人简历独立为一个文件，其他附件材料合并成一个文件，并注意文件名的命名方式，以利于对方下载、查阅。

三、求职信的案例分析

案例分析

求　职　信

尊敬的××人力资源部部长：

您好！

很荣幸您能在百忙之中阅读我的求职信，首先表示感谢！

我是×××，男，××岁，是××大学××学院××专业的应届本科毕业生。贵公司是国际知名企业，公司的发展……（有针对性地评价），我对贵公司慕名已久，自我从学校就业指导中心网站看到贵单位的招聘启事，便鼓舞了我的求职决心，我渴望能成为贵公司的一员，为贵公司服务。

我应聘的职位是××。在大学四年的学习中，我注重品德修养，严格要求自己，在培养自身专业技能的同时，注重自身综合素质的提升。

在专业学习上，我认真学习专业知识，学习成绩名列专业第×，曾获得×××奖学金，同时，我对文学、管理等方面也很感兴趣，阅读了大量的××方面的书籍……

在实践能力和专业技能方面，我积极参加社会实践活动和学生课外学术科研活动。例如，20××年，我成功申请了全国大学生创新创业训练项目，项目名称是"×××"。从这个项目中，我学到了……我参加××社会实践队……在专业实习方面，我××（时间）到××公司进行实习……

在校园活动中，我担任××社团的学生干部，组织了……活动。学生课外活动锻炼了自身的管理、组织和协调能力。

如被贵公司录用，我相信，在公司的指导和培养下，我一定会做好工作，与公司一同进步。

望贵公司给予我宝贵的面试机会，谨候回音。

此致

敬礼

求职者：×××

×年×月×日

联系地址：××大学××学院××专业×班，邮编：××××××

联系方式：139×××××××，××××××@×××.com

附件：1. 求职简历1份

　　　2. 获奖证书、英语等级证书、成绩单的扫描件各1份

简析

　　这是一位大学应届毕业生根据用人单位发布的招聘启事而有针对性地撰写的一篇求职信。这封求职信的格式和内容很规范，开头、主体和结尾部分要素齐全，思路清晰，具体全面地介绍了自己各个方面的能力，附件部分标注规范。这些都有利于用人单位审查后决定是否提供面试机会。另外，联系方式和附件等部分也可以放在"此致敬礼"之前，以署名署时结尾。

四、撰写求职简历前的准备

有的同学说，我现在还不是毕业生，等到就业时再了解求职简历相关知识都来得及；还有的同学说，我相信自己，求职不成问题。其实，了解求职简历的相关知识，就是一个查找不足的过程，督促自己为今后的求职做好全面的准备。下面介绍撰写求职简历过程的相关问题。

（一）求职的三个重要环节

1. 制作一份高水平的简历

在如今激烈的就业市场中，用人单位能够收到成百上千甚至上万份的求职简历。据调查研究，招聘人员对每份简历的平均阅读时间为10~30秒。如何在这么短的时间内让自己的

简历吸引招聘人员的眼球，给对方留下深刻的印象，并在众多简历中脱颖而出，成为所有求职者在制作简历时必须面对、思考并解决的一个问题。如何体现出"高"水平，就需要学会换位思考，站在招聘人员的角度来思考和看待简历。

2. 简历有效投递到招聘单位

如果说简历制作是一门艺术，那么简历投递就是一门学问。再高水平的简历、再优秀的简历，如果不能有效地投递到或呈现在招聘人员面前，那也是徒劳无功。有些求职者只重视简历制作，却忽视了简历投递过程中应注意的细节问题，容易导致简历不能有效送达招聘单位，或者不能以最佳方式和状态呈现在招聘人员面前，这无形中扼杀了成功求职的机会。

3. 简历投递后实施投递记录管理

在就业过程中，求职者每天可能会向不同的单位投递不同的、有针对性的简历，但是用人单位从接收到简历、筛选简历并与通过简历筛选的应聘者取得联系之间有一段时间间隔。如果没有一个已投递简历的详细记录，或者对投递记录管理不善，那么招聘人员若干天后突然通知进行电话面试或现场面试，询问一些关于简历上的信息和应聘职位的情况时，我们可能已经想不起来是否向这个单位投递过简历、应聘了哪个职位，甚至投递的是哪一个版本的简历也记不清了。这样的结果可想而知。因此，我们既要学会撰写简历，也要掌握如何有效地投递简历，还要学会管理已投递简历的相关记录。

（二）学会换位思考

在整个求职过程中，有很多环节，如自我评估、行业认知、职业生涯规划、笔试、面试等。撰写简历前，还需要了解招聘人员都是如何看简历的。每个招聘人员对简历都有自己的认识和看法，但是从工作任务来看，招聘人员在对待简历上有一些共同的地方。

1. 招聘人员看重什么

相对于职能部门，招聘人员都是外行，他们会更多地从企业的角度出发，查看应聘者的个人素质是否与企业文化合拍，他们同时还会站在职场发展的角度，查看应聘者的基本能力和发展潜力。这两点也是应聘者要在简历中重点予以体现和证明的。

2. 招聘人员习惯什么

面对大量简历时，如果 5 秒内在简历上还找不到与职位相关的信息，招聘人员往往就不会再看下去，如果 15 秒内招聘人员还没有看到应聘者胜任或适合岗位的优势信息，往往也不会再继续看下去，应聘者的简历也就在 15 秒内被判了"死刑"。从页面布局来说，简历的中上部是重要部位，所以，一定要在一页 A4 纸简历的中上部体现与应聘职位相关，并且能反映个人对于应聘职位的最大优势。如果是电子版简历，重要信息一定要让招聘人员不滚动鼠标滚轮就能看见。

3. 招聘人员要找什么

招聘人员筛选简历时，首先是看应聘者是否具有胜任该职位的能力与素质，知识、证书、技能与能力、经验等都是证明你能胜任这个职位的依据；其次，招聘人员判断你是否适合他们单位，这就要看你的综合素质，你需要用实例、经历来证明你的诚信、认真等品格。

在整个求职过程中，还有很多环节，如自我评估、行业认知、职业生涯规划、笔试技巧、面试技巧等。下面，主要介绍与求职简历写作有关的一些内容。

五、求职简历的写法

（一）中文简历的内容

简历的构成要素一般包括：个人信息、求职意向、教育背景、工作经历、获奖情况、外语及计算机水平和兴趣特长等。

个人信息：包括姓名、性别、出生年月、政治面貌、民族、籍贯、户口所在地、学历、学位、学校、专业、身高、毕业时间、电子信箱、联系电话等。

求职意向：结合自己的爱好和专长等选择求职目标。

教育背景：包括毕业学校、所学专业；业余所学专业及特长；所学主要课程与你所谋求的职位有关的教育科目、专业知识等，不必面面俱到，要突出重点，有针对性，可以提供成绩单；所获奖学金；与求职目标相关的培训及证书等。

工作经历：包括组织和参与的学生社团活动、社会实践、专业实习、科研经历等。

支撑材料：包括获奖情况、外语及计算机水平、普通话水平、办公软件、驾照等。

兴趣专长：其他与所应聘职位有关的个人兴趣、爱好及专长。

这些要素的撰写需注意以下几点。

1）简历内容一定要条理清晰，主次分明，突出重点信息，一般控制在一页 A4 纸。

2）简历要最大限度地体现针对性，特别是教育背景、实践经历方面一定要突出与应聘职位的相关性。

3）获奖情况要以奖学金为主，将最重要的放在前面，并注明获奖年份。

4）工作经历是重中之重，包括实习实践和校园活动。实习实践要注明时间、地点、单位、职位和职责；校园活动主要是在校期间担任班团干部、学生社团干部等情况，要写明任职时间、具体职位。

5）简历中不宜加入过于主观的自我评价，以免引起对方反感。

（二）中文简历的谋篇布局

撰写一份求职简历不是一劳永逸的事情，需要坚持两个原则：一是针对性原则，即针对不同岗位、不同职位设计有针对性的简历，切忌使用万用简历；二是适时调整原则，即针对应聘岗位，将重要的、能突出自己的优势和职位要求的内容往前排，不重要的内容往后排，甚至将其从简历中删除。

针对不同的求职领域、不同的工作岗位，需要设计不同类型的简历。

1. 简历类型

从简历内容的布局来说，可以将简历分为三种类型：时序型简历、功能型简历和混合型简历。

（1）时序型简历。时序型简历指的是从最近的经历开始，逆着时间顺序逐条列举包括工作实习经历、教育经历等个人信息，也可以顺着时间顺序排列。这种简历清晰、简洁，便于招聘人员阅读。这种类型的简历能够展示出持续和向上的职业成长及发展的全过程。这类简历的适用范围包括：

你申请的职位非常符合你的教育背景和实习实践经历；

你有在知名公司实习的经历；

你的实习实践经历具有连续性，且能很好地反映相关工作技能的不断提高。

（2）功能型简历。功能型简历又称技术性简历，在简历的一开始就强调技能、资质、能力及成就，但是并不把这些内容与某个特定的雇主联系在一起。这类简历的适用范围包括：

跨专业求职，但你具有申请职位所需的相关技能和素质；

你缺乏在著名公司实习的经历或者缺少各类荣誉、奖励；

应聘对专业技能有特定要求的技术型职位。

（3）混合型简历。混合型简历是时序型和功能型的综合运用。这类简历的优点在于：既按照时间顺序列明自己的实习经历、项目经历等，显得脉络清晰；又把自身所具备的优势、能力和应聘职位的主要需求结合起来，能让招聘人员印象深刻。

2. 简历信息的详略安排

在筛选简历时，不同性质的单位对简历内容的关注点有所不同。在撰写简历时，需做好详略安排，提高简历的针对性。

应聘国企和事业单位时，建议提供较为全面的个人信息，提供加盖教务部门印章的成绩单，突出与申请职位相关度高的实习实践经历；校园活动是重要支撑，如果做过学生干部，将受到青睐；获奖情况、各类证书多多益善，证明自己的实力。

应聘私企、外企时，提供简单的个人信息即可；在陈述学习成绩时，建议说明自己的加权成绩、绩点和班级或专业排名；建议用详细的文字或数字来表述在实习实践中取得的具体成绩。获奖情况，建议写明获奖的难易程度和获奖比例。

求职简历中的个人信息、教育背景、获奖情况等都属于客观内容，都有固定的模式，比较好写。下面结合有关案例，主要讲解在撰写简历过程中主观性比较强的部分（工作实习、社团活动和社会实践）。

六、求职简历的案例分析及写作技巧

案例分析 1

工作实习经历

×年暑假，在××培训学校担任英语兼职教师；

×年 11~12 月，为××通信公司做兼职手机促销员；

×年暑期，在××电视台都市频道实习；

×年 2~6 月，勤工俭学，当 3 名高中生的数学家教；

×年 9~12 月，参与××培训公司培训产品的市场调研。

这是一个比较失败的实习经历描述。这样的经历描述，招聘人员看不到该毕业生过去经历中具体的工作内容、扮演的角色及工作业绩，也就很难确认该毕业生是否具备职位要求的能力和素质。下面是一个比较好的实习经历描述案例。

案例分析 2

工作实习经历

20××.3—20××.9　　上海亿庶信息科技有限公司　　市场部　　市场推广专员　　上海

◇公司经营的网站应届生求职网是中国排行第一的专门面向大学毕业生及在校生的求职招聘网站。

◇独立负责网站与目标高校、企业的合作推广计划的实施。

◇对全国约400家重点高校就业网进行调研，并负责与200多所目标院校就业部门联系沟通及访谈，完善网站制订的高校合作计划文案。

简析

招聘人员看到上述实习经历描述时，很容易就能看出应聘者过去的实习经历、从事的具体工作、扮演的角色和工作业绩，这样的描述就有说服力和吸引力。

第一行写出实习时间、实习单位和实习岗位等信息。如果实习的时间长，就可以把时间写在前面。在这条信息的下面，又从三个方面来具体描述实习经历，并展示自己通过实习所获得的能力。那是怎么体现能力的呢？独立负责、合作推广、约400家、调研、负责、沟通及访谈、完善、文案，这些词语是关键词，能很好地体现这个同学的实习情况，并通过一些行为动词来展示了他的能力。

案例分析 3

社团活动和社会实践

20××.9—20××.9　××大学文学院汉语言文学专业　文体委员

协助班长协调班委工作，组织了3次班级活动：蓟州春游、杨柳青烧烤、杨柳青年画展。

简析

很多同学在学期间都参加过很多学生社团，组织或参与了各种课外活动，参加过寒暑假社会实践等。这类社团活动和社会实践的描述格式、描述方法、描述原则及重点与工作实习经历的撰写相似。以上案例可改写为：

20××.9—20××.9　××大学文学院汉语言文学专业　文体委员

协调班委工作，成功策划、组织3次班级所有同学参与的大型户外活动。

不论是写实习经历，还是社团活动、社会实践，都应该注重遣词造句，用好关键词、行为词。行为动词的用法很重要，要灵活使用、避免重复，又要体现专业化。下面摘录一些常见的行为动词，以供参考。

【扫码看视频】
求职简历的
写作技巧

体现个人成就的：简化、实现、执行、完成、改进、推广；

体现领导能力的：指挥、主持、发起、处理、决定、监督；

体现沟通能力的：调查、说服、沟通、宣传、访谈、走访；

体现技术能力的：维护、测试、诊断、调试、修理、重建；

体现指导、教授他人的：建议、指导、辅导、教导、协作、协助；

体现行政、管理能力的：引导、制订、分配、建立、支持、安排；

体现组织、计划能力的：计划、组织、分配、参加、收集、预算；

体现创新、创造能力的：建立、开发、研发、设计、发明、起草；

体现研究、逻辑分析能力的：评估、调研、分析、核实、研究、观察。

用好相关行业领域的行为动词和专业术语，可将比较通俗的说法专业化。需要说明的是，求职简历所写内容务必实事求是，不能弄虚作假。通过校园活动、社会实践等，获得货真价实的社会知识和相关能力才是人生的重要财富。

七、有效投递简历

简历制作好了，还得掌握简历投递渠道，否则再好的简历也难以发挥作用。网络时代，用人单位接收简历的渠道多样化，包括网申、E-mail接收电子简历、邮寄纸质版简历、宣讲会和招聘会现场接收简历等。据应届生求职网的调查，近年来，网申等新兴的简历接收方式正被越来越多的知名企业采用，但是仍不能替代E-mail接收简历的方式。因E-mail投递简历也会涉及相关材料的书写问题，下面简略谈谈发送电子简历的一些注意事项。

当前，大学生经常通过电子邮件来与人沟通、提交作业、发布通知、联络感情等。大学生求职也在很大程度上要依靠网上投递简历来完成与用人单位的联系。养成一个良好的写邮件、发送邮件的交际习惯十分重要。

（一）存在问题

大学毕业生在求职过程中，发送电子邮件存在一些不规范现象，现将有代表性的问题梳理如下。

1）邮箱命名不妥。如：将自己的邮箱名命名为"冰红茶""单身""花花公子""稻草人""风继续吹""对方正在输入"等昵称。

2）邮件主题不当。如：邮件的主题为"应聘简历""求职简历""应聘""××个人简历""××专业×××"等，甚至主题缺失。

3）邮件无称谓，或者没有合适的称谓。如：有时不知道怎么称呼对方，就只写"您好""尊敬的人力资源部"等。

4）邮件正文毫无内容。如：邮件没有称呼、没有正文、没有落款；即使有内容，也只是随意添加，如"本人简历于附件中，劳烦查收！""请您查收我的简历，祝工作快乐！""简历已附上，请查收"等。

5）邮件正文不换行、不分段。如：所写的邮件正文内容较多，但从头到尾只有一段，没有层次感。

6）邮件没有祝颂语和落款。如：邮件写完"请查收"就结束了，没有祝颂语和落款。

7）附件文件名命名不妥。如：简历的文件名为"个人简历""求职简历""新建Microsoft Word""简历 2021""最新版""我的简历"等。

（二）解决办法

1）邮箱命名：选好邮件服务商，邮箱用户名（ID）和姓名显示要规范，最好让别人一眼看得出来你是谁。建议设置邮箱签名档，包括个人姓名、学校及联系方式。

2）邮件主题：如果招聘单位规定了主题的写法，那就照办，以方便对方整理邮件。若无特殊要求，邮件主题至少包括应聘职位和自己的姓名这两个信息，较好的邮件主题应该是"××大学××专业××应聘××岗位""应聘××岗位（××大学×××）"等。另外，邮件主题的字数是有一定限制的，所以要兼顾字数和内容。

3）邮件称谓：称谓上要有所讲究。如果招聘信息中提供了联系人，邮件称谓可写"尊敬的××女士/先生"；如果不知道单位联系人，就写"尊敬的××（人事部门名称）负责人"等。称谓之后要有问候语。

4）邮件正文：简要交代，要素俱全。邮件的正文就相当于一封简短的求职信，所以邮件正文内容一定要写，而且要有针对性地写。要告知对方，你是从何渠道获得招聘信息的，你为什么应聘，简要推荐一下自己即可。

5）正文段落：写简短的正文，并提倡小段落。如果是长信，最好用附件。

6）祝颂语与落款：分清行文关系，有礼有节。祝颂语是书信的结束语，是对对方表示祝愿的礼貌性语言。祝颂语虽然字数不多，却表示一个相对完整的意思。同时也要署名署时，确保邮件结构的完整性。

7）附件命名：利用换位思考来处理附件文件名的命名问题。试想，当别人发一个附件给你，你下载这个附件后，如何保存这个附件，是否需要重命名？招聘单位可能会按照岗位进行分类整理，那么你就命名为"应聘职位+姓名"格式即可。当然，如果招聘单位明确说明以正文发送简历的话，应聘者照做即可，但这种情况下不宜采用表格式简历，要采用纯文本格式。

第三节 致辞类文书

致辞，又可以称作"致词"。用于口语表达的可称为"致辞"，以书面形式呈现的可称为"致词"。致辞（词）是在举行某种仪式时对人或对事表示祝愿、庆贺的言辞或文章。现代的致词，一般包括祝人的致词和祝事的致词两大类。

致词在日常工作、学习和生活中具有非常重要的地位。致词的种类繁多，如开幕词、闭幕词、欢迎词、欢送词、答谢词、祝酒词、祝词等。对大学生来说，"开幕词"和"闭幕词"最常见、最常用，下面仅介绍这两种文书的写作。

一、开幕词

（一）开幕词的含义

开幕词是党政机关、企事业单位、社会团体的领导人或有关工作人员在比较庄重的大中型会议开始时所作的致辞，用于宣告会议开始，交代会议议程，阐述会议指导思想、宗旨、重要意义等，向与会者提出开好会议的中心任务和要求，对会议有着重要的指导作用，具有宣告性、指导性和标志性的特点。开幕词也可在大型活动的开幕式上致辞，宣布活动开幕。

开幕词适用于较为隆重的会议，一般性会议可以不致开幕词，多由会议主持人直接宣布会议开始即可。开幕词用于会议宣读，因此，开幕词要短小精悍、简洁明了、通俗易懂、生动活泼，要适合口头表达。

（二）开幕词的种类

1. 一般性开幕词

一般性开幕词比较简略，只对会议的目的、议程、基本精神、来宾等作简要的介绍，对来宾的介绍部分也可视为对来宾的一种欢迎词。

2. 侧重性开幕词

侧重性开幕词的内容相对较多，侧重对会议召开的历史背景、重大意义、中心议题、会议议程以及会议要求等作重点阐述，其他问题则一笔带过。

（三）开幕词的写法

开幕词一般由标题、称谓、正文和结束语四部分组成。

1. 标题

开幕式标题的写法有以下四种形式。

1）由"会议或活动名称+文种"组成，如《××大学第×届大学生文化艺术节开幕词》。

2）由"致辞人姓名+会议或活动名称+文种"组成，如《×××同志在×××大会上的致辞》。

3）采用正副标题，正标题揭示会议的宗旨、中心内容，副标题与前两种标题的构成形式相同，如《我们的文学应站在世界的前列——中国作家协会第四次代表大会开幕词》。

4）只写文种"开幕词"三个字。

书面形式的开幕词，如果标题中没有致辞人的姓名和时间，应在标题的下一行居中书写致辞人的姓名，再下一行以括注的形式写明时间。

2. 称谓

开幕词的称谓要根据会议的性质和出席会议的人员来确定，一般用泛称，顶格书写，后面加冒号，如"尊敬的各位老师、亲爱的同学们""各位代表、各位来宾"等。如果是党的会议，称谓比较简单，就用"同志们"三个字；如果是国际会议，要按照国际惯例来排序，较常见的是"各位嘉宾、女士们、先生们"。称呼的选用要涵盖全体人员，不能遗漏。还可以在称谓后面再加上礼节性的问候，如"大家好""晚上好"等。

3. 正文

正文一般包括开头、主体和结尾三部分。

（1）开头。开头使用宣布开幕之类的语句，主要用于宣布会议开幕。一般的写法是：开门见山地宣布会议开幕，宣布会议名称要写全称，以示庄重。也可以对会议的规模、意义、召开的背景、出席会议人员情况和会议筹备情况作简要的介绍，并对会议的召开以及与会人员的到来表示热烈的祝贺和热情的欢迎，以渲染会议气氛，激发与会者的热情。写作时，应单列为一个自然段，与主体部分区分开来。

（2）主体。主体是开幕词的核心部分，通常包括以下三个方面的内容：首先，阐述会议召开的背景、意义，阐明会议的指导思想，提出会议的任务；其次，通过对以往工作情况的概括、总结和对当前形势的分析，说明本次会议是为解决什么问题或达到什么目的而召开的；最后，对会议的议程、要求、希望等进行说明。如果开头部分已经对会议的规模、意义、召开的背景、出席会议人员情况和会议筹备情况作了简要介绍，主体部分就不再阐述。

（3）结尾。结尾通常是发出号召和希望，以便鼓舞人心。

4. 结束语

开幕词的结束语一般独立成段，采用"预祝本次大会取得圆满成功""谢谢大家"等作为结束语。

【扫码看案例】
开幕词案例分析

（四）开幕词的案例分析及写作技巧

📰 **案例分析**

大学生宿舍文化节开幕词

各位领导、老师们、同学们：

大家好！

文化育人、环境育人。大学生宿舍文化节是××大学坚持多年的文化品牌活动。在每个同学的心中，宿舍永远是温馨的家。文明、整洁、温馨、健康的宿舍文化氛围，昭示着同学们的青春与活力，也影响着同学们的成长成才。为了进一步丰富广大同学的宿舍文化生活，创造美好的生活空间，增强宿舍成员的凝聚力和创新力，增强宿舍之间的交流与友谊，美化生活环境，在大学生宿舍管理委员会的精心筹备下，今天，我们迎来了第×届大学生宿舍文化节。

宿舍文化是校园文化的重要组成部分，对大学生的成长成才，对塑造同学们的性格，对生活方式、行为方式和人际关系等方面都有深刻的影响。因此，构建一个良好的集体宿舍文化和建设一个温馨、美好的家，对于每一个大学生来说，其意义都是异常深远的。

这次宿舍文化节的活动主题是"创先争优 争做宿舍文化示范先锋"，具体活动包括宿舍风采展示、宿舍创意设计、宿舍安全知识竞赛、宿舍故事征文、才艺大比拼等，为广大同学搭建了广阔的展示平台。希望同学们群策群力，发挥每个宿舍小集体的聪明才智，积极创新，在宿舍设计与布置中体现大学生的个性与创新精神。

我们相信，在广大同学的共同参与和共同努力下，在各院系辅导员的大力支持和指导下，我们第×届大学生宿舍文化节一定会取得圆满成功！让我们携起手来，使平凡的宿舍的每一个角落都洒满爱的阳光，都充满着文化的气息！

最后，我宣布，××大学第×届大学生宿舍文化节开幕！

🔍 简析

虽然开幕词一般在大中型会议上使用，但有些大型活动的开幕式，也需要致开幕词。这是一篇在大学校园活动开幕式上的发言稿，可由活动主办方指导教师或社团负责人致辞。

此文的称谓具有概括性，能涵盖全体人员。第一段用来阐述活动背景，第二段阐述宿舍文化活动的作用和意义，第三段介绍活动主要内容，第四段提出希望和号召，结尾部分宣布"开幕"。

撰写开幕词需要掌握一定的技巧。在篇幅方面，不宜过长。在内容上重点突出，详略得当，把会议或活动的主要情况概述即可，重点要阐明会议或活动的意义、任务和要求。在语言上，应尽量口语化，体现开幕词的号召性和鼓动性，语气要热情友好，感情热烈，以赢得掌声，渲染氛围。

二、闭幕词

（一）闭幕词的含义

闭幕词是党政机关、企事业单位、社会团体的有关领导人或相关工作人员在比较庄重的大中型会议或活动结束时所作的总结性讲话。闭幕词的目的旨在总结会议召开的情况，评价会议（活动）的成果、意义以及影响，并向与会者提出落实大会精神的要求、奋斗目标和希望等。闭幕词具有总结性、概括性、评估性和号召性等特点。在大型活动的闭幕式上也可致闭幕词，宣布活动圆满结束。

（二）闭幕词的写法

闭幕词一般由标题、称谓、正文和结束语四部分组成。

1. 标题

闭幕词的标题撰写和开幕词大体相似，但也有不同。开幕词的标题可采用双标题的形式，而闭幕词的标题一般不采用双标题。另外，同一会议或活动闭幕词的标题形式最好与开幕词标题相一致。

2. 称谓

闭幕词的称谓与开幕词的称谓写法类似，根据会议性质和与会者的身份来确定。

3. 正文

正文一般包括开头、主体和结尾三部分。

（1）开头。开头先用概括性的话语对会议作一个总体评价，然后简要说明大会的经过，指出是否圆满地完成了预定的任务或胜利闭幕。

【扫码看案例】
闭幕词案例分析

（2）主体。这是闭幕词的核心部分，通常包括以下三个方面的内容：第一，对大会进行概括、总结，概述会议的进展和完成情况以及会议通过的主要事项和基本精神；第二，恰当地评价会议的收获、意义以及会议的影响；第三，指出本次会议对今后工作的指导意义，并向与会者提出贯彻会议精神的基本要求等。闭幕词主体部分的总结应与开幕词中提到的会议任务前后呼应，以显示按要求完成了大会既定的任务。

（3）结尾。结尾一般要以坚定的语气向与会者发出号召，提出希望，表示祝愿等，还可以向保障大会顺利进行的有关单位及工作人员表示衷心的感谢。

4. 结束语

一般以郑重宣布会议胜利闭幕为结束语。

（三）闭幕词的案例分析及写作技巧

📰 **案例分析**

在×××学术论坛闭幕式上的讲话

各位专家学者、老师们、同学们：

大家好！

经过两天的激烈讨论，在与会专家学者、带队老师和我校师生的共同努力下，完成了各项议程，论坛取得了圆满成功。在此，我谨代表××学院，对各位专家的大力支持表示衷心的感谢，对参与筹备、组织、服务此次论坛的师生致以由衷的谢意！

本次论坛得到了×××协会、×××、×××等单位的支持，受到了×××院士、×××教授的具体指导。××单位的××教授、××教授分别作了精彩的大会主题报告；共有×位专家出席论坛并作学术点评，有×位学者和研究生作了分组报告。今年的论坛，主会场的主题报告和分会场的专题报告，围绕×××、×××、×××等议题，涉及×××（领域）的前沿、趋势与展望，涉及研究生人才的教育和培养，使与会的青年教师和研究生同学开阔了视野，吸收了新的思想，激发了新的思维。

本次论坛非常荣幸地得到了论文评审专家的大力支持，他们不辞辛苦，在百忙之中为论坛审阅论文，亲临论坛指导点评，使与会的广大研究生同学倍感亲切，受益匪浅，深受鼓舞。在论坛交流过程中，会场气氛热烈，学术氛围浓郁。研究生同学敢于阐述自己的学术观点，相互交流自己在学习和工作中的体会，勇于提出问题和质疑，虚心向专家请教；点评专家恰如其分的点拨和指导，处处凝聚着对研究生同学的欣赏和关爱。通过学术交流活动，达到了相互学习、相互促进、共同提高的目的，效果很好。

本次论坛具有"新""多""活"的特点。所谓"新"，就是各位学者和研究生的论文选题新、观点新，体现了强烈的创新性。所谓"多"，就是本次论坛不仅有众多的本校研究生参与，还吸引了全国其他高校的众多研究生前来参会。所谓"活"，就是本次讨论不仅设置了主题报告和专题报告，还设置了沙龙和工作坊，同学们既聆听了专家学者的学术报告，又面对面得到了专家的指导和训练，学术交流的形式灵活，收获颇丰。可以说，本次论坛是一次高水平的学术盛会，也是一场成功的学术训练营。

最后，我代表××学院，并代表本次论坛的组委会，再一次对兄弟高校各位专家、学者和研究生光临××大学指导论坛工作、参加论坛活动表示衷心的感谢！

简析

这是一篇学术论坛的闭幕词，一般由论坛承办方的领导来致辞。第一段首先表达感谢，第二段对论坛的开展情况进行综述，第三段对论坛论文评阅与现场效果进行总结，第四段专门对本次论坛的特点进行提炼，指明论坛效果，结尾部分再次表示感谢。文章的结构清晰，语言简洁，有礼有节。

撰写闭幕词时，要注意以下几点：首先，在内容上，要有针对性地对会议或活动的内容予以阐述和给予恰当的评价，以突出会议的中心议题或活动的效果；其次，在语言表达上，要简洁有力，热情洋溢，富有鼓动性，要把会议成果或活动效果用欢快的语言表述出来；最后，闭幕词不能太长，但要兼顾很多内容，特别是对主办方、承办方、参与者要表达感谢。

思考练习题

1. 假如你是学校学生会的一名学生干部，听闻某兄弟院校的学生会近期将进行换届大会，请代表本校学生会向该兄弟院校的学生会撰写一封贺信。

2. 假如你今年暑假计划去某公司实习，对方需要你提供一份所在学校开具的介绍信，请你以学院的身份开具一封介绍信。

3. 假如你是学院学生会秘书处的一名学生干部，学生会近期将进行换届大会，请你为换届大会撰写一篇开幕词和一篇闭幕词。

4. 请结合自身实际情况，撰写一份求职简历。

【教学提示】 如果你不是应届毕业生，不必针对某一工作岗位进行撰写，可将你在大学期间的一些经历、实践、获奖情况等按求职简历的格式进行书写。在书写过程中，发现自己的优势与不足，以便在日后的学习和工作中积累相关资历、锻炼相关能力。

【扫码做练习】
第十章客观题

5. 你认为求职简历该重内容还是重形式？

【教学提示】 目前，很多毕业生在参加招聘会时，都会精心制作求职简历，以更好地推介自己，引起用人单位的注意。但有的毕业生为了"与众不同"，花费较高的成本制作求职简历。对此，有关专家指出，简历只要做到实用，能说明自己适合欲谋求的职位即可，华而不实的简历反而会引起注重成本意识企业的反感。简历是一种很淳朴的东西，表述要客观实在，要让招聘者一眼就能看到关键词。在所学课程的表述上，一些看似冠冕堂皇的学科名称简单罗列，远远不如写明你到底学了哪些知识、掌握了哪些技能的效果好，突出"我会什么"。

第十一章
党政机关公文

第一节　党政机关公文概说

一、党政机关公文的含义

现行公文与 2012 年以前的公文有所不同。2012 年 4 月 16 日，由中共中央办公厅和国务院办公厅联合印发了《党政机关公文处理工作条例》，此条例自 2012 年 7 月 1 日起施行。《党政机关公文处理工作条例》："党政机关公文是党政机关实施领导、履行职能、处理公务的具有特定效力和规范体式的文书，是传达贯彻党和国家的方针政策，公布法规和规章，指导、布置和商洽工作，请示和答复问题，报告、通报和交流情况等的重要工具。"一般将党政机关公文简称"公文"。

二、公文的特点

（一）鲜明的政治性

公文要传达、贯彻党和国家的路线、方针、政策、法规与规章，实施领导和管理，体现和反映党和国家机关的政治意向、指挥意志、行动意图，维护党和政府的权威以及它所代表的人民群众的根本利益，因而具有鲜明的政治性。

（二）公文的法定性

公文的法定性包含三层意思：①作者的法定性。公文的作者是发文的机关单位、合法组织及其负责人，公文必须以这些组织或其合法代表人的名义制发。②权威和效力的法定性。公文一经正式发布，就具有一定的控制性和约束力，有关单位和个人必须遵守或执行。③行文程序的法定性。公文的形成和发布必须符合法定的职权范围和规定程序。

（三）格式的规范性

公文必须按照党和国家领导机关批准并发布的公文规范制发，使用有明确规定的文种，遵循规定的格式和行文程序，不得擅改。格式的规范性要求，参见附录中的《党政机关公文格式》。

（四）作用的时效性

公文是在现实工作中形成和使用的，它的作用有时间上的限制，即具有时效性。就每份具体的公文来说，它的时效长短有别。有的长达几十年，如法律性公文、长远规划、结论性决议；有的时效则很短，如某项具体工作的通知，在事情办完之后就失效。

三、公文的作用

（一）领导、指导和宣传教育的作用

领导、指导是指上级机关制定及发布的各项方针政策、指示、决定等，为下级机关和广大群众指明方向，阐明措施和做法。下级机关和广大群众按照上级的部署、意见和决策进行工作。同时，公文还有阐明政治主张，说服教育群众，让群众了解领导意图等作用。

（二）规范行为的作用

规范行为是指各级领导机关以及各级权力机关发布的命令、决定、通知等，在所要求的范围内，必须贯彻执行，不得违反，否则将会受到纪律的制裁。例如，《国务院关于大兴安岭特大森林火灾事故的处理决定》，决定中有一系列惩处及表彰内容，并作了关于防火制度方面的决策，那么有关单位和部门就必须贯彻执行。

（三）处理公务和记载凭证的作用

处理公务，包括联系公务和办理公务两个方面。在各个机关、组织之间，需要互通信息和情报，需要协调、处理许多工作和事务，如上对下有晓谕与安排，下对上有请求与汇报，单位之间有联系交流与请托配合，这些都要靠公文来完成。

公文是办理公务的凭证和依据。各种公文都比较全面、真实地记录了各个机关工作活动的实际情况，这种客观、系统的记载就使它们具有了保存的价值，成为日后总结工作经验、制定新的政策措施和核对事实的重要查考资料和凭证。

四、公文的种类

在使用公文和处理公文的过程中，根据需要，可按照不同的标准、从不同的角度把公文分为不同的种类。

（一）按适用范围分

公文有狭义和广义之分。狭义的公文是指《党政机关公文处理工作条例》中规定的文种。根据适用范围，《党政机关公文处理工作条例》（中办发〔2012〕14号）规定了以下15种公文文种。

（1）决议。适用于会议讨论通过的重大决策事项。

（2）决定。适用于对重要事项作出决策和部署、奖惩有关单位和人员、变更或者撤销下级机关不适当的决定事项。

（3）命令（令）。适用于公布行政法规和规章、宣布施行重大强制性措施、批准授予和晋升衔级、嘉奖有关单位和人员。

（4）公报。适用于公布重要决定或者重大事项。

（5）公告。适用于向国内外宣布重要事项或者法定事项。

（6）通告。适用于在一定范围内公布应当遵守或者周知的事项。

（7）意见。适用于对重要问题提出见解和处理办法。

（8）通知。适用于发布、传达要求下级机关执行和有关单位周知或者执行的事项，批转、转发公文。

（9）通报。适用于表彰先进、批评错误、传达重要精神和告知重要情况。

（10）报告。适用于向上级机关汇报工作、反映情况，回复上级机关的询问。

（11）请示。适用于向上级机关请求指示、批准。

（12）批复。适用于答复下级机关请示事项。

（13）议案。适用于各级人民政府按照法律程序向同级人民代表大会或者人民代表大会常务委员会提请审议事项。

（14）函。适用于不相隶属机关之间商洽工作、询问和答复问题、请求批准和答复审批事项。

（15）纪要。适用于记载会议主要情况和议定事项。

（二）按行文关系分

按照公文在各级机关之间的运行方向，可将公文分为上行文、平行文和下行文。

（1）上行文。即下级机关向上级机关呈递的公文，一般可分为逐级行文、多级行文和越级行文三种。上行文有报告、请示和议案三种，有时"意见"也可用作上行文。

（2）平行文。即互相没有隶属关系和业务指导关系，同级或不属同一系统的机关部门之间的行文。平行文多采用"函"。

（3）下行文。即上级机关对下级机关制发的文件，一般可分为逐级行文、多级行文、直到基层行文这三种。下行文的文种较多，有决议、决定、命令（令）、公报、公告、通告、意见、通知、通报、批复、纪要11种公文。

（三）按保密要求分

涉密公文应当根据涉密程度分别标注"绝密""机密""秘密"和保密期限。按照公文的保密级别划分，可分为绝密件、机密件、秘密件和普通件。

绝密，是指涉及国家最高核心机密的文件；机密，是指涉及国家重要机密的文件；秘密，是指涉及国家一般秘密的文件。秘密、机密、绝密件的保密期限要根据国家保密局发布的《国家秘密保密期限的规定》来确定。秘密一般不超过10年，机密一般不超过20年，绝密一般不超过30年，特殊情况为"长期"。

（四）按办理时限分

按照公文送达和办理的时限要求划分，根据紧急程度，紧急公文可分为特急和加急；电报分为特提、特急、加急、平急和一般文件。特提件在发出前要通知对方注意接收，接到文件后要打破常规速度办理；特急件一般要求一天内办结；加急件一般要求两三天内办结；平急件的时限稍缓。

五、公文的行文关系

公文的行文关系是根据组织系统、公文法定作者的职权范围与行文单位间的隶属关系确立的发文单位与收文单位之间的关系。公文行文关系是行文规则的基础，必须先弄清楚。根据单位各自的隶属关系和职权范围来看，单位之间的关系有五种。

（一）直接隶属关系

直接隶属关系是指上一级机关与直接的下一级机关之间的领导与被领导的关系，如国务院与省、自治区人民政府之间的关系。

（二）间接关系

间接关系是指处于同一垂直系统的，但又不是上下直接相邻的领导与被领导单位之间的关系，如省人民政府与市下属的县人民政府之间的关系。

（三）业务指导关系

业务指导关系是指各业务系统内上级业务主管部门和下级业务主管部门之间的关系，如国务院职能部门中的国家财政部与省人民政府的省财政厅之间的关系。

（四）平行关系

平行关系是指处于同一系统内的同级机关、单位之间的关系，如省人民政府内财政厅、新闻局、公安厅、农业厅等单位之间的关系。

（五）不相隶属关系

非同一系统的机关之间的关系统称为不相隶属关系，如工业和信息化部直属高等学校和教育部直属高等学校之间的关系。

公文行文时要基于行文关系，遵循行文规则行文，具体行文规则按照《党政机关公文处理工作条例》执行。

六、公文的书面格式

国家质量监督检验检疫总局、国家标准化管理委员会根据中共中央办公厅和国务院办公厅印发的《党政机关公文处理工作条例》的有关规定，对《国家行政机关公文格式》（GB/T 9704—1999）进行了修订，发布了党政机关公文格式新标准，更名为《党政机关公文格式》（GB/T 9704—2012）。

【扫码看资料】
公文的行文规则

新标准主要作了如下修订：

a）标准名称改为《党政机关公文格式》，标准英文名称也作相应修改。

b）适用范围扩展到各级党政机关制发的公文。

c）对标准结构进行适当调整。

d）对公文装订要求进行适当调整。

e）增加发文机关署名和页码两个公文格式要素，删除主题词格式要素，并对公文格式各要素的编排进行较大调整。

f）进一步细化特定格式公文的编排要求。

g）新增联合行文公文首页版式、信函格式首页、命令（令）格式首页版式等式样。

新标准的具体格式要求参见附录部分。

党政机关公文共15种，本书仅讲解常用的几种文种。

第二节　通　知

一、通知的含义

《党政机关公文处理工作条例》规定，通知适用于发布、传达要求下级机关执行和有关单位周知或者执行的事项，批转、转发公文。通知一般用作下行文。

具体来说，通知主要用于发布规章、传达要求下级机关执行以及需要有关单位周知或者共同执行的事项；批转下级机关的公文、转发上级机关和不相隶属机关的公文；还可用于任免和聘用干部。通知是各级党政机关、企事业单位、社会团体使用最普遍的一种文种。从严格意义上说，党政机关的通知属于法定公文，而企业和社会团体的有些通知则属于事务文书。其他单位的通知可参照党政机关的通知格式来撰写。

二、通知的特点

（一）广泛性

通知的广泛性体现在两个方面：一是使用通知的机关单位广泛，不受发文机关级别高低的限制；二是通知的内容很广泛，无论是上级机关的重要决策，还是日常的工作，都可以使用通知进行传达、部署或告知。

（二）常用性

由于通知的内容十分广泛，使用单位不受级别高低的限制，且行文方便，写法灵活多样，因此通知的使用频率很高，是现行公文中使用最多的一种。

（三）时效性

通知对时效性具有明确的要求，它所传达的事项，往往要求受文者及时知晓或迅速办理。比如会议通知，会议一开，通知就失效。

三、通知的种类

从内容和性质上看，通知可以分为发布性通知，批转、转发性通知，指示性通知，告知性通知，会议性通知，任免或聘用性通知。

【扫码看视频】
公文落款和
用印规范

四、通知的写法

通知的结构由标题、主送机关、正文、落款等部分组成。

在所有的公文中，通知的写法最灵活，涉及内容最广泛。不同类型的通知具有不同的写法，各类通知的主送机关和落款部分没有太大区别，下面就不同类型通知的标题和正文的写法作一简要介绍。

（一）发布性通知

发布性通知主要用于发布规章制度和其他重要文件。

（1）标题。一般使用完全式标题，由"发文机关名称+关于发布（颁布、印发）+被发布的文件名称+通知"构成。如果被发布的是法规性文件，应加上书名号，把发布的法规性文件作为附件处理。在发布对象中，凡属法规性文件，标题与行文一般用"颁布""颁发"或"发布"，其他文件则用"印发"，如《天津市人民政府办公厅印发天津市关于进一步支持发展智能制造政策措施的通知》。

（2）正文。依次写清被发布的规章名称、发布的目的、执行的要求和实施的日期即可，篇幅简短。有的通知还需要简要说明被发布的规章的适用范围和执行过程中的有关事宜。

（二）批转、转发性通知

批转、转发性通知用于批转下级机关的公文，转发上级机关、平级机关和不相隶属机关的公文。被批转、转发的公文作为通知的附件。

（1）标题。批转、转发性通知的标题制作比较特殊，通常由转发机关名称加上"批转"或"转发"，然后加上被转发文件的全称，再加上"通知"组成，如《市住建委关于转发〈天津市人民政府关于印发天津市加强质量认证体系建设促进全面质量管理实施方案的通知〉的通知》。

这类标题中会涉及两个或两个以上的文种，拟定标题时应注意以下问题：

1）除发布或转发行政法规、规章性公文加书名号外，标题中一般不加其他标点符号，如《国务院办公厅关于转发教育部等部门教育部直属师范大学师范生公费教育实施办法的通知》。

2）关于层层转发的通知，标题可能会形成如下形式：《××市政府办公室转发××省政府转发省××厅关于××的通知的通知的通知》，为避免重复，可采取省略中转层次直接取原文件标题的方法，即《××市政府办公室转发省××厅关于××的通知的通知》。

（2）正文。简要写明批转（转发）的文件名称、目的和要求，这类通知称为照批照转式通知。有些批转、转发性通知除写清楚上述内容之外，还扼要阐述被批转或转发公文的重要性、必要性以及执行过程中的具体要求，或补充完善有关内容，这类通知称为按语式通知。

（三）指示性通知

指示性通知用于上级机关向下级机关传达领导或职能部门的指示、意见，阐述政策措施，部署工作，阐明工作的指导原则，要求下级机关办理或共同执行等。

（1）标题。一般使用完全式标题，如遇特殊情况，还可在"通知"前加"联合""紧急""补充"等字样，如《国务院办公厅关于保障近期蔬菜市场供应和价格基本稳定的紧急通知》。

（2）正文。指示性通知的正文一般由发文缘由、具体事项和结尾构成。

1）发文缘由主要阐述行文的依据、目的和意义，其目的是提高受文机关对通知事项的

【扫码看案例】
指示性通知
案例分析

必要性和重要性的认识，提高执行的自觉性和积极性。

2）具体事项是指示性通知的主体部分，应写明指示的具体内容，并阐述执行的具体方法。具体事项多采用条款方式，应注意条与条、项与项之间的逻辑关系。

3）结尾部分一般用于提出希望或要求。

（四）告知性通知

告知性通知是将新近决定的有关事项告知受文单位时使用的通知，用于传达需要有关单位周知的事项。这类通知的内容非常广泛，如人事调整、机构的设立和撤销、迁移办公地址等。

（1）标题。一般由"发文机关名称+事由+通知"构成。

（2）正文。这类通知的正文无固定的写法，写清告知事项的依据、目的和具体告知内容即可。

【扫码看案例】
告知性通知案例分析

（五）会议性通知

会议性通知专门用于通知召开会议的有关事项。

（1）标题。一般由"发文机关名称+关于召开××会议+通知"构成，如《国家安全监管总局关于召开全国安全生产工作会议的通知》。

（2）正文。会议性通知在写作上具有要素化的特点，要求写明会议名称、发文目的、中心议题、开会时间、开会地点、参加人员、会前准备及其他事项等。

（六）任免或聘用性通知

任免或聘用性通知是党政机关任免、聘用干部时使用的通知，也包括设立和撤销机构的通知。这类通知与告知性通知区别不大，因其特殊的用途，一般独立为一类。

【扫码看案例】
任免职通知案例分析

（1）标题。一般为《×××关于××等任免职的通知》。

（2）正文。写明任免事项或设立和撤销的事项即可。有的也交代任免依据、工作程序等。在行文时，需遵循先任后免或先设后撤的原则。

五、通知的案例分析及写作技巧

案例分析 1

××大学关于印发
《××大学20××年宣传思想文化工作要点》的通知

各院级党组织：

为进一步做好学校宣传思想文化工作，现将《××大学20××年宣传思想文化工作要点》

㊀　编写说明：在党政机关公文部分所举的范例和案例，均不包括公文版头中发文机关标志、密级、紧急程度和版记中的抄送机关、印发机关、印发日期等公文格式要素。另外，落款部分在教材中均按不加盖印章格式排版。

印发。请各单位认真学习，根据学校整体工作部署，并结合本单位实际，做好贯彻落实工作。

附件：××大学20××年宣传思想文化工作要点

中共××大学委员会
20××年×月×日

（联系人：×××；联系电话：××××）

附件

××大学20××年宣传思想文化工作要点

（附件正文略）

简析

　　这是一份发布性通知。印发的文件以附件的形式下发，附件也是公文的重要组成部分。"工作要点"属于计划类文书，不是党政机关法定公文，不能单独行文，可借助"通知"这个文种来行文。另外，标题中的书名号可以去掉。

案例分析2

教育部关于做好庆祝2020年教师节有关工作的通知

各省、自治区、直辖市教育厅（教委），新疆生产建设兵团教育局，部属各高等学校、部省合建各高等学校：

　　今年9月10日是我国第36个教师节，是尊师重教的重要节日。组织做好2020年教师节庆祝工作，集中展示教育系统深入学习贯彻习近平新时代中国特色社会主义思想，持续实施"奋进之笔"的进展成效，展现广大教师立足教育教学岗位助力打赢新冠肺炎疫情防控阻击战、教育脱贫攻坚战的精神风貌，对于激励广大教师和教育工作者守教育报国初心、担筑梦育人使命，为全面建成小康社会、建设教育强国努力奋斗具有十分重要的意义。

　　今年教师节的主题是：立德树人奋进担当，教育脱贫托举希望。教育部将召开全国教师发展大会，组织优秀特岗教师事迹报告会，开展"特岗计划"实施15周年、"国培计划"实施10周年系列宣传活动，会同中央有关部门和媒体开展全国教书育人楷模推选、"寻找最美教师"活动（教师节当晚播出）、教师风采在线宣传等。各地各校也要围绕主题、结合实际，认真组织开展相关活动。现就教师节庆祝工作有关事项通知如下。

　　一、务实组织各项活动。各地各校要本着隆重、简朴、务实的原则，加强领导、精心策划，结合新冠肺炎疫情防控实际情况，统筹安排好各项庆祝活动。要把学习习近平总书记关于教育特别是教师工作的重要论述引向深入，认真使用《习近平总书记教育重要论述讲义》，领会精髓要义，激发内生动力，引导广大教师和教育工作者厚植爱国主义情怀，坚守立德树人使命，努力培养担当民族复兴大任的时代新人。要主动将教师节的重大活动安排向地方党委和政府汇报，加强与相关部门沟通协调，争取有关方面大力支持。要深入开展走访慰问，特别是要关心乡村一线教师、离退休老教师、家庭困难教师以及受疫情影响的教师等，送去党和政府的关怀温暖，增强教师获得感，确保广大教师过一个喜庆、祥和的节日。

二、广泛弘扬尊师风尚。各地各校要线上线下相结合，通过电视、广播、报纸、网站和"两微一端"等多种媒体形式，表彰会、报告会以及电视、电影、微视频、文学作品等多种艺术形式，充分展现各级党委和政府对教师工作的高度重视，全面反映新时代教师队伍建设取得的巨大成就。结合线上教学、疫情防控、脱贫攻坚等重点工作，从学生、教师、家长、社会等不同角度，深入挖掘宣传优秀教师典型，讲好身边榜样故事，生动展示当代教师阳光美丽、爱岗敬业、无私奉献的良好形象。大力弘扬尊师重教传统，构建新时代尊师文化，广泛动员引导社会力量关心、理解、支持教师，使教师这个神圣职业更具吸引力和成长前景，让尊师重教蔚然成风。

三、加快完善惠师举措。各地各校要持续抓好《中共中央办公厅 国务院办公厅关于减轻中小学教师负担进一步营造教育教学良好环境的若干意见》的贯彻落实，列出具体减负清单，力戒形式主义，为教师营造安心、热心、舒心、静心从教的良好环境。落实公办中小学教师作为国家公职人员特殊的法律地位，健全中小学教师工资长效联动机制，切实保障教师工资待遇。制定教育改革发展和教师队伍建设重大决策、重要文件，充分听取教师代表意见，保障教师参与学校决策的民主权利。做好教师荣休工作。支持鼓励行业企业在向社会公众提供服务时给予教师优先和优待。鼓励图书馆、博物馆、科技馆、体育场馆以及历史文化古迹和革命纪念馆（地）等对教师实行优待举措，体现对教师的特殊关爱。

四、全面落实强师政策。各地各校要深入推进落实《中共中央 国务院关于全面深化新时代教师队伍建设改革的意见》及本地贯彻实施意见，确保国家各项政策举措全面落地见效。突出师德第一标准，加快推动落实《关于加强和改进新时代师德师风建设的意见》，进一步深化落实新时代教师职业行为十项准则。扎实做好特岗教师招聘、"国培计划"实施、公费师范生培养等工作，吸引更多优秀人才投身乡村教育，补上乡村教师队伍建设短板，助力打赢脱贫攻坚战。加大对师范院校支持力度，大力振兴教师教育，促进教师专业成长，从源头上培养高素质教师。推进教师评价制度改革，加强教师管理改革创新，完善教师人才工作机制，激发教师从教动力，使广大教师乐教善教、甘守讲台，为党育人、为国育才。

教育部

2020 年 8 月 18 日

简析

这是一份指示性通知。依托此案例，下面介绍通知的一些写作技巧：

1）主送机关的书写。主送机关较多，超过一行时，回行需顶格。在主送机关中，同级别的并列机关之间用顿号，不同类别机关之间用逗号，最后使用全角冒号；也可以从逗号的地方回行，回行需顶格。如：

各省、自治区、直辖市教育厅（教委），

新疆生产建设兵团教育局，

部属各高等学校、部省合建各高等学校：

2）指示性通知前言部分的写法。指示性通知的前言部分一般有八种写作模式：①目的+过渡句；②现状+目的+过渡句；③现状+不足+目的+过渡句；④名词解释+现状+不足+目的+过渡句；⑤依据+目的+过渡句；⑥依据+现状+目的+过渡句；⑦定性+依据+目的+过渡句；⑧定性+目的+过渡句。例如，下面是《国务院关于在全国推开"证照分离"改革的通知》（国发〔2018〕35号）的开头部分，就采用了"现状+目的+过渡句"模式。

"证照分离"改革在上海市浦东新区试点并在更大范围复制推广以来，有效降低了企业制度性交易成本，取得了显著成效。为进一步破解"准入不准营"问题，激发市场主体活力，加快推进政府职能深刻转变，营造法治化、国际化、便利化的营商环境，在前期试点基础上，国务院决定在全国推开"证照分离"改革。现就有关事项通知如下。

3）遣词造句的技巧。指示性通知一般用于对今后一段时间的工作进行安排，重在安排部署工作，提出工作重点和工作要求。在遣词造句上，与计划类文书的写法基本相同，即多使用"动宾结构"来表达主要工作，使用不同的"状语"来表达对工作的要求。例如，案例中的"落实……地位，健全……机制，切实保障……待遇""加大……力度，大力振兴……教育，促进……成长，培养……教师。推进……改革，加强……创新，完善……机制，激发……动力"等。

4）通知内容的逻辑安排。文中各级小标题或中心句有不同的处理方法。如果独立成行，可作为小标题；不独立成行，就作为中心句，可以加粗显示。在安排段与段之间的顺序时，可以以重要程度为序，也可以以办事程序为序。在安排句与句之间的顺序时，可以以由大到小为序、以宏观到微观为序或者以事理逻辑为序，要讲究事项之间的逻辑关系。

第三节　通　报

一、通报的含义

通报是用于表彰先进、批评错误、传达重要精神和告知重要情况时使用的公文，属于下行文。通报具有知晓性和指导性的特点。

二、通报的种类

根据通报的含义，可将通报分为表彰性通报、批评性通报和情况性通报三种类型。

（一）表彰性通报

表彰性通报主要用于表彰先进人物、先进集体，介绍先进经验，其主要作用是表彰先进、树立榜样，以达到激励先进、发扬正气、推广经验、指导工作的目的。

（二）批评性通报

批评性通报主要用于对工作中出现的影响较大的错误事件、错误做法进行通报批评，借以告诫和教育人们吸取教训，引以为戒。

（三）情况性通报

情况性通报主要用于向干部群众传达重要精神和告知重要情况，使广大干部群众及时了解工作中存在的普遍性的问题或出现的新情况和新问题，以便统一认识，统一行动，推动工作的顺利进行。

三、通报的写法

通报的结构一般由标题、主送机关、正文、落款四部分组成。

（一）标题

通报的标题主要有三种写法。

1）由发文机关名称、事由和文种组成，如《中共教育部党组关于脱贫攻坚专项巡视整改进展情况的通报》。

2）由事由和文种构成，如《关于表彰×××等同志的通报》。

3）少数通报的标题是在文种前冠以机关名称，如《中共××市纪律检查委员会通报》；也有的通报标题只有文种名称，一般只见于张贴式通报。

（二）主送机关

除普发性通报外，其他通报均应写明主送机关。

（三）正文

通报的正文由开头、主体和结尾构成。开头部分说明通报缘由，主体部分说明通报决定，结尾部分提出希望和要求。不同类型的通报，其正文的写法不尽相同。

1. 表彰性通报

根据表彰通报的内容和对象，可分为表彰先进人物、先进集体和介绍先进经验两大类。

（1）表彰先进人物、先进集体的通报正文大体可分为四个部分。

一是概括介绍先进人物或先进集体的事迹，说明通报缘由。叙述先进事迹，包括时间、地点、人物、事件、结果等要素，详略得当、重点突出，这部分是通报的主要内容，应写得详细些。

二是分析评议先进事迹的典型意义，并对此作出肯定性、合理性的评价，阐明所述事迹的性质和意义。评价时要实事求是，不能任意夸大。

三是依据相关规定作出表彰决定，如通报表扬、授予荣誉称号或给予一定的物质奖励等。

四是发出希望和号召，既要包括对表彰对象的勉励和期望，又要包括对广大群众的希望和号召，以体现发文意图。

（2）介绍先进经验的通报正文一般可分为三个部分。

一是简要介绍取得经验和成绩的相关事迹，并依据有关规定作出表彰决定。

二是具体介绍取得经验和成绩的单位或个人的典型做法及其成功经验。这部分是全文的核心，为了更好地宣传、推广先进经验，可采取分条列项式写法。

三是指出存在的不足，有则写，没有则不必强求。

2. 批评性通报

批评性通报的行文目的在于要求相关单位和个人从被通报的事件中吸取教训，以反面典型事例对群众进行教育，以防类似事件再次发生。其正文部分大致包括以下四个方面。

【扫码看案例】
通报案例分析

（1）错误事实概述。首先概括地介绍错误事实发生的时间、地点、简单经过，以及造成的经济损失和政治影响等。

（2）分析原因。主要是客观分析错误事实产生的原因，并指出错误的性质、危害以及违反了哪些政策、规定。

（3）处理办法。首先要提供处理的有关依据，然后提出对主要责任者的处理决定和工作上的改进措施。

（4）提出要求并发出警戒。主要是要求被通报的有关单位或人员，从此类错误中吸取教训，同时向有关方面发出不要再犯类似错误的警戒。

3. 情况性通报

情况性通报主要用于传达重要精神和告知重要情况，重在"报"，其正文部分主要包括以下三个方面的内容。

（1）叙述情况。这一部分所占篇幅相对大一些，但在写作时要注意表述准确，语言精练。

（2）分析情况。针对通报的相关情况，作出恰如其分的分析，并表明态度。

【扫码看视频】
情况性通报的写法

（3）提出要求。根据通报的情况，提出今后工作的具体意见和要求。

在具体写法上，有的是先摆情况，然后进行分析得出结论；有的是先通过简要分析作出结论，再列举情况来说明结论的正确性和针对性。总之，写法多样，如何表述可因事制宜，无须强求一律。

（四）落款

在通报正文的右下方，署以发文机关名称，署名下方写成文日期。

四、通报的案例分析及写作技巧

案例分析

国务院教育督导委员会办公室
关于一些地区个别校外培训机构违规经营查处情况的通报

各省、自治区、直辖市人民政府办公厅：

2018年以来，按照党中央、国务院的决策部署，在有关部门和各地共同努力下，校外培训机构专项治理取得重要阶段性成效。但近期，一些地区陆续发生个别校外培训机构违法违规经营的问题，反映出一些地方治理工作还不够深入不够到位，新情况新问题仍不断出现。为进一步强化警示作用、推动校外培训机构规范发展，现将有关情况通报如下：

一、有关违规及查处情况

（一）湖北省武汉市新航道培训学校学科类培训人员24人中有9人无教师资格证。武汉市洪山区教育局立即向该机构下达《整改通知书》，责令其停止无教师资格证教师的培训业务，撤下官网不实宣传信息，并将视整改情况确定其年检结论。

（二）河南省郑州市学成教育信息咨询有限公司未经审批举办"学成金牌私塾"。郑州市金水区教体局现场下发了《责令停止办学通知书》，要求其立即停止一切培训行为，并做好退费等后续工作。目前该机构已停止办学。

（三）江苏省徐州市经济技术开发区佳乐教育在2018年专项治理中因无证培训已被取缔，但其在未取得办学许可的情况下再次营业。徐州市经济技术开发区教体局立即终止其办学行为。目前所有预收学费均已退还学生家长，聘用教师工资已结清。

（四）上海市杨浦区Z18生活广场的蓝意教育、宝知成、MUMA儿童艺术、吉田、海伦多兰、艺学堂等6家培训机构无办学许可。上海市杨浦区教育局已约谈相关机构负责人，责令其立即整改，要求违规机构在取得资质前不得营业。

（五）广东省广州市高冠教育咨询有限公司被取缔后拒不退费。广州市相关区教育局已将其列入黑名单，通过"全国中小学生校外培训机构管理服务平台"向社会公布。目前，广州市公安局经侦支队已介入调查。

（六）福建省福州市雷丁英语培训中心无故关门停课，且拒不退费，涉嫌恶意终止办学。福州市鼓楼区教育局、台江区教育局已对该机构及分支点处以年检评定不合格、列入黑名单等处理。当地公安机关已经介入调查处理。

二、工作要求

当前正值暑期，是违法违规培训行为最容易爆发的关键时期，各地务必要予以高度重视，落实《国务院办公厅关于规范校外培训机构发展的意见》要求，采取有力措施，坚决查处违法违规培训行为，切实巩固治理成果。

（一）加强对重点区域的巡查监测。各地要统筹教育、市场监管、公安、消防、民政、人社等部门以及街道、居委会等多方力量，抓紧开展一次专门排查，并在暑假期间不定期进行专项巡查监测；重点巡查培训机构集中的热点区域以及学校周边地区，一旦发现培训机构违规开展培训，坚决予以严肃查处并及时向社会通报。

（二）严格审核备案学科类培训班。各地要对培训机构假期开展的学科类培训班严格进行审核备案，务必做到学科类培训班全部备案并向社会公示。一经发现有超标超前培训内容的，必须立即整改，整改不到位的直接取消培训班次，拒不整改的依法依规进行处罚，直至吊销办学许可。

（三）畅通渠道主动接受社会监督。各地要尽快将校外培训机构信息录入全国中小学生校外培训机构管理服务平台，并用好举报投诉功能，畅通举报渠道，认真对待群众投诉，及时核实，严肃处理，保持高压态势，切实防止违规培训行为发生。

国务院教育督导委员会办公室
2019 年 7 月 8 日

简析

这是一份情况性通报。前言部分写明通报缘由。第一部分分条列项通报了有关违规及查处情况，第二部分明确提出下一步工作的要求。这份通报为推动校外培训机构规范发展提出了一系列的整改意见，起到了通报的作用。

情况性通报和批评性通报都要有理有据，要把握好度，否则难以达到发文目的，可能还适得其反。下面就撰写通报应注意的问题进行简要说明。

（1）通报的内容必须真实。通报的事实和所引用的材料，都必须真实无误。行文前必须做好调查研究，对有关情况要认真进行核对，并客观、准确地进行分析和评论。

（2）通报的决定要恰如其分。无论哪一种通报，都要做到态度鲜明，分析中肯，评价实事求是，结论公正准确，用语把握分寸，否则通报不但会缺乏说服力，而且有可能产生副作用。

（3）通报的语言要庄重简洁。批评性通报要特别注意用语分寸，要力求文实相符，不讲空话、套话，不讲过头的话。

第四节　请　　示

一、请示的含义

请示是适用于向上级机关请求指示、批准的公文。

请示属于上行文，在向上级机关行文时，应当严格遵循上行文的规则，在《党政机关公文处理工作条例》"第四章 行文规则"中有明确规定。另外，为了提高工作效率，上级机关收到请示后，应当及时予以批复。

二、请示的适用范围

在工作中，下级机关不能任何事情都向上级请示，其适用范围有比较明确的规定，大致可归纳为以下五个方面。

1）下级机关遇到新情况、新问题，因无章可循而没有对策或没有把握，需要上级机关给予指示时，要用请示。

2）下级机关在处理较为重要的事件和问题时，因涉及有关方针政策必须慎重对待，需要报请上级机关批准时，要用请示。

3）下级机关在工作中遇到问题，虽有解决办法，但由于职权、条件的限制，没有权力或没有能力实施这些办法，需要上级帮助解决时，要用请示。

4）下级机关对有关方针、政策和上级机关发布的规定、指示有疑问，需要向上级机关给予解答时，要用请示。

5）下级机关之间在较重要的问题上出现意见分歧，需要上级机关裁决时，需要请示。

三、请示的特点

（一）呈批性

请示属于双向对应文种之一，与它相对应的文种是批复。下级机关有一份请示呈报上去，上级机关对呈报的请示事项，无论同意与否，都必须给予批复回文。

（二）针对性

只有本机关单位职权范围内无法决定的重大事项，如机构设置、人事安排、重要决定、重大决策、项目安排等问题，以及本机关没有对策、没有把握或没有能力解决的重要事件和问题，才可以用"请示"行文。

（三）单一性

请示行文必须遵循"一文一事"原则。一份请示只能就一项工作、一种情况或一个问题作出请示。请示的单一性还体现在主送机关的数量上，只写一个主送机关，即使受双重领导的下级机关，也只能主送其一，必要时抄送另一个上级机关。

（四）时效性

请示是针对本单位当前工作中所涉及的新情况或新问题，为求得上级机关指示或批准的公文，请示事项都有一定的迫切性，应当及时制发，如有延迟，就有可能延误解决问题的时机。

四、请示的种类

根据行文的目的、性质和内容的不同，可将请示分为以下三种。

（一）请求指示的请示

遇到本机关在职权范围内过去没遇到过的新情况、新问题，在有关的方针、政策、规章以及上级的指示中，都找不到相应的处理依据，无章可循，因而没有对策，需要上级机关给予指示。对有关方针、政策和上级机关发布的规定、指示有疑问，不能擅自决定的，需要上级机关给予解释和说明时，要用请示。与同级机关或协作单位在较重要的问题上出现分歧，需要请求上级机关裁决的，需用请示。

（二）请求批准的请示

下级机关在工作中的新做法、新方案、新项目等，需要上级机关批准后方可执行的，一般需要请求上级批准。依据有关规章和管理权限，下级机关制定的某些规定、规划等，需要经过上级机关的批准才能发布实施。请求审批某些项目、指标，如在工作中遇到人、财、物方面的困难，自己无法解决，可提出解决方案请上级机关审批。

（三）请求批转的请示

下级机关就某一涉及面广的事项提出处理意见和办法等，需有关单位协同办理，但按规定又不能直接要求平级机关或不相隶属机关办理的，需请求上级机关审定后批转至有关部门执行。

【扫码看视频】
请示的写法

五、请示的写法

请示的结构由标题、主送机关、正文和落款四部分组成。

（一）标题

请示的标题大致有两种写法。

1）由发文机关名称、事由和文种构成，如《××学院关于增加20××年人员编制的请示》。

2）由事由和文种构成，如《关于成立××协会的请示》。

作为上行文，其标题一般不能省略发文机关名称。"请示"这一文种的标题不能仅写"请示"二字，也不能将"请示"写成"报告"或"请示报告"。"报告"是另一文种，"请示报告"则无此文种，是一种错误的命名。另外，请示含有请求、申请的意思，所以请示的标题中不宜再出现"请求"或"申请"等字样。

（二）主送机关

请示的主送机关是指负责受理和答复请示的机关。请示只写一个主送机关，如需同时报送其他上级机关，应当用抄送的方式；受双重或多重领导的机关向上级机关行文，应当写明主送机关和抄送机关，由主送机关负责答复其请示事项。

《党政机关公文处理工作条例》还规定："除上级机关负责人直接交办事项外，不得以本机关名义向上级机关负责人报送公文，不得以本机关负责人名义向上级机关报送公文。"

（三）正文

请示的正文一般包括开头、主体和结尾语三部分。

1. 开头

开头部分主要交代请示的缘由。它是请示事项能否被批准的关键，关系到事项是否成立，是否可行，关系到上级机关审批请示的态度，也是上级机关批复的根据，所以原因要客观、具体，理由要合理、充分，上级机关才好及时决断，予以有针对性的批复。因此，缘由常常十分完备，依据、情况、意义、作用等都要写上，有时还需要说明相关背景。

2. 主体

主体部分主要说明请求的具体事项。这部分内容要单一，坚持一文一事的原则。请求事项要符合法规、符合实际，具有可行性和可操作性。事项要写得具体、明确、条项清楚，如果请示的事项比较复杂，要分清主次，逐条写出，条理要清晰，重点要突出，用语要平实、恳切。

3. 结尾语

结尾语要另起一段，使用请示的习惯用语，如"当否，请批示""妥否，请批复""以上请示如无不妥，请批复""以上请示如无不妥，请批转各部门研究执行"等。结束语是请示必不可少的一项内容，不能遗漏。

如请示中有附带的名单、报表、方案等补充材料，可作"附件"处理。

（四）落款

请示的落款包括署名和成文时间两项内容。如为联合请示，主办单位印章在前，协办单位印章在后，最后一个单位的印章下压成文日期。

六、请示的案例分析及写作技巧

案例分析

关于申请青少年活动场所建设资金的请示

共青团中央、财政部：

近年来，××各级共青团组织深入贯彻落实中办、国办下发的《关于加强青少年学生活动场所建设和管理工作的通知》意见和全国青少年活动阵地建设工作会议精神，进一步加大全省青少年活动场所建设和管理工作力度，积极争取各级党委、政府和有关部门的政策支持，确定了一批新建和改扩建重点项目，并纳入当地"十五"规划之中。

目前，我省已发展团属青少年活动场所二十二处。但是，与广东、浙江、江苏等全国先进省市相比还存在很大差距，也与××作为经济大省、人口大省的地位不相称。尤其是我省的××、××、××、××、××五个地级市，尽管这五个市青少年人数占全省青少年人数的18%，但是由于经济欠发达，至今还没有一处专门的青少年活动场所，影响了青少年教育事业的进一步发展。为更好地发挥共青团培养教育广大青少年的作用，进一步推动青少年事业的发展，××等五市团组织经多方努力、积极争取，已经在当地立项建设适应青少年事业发展的青少年活动场所。目前，五市团组织已经着手筹集工程建设资金，并已通过政府划拨、团委自筹等方式筹集到大部分资金，但建设资金缺口仍然很大。另外，××市××同志纪念馆于1995年建馆，由于建馆比较仓促，现有的基础设施及规模已不能适应当前形势的需要。为充分发挥纪念馆教育青少年的作用，该馆拟在原来基础上适当进行扩建。虽然该馆已自筹大部分资金，但是缺口仍然很大。为确保各工程顺利进行，特申请划拨青少年活动阵地建设专项经费 1215 万元，以此来积极争取政府和社会各界更多的关心和支持，配套相应比例的建设资金，推动青少年活动阵地建设的深入发展。

当否，请批示。

附：1. 部分新（扩）建青少年活动场所建设情况一览表（略）

2. 各市关于申请青少年活动场所建设资金的报告（略）

3. 各市关于建设青少年活动场所的批复（略）

共青团××省委

××省财政厅

×年×月×日

简析

这是一份联合行文的"请示"，其中存在一些问题。

首先，联合行文是可以的，但不能"多头行文"，因此，请示的主送机关只能是一个。多单位联合请示的情况下，按照多部门联合行文的规定，应当根据请示事项与主管业务的关联紧密程度，确定一个主送机关。

其次，文中申请青少年活动场所建设资金涉及两部分资金，一是青少年活动场所建设资金，二是纪念馆扩建资金。文中将两部分资金合并为"青少年活动阵地建设专项经费"，这不利于上级机关批复，如果上级机关只批准其中一项，就不好批复了。因此，建议将两部分资金分开申请，甚至可以写两份"请示"。

再次，该请示的"附件"书写格式有误。公文如有附件，在正文下空一行左空两字编排"附件"二字，后标全角冒号和附件名称。如有多个附件，使用阿拉伯数字标注附件顺序号（如"附件：1. ××××"）；附件名称后不加标点符号。附件名称较长需回行时，应当与上一行附件名称的首字对齐。所以，该文的"附"不妥。另外，应左空两字。

最后，如果是要盖章的纸质版，发文机关署名和成文日期的地方，联合行文的两个单位不应上下排列，而应左右排列。

下面谈谈撰写请示应注意的问题：

（1）一文一事。一份请示只能请求一个事项，这是《党政机关公文处理工作条例》所规定的。如果一文多事，可能导致受文机关无法批复。

（2）单头请示。请示应主送直接上级机关，其他确需了解请示事项的领导机关，采取抄送形式处理，不要搞多头请示。如是受双重领导的机关，也应根据请示内容和承办责任，选择一个主送机关，由主送机关负责答复请示事项，对另一领导机关采取抄送形式。

（3）不越级请示。请示一般不得越级上报，如因特殊情况或紧急事项必须越级请示时，需同时抄送被越过的直接上级机关。另外，除领导直接交办的事项外，请示不得直接报送领导个人。

（4）不滥用请示。凡在自己职权范围内经过努力能够处理和解决的问题和困难，都应尽力自行解决，不能动辄请示。

（5）不抄送下级。请示是上行文，行文时不得同时抄送下级，以免造成工作程序混乱，更不能要求下级机关执行未经上级机关批准的事项。

（6）不独断专行。请示的事项若涉及其他机关时，主办机关应当主动与有关部门协商并取得一致意见，必要时还需与其他部门联合行文，以便统一认识、统一行动。如与有关部门意见不一致，应在请示中如实反映，并抄送有关部门。

第五节　报　　告

一、报告的含义

报告是适用于向上级机关汇报工作、反映情况，回复上级机关的询问的公文。报告属于上行文。

报告的适用范围很广，可用于定期或不定期地向上级机关汇报工作，反映实际工作中遇到的问题，反映本单位贯彻执行各项方针、政策、批示的情况，为上级机关制定方针、政策或作决策、发指示提供依据；也可用来向上级机关陈述意见，提出建议；还可用于回复上级机关的询问，使上级机关在全面掌握情况的基础上，准确、有效地指导工作。

二、报告的特点

（一）陈述性

本单位遵照上级指示，做了哪些工作、怎样做的这些工作、取得了哪些成绩、还存在哪些不足，要一一向上级陈述。反映情况时，要把时间、地点、人物、事件、原因、结果叙述清楚，向上级机关提供准确的现实性信息，所以报告大都采用叙述、说明的表达方式，具有明显的陈述性。

（二）汇报性

汇报性是报告相对于"请示"而言的特点。报告是下级机关向上级机关或业务主管部门汇报工作，一般是将做过的事情报告给上级，让上级掌握基本情况，以利于上级对工作进行指导。所以，汇报性是报告的一大特点，这是报告同请示的根本区别。

（三）单向性

单向性也是报告相对于"请示"而言的特点。报告是下级机关向上级机关汇报工作、反映情况时使用的单方向上行文，不需要上级机关予以批复。请示具有双向性的特点，有批复与之相对应，报告则是单向性行文。

三、报告的种类

按写作范围分，报告可分为综合报告和专题报告。按内容和性质来分，报告可分为以下四种。

（一）工作报告

工作报告主要用于汇报工作，向上级机关汇报某一阶段工作的进展、成绩、经验、存在的问题及打算，汇报上级机关交办事项的执行情况等。

（二）情况报告

情况报告用于向上级机关汇报工作中发生或发现的某些情况或问题，特别是反映工作中的重大情况、特殊情况和新情况。

（三）建议报告

建议报告是下级机关就工作中的重大问题和事项，专门向上级机关提出相关建议的报告。

（四）答复报告

答复报告用于答复上级机关的询问或汇报上级所交办事情的办理结果。

作为党政机关公文的报告，和一些专业部门从事业务工作时所使用的标题中也带有"报告"二字的行业文书不是相同的概念，如"审计报告""评估报告""立案报告""调查报告""鉴定报告"等，这些文书不属于党政机关公文的范畴。

四、报告的写法

报告的结构由标题、主送机关、正文、落款四部分组成。

（一）标题

报告的标题主要有两种写法。

1）由发文机关、事由和文种构成，如《××部关于××抗灾救灾工作的情况报告》。

2）由事由和文种构成，如《关于共青团组织格局创新工作选举结果的报告》。

（二）主送机关

报告的主送机关应为负责受理报告的上级机关，一般为发文机关的直接上级机关。

（三）正文

报告正文的结构一般由开头、主体和结尾语等部分组成。

1. 开头

报告开头主要交代发文的缘由，概括说明报告的目的、意义或根据，然后用"现将有关情况报告如下"一语转入下文。

2. 主体

报告主体是报告的核心部分，用来说明报告事项。在不同类型的报告中，正文中报告事项的内容可以有所侧重。

（1）工作报告的主体部分。工作报告的主体部分要写明工作进度、工作成绩、经验教训、存在的问题以及下一步工作安排。主要采用记叙方式撰写，按时间顺序、工作发展过程或逻辑关系分设若干部分，有层次地概括叙述。要避免把工作报告写成面面俱到的流水账，需要点面结合，重点突出。要实事求是地汇报工作，报告中所列成绩或问题都必须属实，不夸大不缩小，并能从中揭示一定的规律性认识。在报告中可以写设想、提建议，但不可附带请示事项。

（2）情况报告的主体部分。情况报告要将工作中的重大情况、特殊情况和新动态等及时向上级机关报告，便于上级机关根据下级情况，及时采取措施，指导工作。作为下级机关，有责任做到下情上传，保证上级机关耳聪目明，对下级机关的情况做到了如指掌。如果隐情不报，则是一种失职行为。写作中要将突发情况或某事项的原委、经过、结果、性质与建议表述清楚，有助于推进当前工作的开展。

（3）建议报告的主体部分。建议报告与一般工作报告不同，它不侧重于汇报工作情况，而是侧重于对普遍存在的问题提出意见或建议。因此，在概括叙述事实的基础上，加强分析和说理，在表述上多用分条列项式写法。报告所提出的意见或建议，要具有科学性和可行性。

（4）答复报告的主体部分。针对上级的询问，要实事求是地、有针对性地回答上级机关的询问和要求。要写清问题，表明态度，不可含糊其辞。

3. 结尾语

根据报告种类的不同，一般使用不同的程式化用语，应另起段来写。工作报告和情况报告的结束语常用"特此报告"；建议报告则用"请审阅""请收阅"等；答复报告多用"专此报告"。报告的结束语不是必需的要素。

【扫码看案例】
报告案例分析

【扫码看视频】
报告的写作技巧

（四）落款

在正文后右下方标注发文机关名称和成文日期。

五、报告的案例分析及写作技巧

 案例分析

关于拟建科学馆的请示报告

县政府：

我校是××镇的中心小学。学校建筑面积1.2万平方米，在校学生、教职工800多名。多年来学校防火设施比较简陋，除简易防火工具外，仅有消防栓一处，且因年久失修，达不到

喷射要求，一旦发生事故，后果不堪设想。市消防部门多次检查、提出建议，但因缺少资金一直没有按重点防火单位标准建设。为确保安全，做到常备无患，急需修建地下消防栓4处（三栋教学楼各一处，实验室一处），需拨款5万元（计划附后）。此外，为加强学生动手能力的培养，拟建一座科学馆，急需资金50万元（计划附后）。

　　特此报告，请批准。

××县××镇××小学

×年×月×日

🔍 简析

　　此文存在以下几个问题。

　　1）公文标题中使用的文种不当，应用"请示"。"请示报告"不是文种，是一种错误的命名。在现行公文文种中，只能用"请示"来请求上级机关批准相关事项。

　　2）主送机关错误。本文属越级行文，该学校的直接上级应为镇人民政府。

　　3）从该公文正文来看，共请求了两项拨款，不符合"一文一事"的原则。

　　4）该公文结束语不规范，正确写法应该是"妥否，请批示"或"以上请示如无不妥，请批准"。

　　报告和请示都是上行文，实际工作中，容易将两者混用，因此，需要了解它们在适用范围和行文要求等方面的差异。

　　（1）行文时间不同。报告在事前、事中、事后皆可行文；请示需事前行文。

　　（2）行文的目的、作用不同。报告旨在向上级机关汇报工作、反映情况、提出建议、答复上级询问，不需上级答复，重在呈报，报告中不得夹带请示事项；请示旨在请求上级批准、指示、支持和帮助，需上级批复，重在呈请。

　　（3）主送机关数量可以不同。报告有时可写多个主送机关，如遇紧急情况需要同时上报多个领导机关；请示只写一个主送机关，即使是受双重或多重领导的下级机关，也只能写一个主送机关，根据需要，其他机关可作为抄送机关。

　　（4）行文内容和侧重点不同。报告的内容广泛，容量可大可小，侧重于概括陈述情况、总结经验教训，形式多样，表述灵活，体现报告性；请示内容单一，篇幅短小，要求一文一事，侧重于讲明原因，陈述理由，表述事项，体现请求性。

　　（5）结尾结束用语不同。报告的结束语一般写"专此报告""特此报告""以上报告，请审阅"等，有时还可省略结束语；请示的结束语不可省略，一定要写"以上请示，请批复"之类的习惯用语。

　　（6）受文机关处理方式不同。报告多数是阅件，除需批转的建议报告外，上级机关对其余各类报告不必行文；请示属办件，收文机关必须予以批复。

第六节　意　见

一、意见的含义

意见是对重要问题提出见解和处理办法的党政公文。

二、意见的特点

（一）指导性

意见既可以对工作作出指导，提出要求，又可以对工作提出建议。意见虽然在文种的字面含义上没有指示、批复那样明显的指导色彩，似乎只是对某方面工作提出一些意见供参考，但实际上它也是指导性很强的一种文种。

（二）针对性

意见有较强的针对性。它总是根据现实的需要，针对某一重要的问题提出见解或处理意见，这些意见对于解决目前存在的问题起着积极的作用。

（三）原则性

意见通常不是具体的工作安排，而是从宏观上提出见解和意见，要求受文单位结合具体情况，参照文件中提出的要求来办理。下级机关在落实意见精神时，比起执行指示有更大的灵活处理的余地。

三、意见的种类

根据性质和用途的不同，可将意见分为以下四类。

（一）指导性意见

指导性意见是上级机关对有关问题或有关工作提出政策性、倾向性观点的下行文。这种意见对下级有一定的约束力，也具有变通性。有些工作部署不宜以决定、命令、通知等文种行文，便多以指导性意见行文。

（二）实施性意见

实施性意见是对某一时期某方面的工作规定目标和任务，提出措施、方法和步骤一类实施要求的下行文。这种意见指导下级工作，与实施计划的效用相似。

（三）建议性意见

建议性意见是下级机关向上级机关提出工作建议的上行文，它分为呈报类建议意见和呈转类建议意见。有时，这类意见也可以用建议性报告来行文。

（四）评估性意见

评估性意见即业务职能部门或专业机构就某项专门工作、业务工作在经过鉴定、评议后得出的，送交有关方面的鉴定性、结论性意见。它有时作上行文，有时作下行文，但主要还是作不相隶属机关之间的平行文。

四、意见的写法

意见的结构一般由标题、主送机关、正文、落款四部分组成。

(一)标题

完全式标题由发文机关、事由和文种组成。下行意见一般用完全式标题,上行意见通常省略发文机关名称。一般采用"(发文机关)关于……的意见""对……的几点意见"的形式,如《中共中央　国务院关于进一步加强和改进大学生思想政治教育的意见》。

(二)主送机关

上行意见和平行意见均有主送机关,评估性意见和下行意见可以省略主送机关。主送机关的写法与一般公文相同。

(三)正文

不同性质的意见,其正文有不同的写法。

1. 指导性意见和实施性意见

这两类意见属于下行意见,其正文一般先交代当前某项工作的背景和存在的问题,在目的句"为了……现提出如下意见"之后,转入事项部分,表述上级机关对某项工作的政策性、倾向性意见,或者对完成某项工作提出措施、方法和步骤一类的实施要求,通常用"以上意见,请结合实际情况贯彻执行"这类语句作结。

如果意见的内容繁多,可列出小标题作为各大层次的标题,小标题下再分条表述。有些意见需要对贯彻执行提出一些要求,可以列入条款,也可单独在正文最后写一段简练的文字予以说明。

2. 建议性意见

这类意见是上行意见,其正文开头写明提出意见的依据、背景和目的,事项部分是下级机关对有关问题或某项工作提出的见解、建议或解决办法。事项部分要符合政策法规,有理有据,具有合理性或可操作性。

呈报类建议意见一般用"以上意见供领导决策参考""以上意见供参考"等语作结。呈转类建议意见则通常用"以上意见如无不妥,请上级批转……执行"之类的语句作结。

3. 评估性意见

评估性意见的正文一般开门见山,以"现对……提出如下鉴定意见"引出具有针对性、科学性的具体结论后即作结。这类意见作出的评价或鉴定一定要科学、公正,用事实和数据说明情况,提出的结论要实事求是,恰如其分,尤其是批评性意见要有理有据,不但要指出错误和不足之处,也要尽可能提出改进意见。

【扫码看案例】
意见案例分析

(四)落款

在正文后右下方标注发文机关名称和成文日期。

五、意见的案例分析及写作技巧

案例分析

教育部关于进一步加强高等学校法治工作的意见

各省、自治区、直辖市教育厅（教委），新疆生产建设兵团教育局，有关部门（单位）教育司（局），部属各高等学校、部省合建各高等学校：

为深入贯彻落实党的十九大和十九届二中、三中、四中全会精神，坚持和完善中国特色社会主义教育制度体系，推进高等学校治理体系和治理能力现代化，进一步加强高等学校法治工作，全面推进依法治教、依法办学、依法治校，现提出以下意见。

一、**深化对高等学校法治工作重要性的认识**。中国特色社会主义进入新时代，高等教育到了更加注重内涵发展的新阶段。随着高等教育改革的不断深入，学校办学自主权进一步落实，内部治理法治化、制度化、规范化的要求更为凸显，广大师生对民主、法治、公平、正义的诉求日益增长，参与学校治理和保障自身权益的愿望更加强烈。学校要以习近平新时代中国特色社会主义思想为指导，深入学习贯彻习近平总书记全面依法治国新理念新思想新战略和关于教育的重要论述，深刻认识新形势新变化提出的新任务新要求，切实把依法治理作为学校治理的基本理念和基本方式，融入、贯穿学校工作全过程和各方面。学校要健全领导机制、加大工作力度，以法治思维和法治方式引领、推动、保障学校改革与发展，努力在法治中国建设中发挥引领示范作用。

二、**明确党政主要负责人推进法治工作第一责任人的职责**。学校党政主要负责人应当切实履行依法治校组织者、推动者和实践者的职责，对学校章程制定实施、规章制度体系建设、法治工作机构和队伍建设、校内民主管理、学术治理等重要工作要亲自部署、亲自协调、亲自推进。要把法治工作纳入学校发展规划和年度工作计划。学校党委全委会和常委会、校长办公会议（校务会议）要定期听取关于法治工作的汇报，及时研究有关问题。要指定一名校领导分管法治工作，明确法治工作机构职能定位和工作人员岗位职责。学校党政主要负责人要带头依法办事。学校领导班子在年度考核述职中要围绕法治学习情况、重大事项依法决策情况、依法履职情况等进行述法；要把法治观念、法治素养作为衡量干部的重要内容，把遵守法律、依法办事作为考察干部的重要依据。学校主管部门要把依法治校、依法办学情况作为考核学校领导班子的重要指标。

三、**构建系统完备的学校规章制度体系**。推进学校章程的学习宣传和贯彻实施，在学校网站显著位置公布章程，将章程纳入教职工入职、学生入学培训内容。健全章程的解释和修订程序，使章程的稳定性和适用性有机统一。（略）

四、**完善学校法人治理结构**。坚持和完善以党委领导下的校长负责制为核心的学校领导体制和治理体系，推进决策、管理的科学化、民主化、法治化。（略）

五、**健全师生权益保护救济机制。**对教师、学生的处理、处分，应坚持教育与惩戒相结合，遵循比例原则，严格履行程序，处理、处分决定作出前应当进行合法性审查。建立健全校内权益救济制度，完善教师、学生申诉的规则与程序。（略）

六、**完善学校法律风险防控体系。**健全合同管理制度，加强对学校及下属机构对外签署合同的审查。积极推进学校无形资产保护、校园安全、国际交流与合作、资产经营与处置、后勤管理与服务、基建工程、教学科研、人事管理等方面涉法事务管理，梳理法律风险清单，明确处置办法。（略）

七、**开展以宪法教育为核心的法治教育。**学校要把学习宣传宪法摆在普法工作的首要位置，将宪法教育寓于学生培养全过程。制定学校普法规划，推进国家普法规划和教育系统普法规划贯彻实施。发挥课堂主渠道作用，在思政课等课程中全面融入宪法精神。（略）

八、**加强法治工作机构和队伍建设。**（略）

九、**建立评价监督机制和工作报告制度。**（略）

十、**营造高等学校法治工作良好的外部环境。**（略）

各地各校可结合本地、本校实际制定实施办法，明确任务清单、时间表和路线图，抓好贯彻落实。各地各校贯彻实施本意见的情况，请报送教育部政策法规司。

教育部

2020 年 7 月 15 日

简析

这个案例的标题采用的是完全式标题。正文开头部分直接阐明发文目的，然后采用"现提出以下意见"转入事项部分。

因意见的内容繁多，正文主体部分采用分条列项式写法，一共分为十大点，分别阐述了做好高等学校法治工作的重要性，进而提出加强高等学校法治工作的九条意见，每条意见提出了具体措施、方法、要求等宏观层面的指导意见。全文结构层次清晰，逻辑关系得当。

下面结合此案例介绍指导性意见和实施性意见的写作技巧。

指导性意见和实施性意见的前言部分一般有七种写作模式：①重要性+现状+不足+目的+过渡句；②重要性+目的+过渡句；③重要性+目的+依据+过渡句；④重要性+现状+过渡句；⑤重要性+不足+目的+过渡句；⑥现状+不足+目的+过渡句；⑦目的+过渡句。以上案例的前言部分采用的是"目的+过渡句"模式。再如，下面是《关于加强金融服务民营企业的若干意见》的前言部分，采用的是"重要性+现状+不足+目的+过渡句"模式。

民营经济是社会主义市场经济的重要组成部分，在稳定增长、促进创新、增加就业、改善民生等方面发挥着不可替代的作用。党中央、国务院始终高度重视金融服务民营企业工作。各地区各部门及各金融机构认真落实，出台措施，积极支持民营企业融资，取得了一定成效，但部分民营企业融资难融资贵问题仍然比较突出。为深入贯彻落实党中央、国务院决策部署，切实加强对民营企业的金融服务，现提出如下意见。

前言部分包括几个方面的内容，其写法是有规律可循的，每部分内容之间的标点符号使用也是有讲究的。阐述重要性的句子一般独立成句或独立成段，使用句号。现状句和目的句之间使用句号；表达不足的句子和目的句之间，使用句号；目的句和过渡句之间，一般不用句号；表达现状的句子和表达不足的句子之间，可以不用句号。前言部分段末使用的标点符号有句号和冒号两种，但以使用句号为常。

指导性意见和实施性意见主体部分在遣词造句方面与计划类文书的写法基本相同，即多使用"动宾结构"来表达工作安排，在此不赘述。值得一提的是，指导性意见和实施性意见因机关层次的不同而有不同的要求。不同层次的领导机关使用指导性意见和实施性意见时，内容的侧重点一般不同。级别较高的领导机关发布的意见原则性较强，政治色彩比较浓；级别较低的机关单位的意见则比较具体，操作性比较强。

第七节　纪　　要

一、纪要的含义

"会议纪要"原作为内部文件使用，1987 年以后，才作为行政机关正式公文，它的主要作用是沟通情况、交流经验、统一认识、指导工作。2000 年 8 月 24 日，国务院发布的《国家行政机关公文处理办法》称为"会议纪要"，2012 年《党政机关公文处理工作条例》改称"纪要"，并指出纪要适用于记载会议主要情况和议定事项。

纪要是根据会议记录、会议文件或者其他有关材料加工整理而成的，它是反映会议的基本情况和会议精神的纪实性公文，记录会议议决事项和重要精神，并要求有关单位执行的一种文种。纪要，既可上呈，又可下达，还可以被批转或者被转发到有关单位去遵照执行，使用比较广泛。纪要一般不能单独作为文件下发，需要下发执行的纪要，可用"通知"进行转发，纪要作为通知的附件。

二、纪要的特点

纪要对上级机关起着汇报情况的作用，对下级机关和所属部门起着指导工作的作用。为了体现民主集中制的原则，各级机关、人民团体、企事业单位的公务活动经常采用会议形式，这就使得纪要具有较高的使用频率和较广的适用范围。

从纪要的写作方法和作用来看，纪要主要有以下三个特点。

（一）内容的纪实性

纪要是会议的产物，撰写纪要应如实反映会议的主要内容和议定事项，它不能离开会议的实际进行再创作，不能人为拔高、深化和填平补齐。纪实性是纪要的基本特点，也是撰写纪要的基本原则。

（二）表述的提要性

纪要是在对与会人员的发言、会议的各种材料以及会议简报等进行综合分析的基础上提炼而成的，不同于会议记录，不能有闻必录、平铺直叙。因此，它具有提要和整理的特点。撰写纪要应围绕会议主旨和主要成果，对会议繁杂的情况和内容进行综合、提炼和概括性的整理，重点应放在介绍会议成果，概括出主要精神，归纳出主要事项，体现出中心思想，使人一目了然，易于把握精髓。

（三）作用的指导性

纪要是根据会议议定内容形成的，集中反映了会议的主要精神和决定事项。因此，纪要一经下发，便对有关单位和人员产生约束力，要求有关单位和人员遵守、执行，有类似决定或决议的作用。

三、纪要的种类

纪要可以分为两类：办公会议纪要和专题会议纪要。

（一）办公会议纪要

办公会议纪要是记述党政机关、企事业单位在日常办公会议上对重要的、综合性的工作进行研究、讨论、议决等事项的纪要，用以传达由机关、单位召开的办公会议所研究的工作、议定的事项和布置的任务，要求与会单位和有关方面、有关人员共同遵守、执行。

（二）专题会议纪要

专题会议纪要是专门记述专题工作会议、专题讨论会、座谈会、学术研究会等会议形成的纪要。这类纪要，有的起通报会议情况的作用，使有关人员知晓会议的基本情况和主要精神；有的具有指导作用，它所传达的会议精神，可对有关方面的工作予以指导。写作时，应注意将会议主题的集中性与观点意见的纷呈性相结合。

四、纪要的写法

纪要由标题、成文日期和正文组成。在结构格式上与其他公文不同的是，纪要不用写明主送机关和落款，成文时间多写在标题下方，纪要不加盖印章。

（一）标题

纪要的标题有单标题和双标题两种形式。

1. 单标题

由"会议名称+文种"构成，如《××大学学位评定委员会第×次会议纪要》。

由"事由+文种"构成，如《关于城市园林绿化建设管理现场办公会纪要》。

由"发文机关+事由+文种"构成，如《××大学20××年收费工作会议纪要》。

需要注意的是，文种的名称是"纪要"，标题中如含"会议"二字，应属于会议名称，而非文种的一部分。

2. 双标题

由"正标题+副标题"构成。正标题揭示会议主旨，反映会议的主要精神和内容；副标题标示会议名称和文种，如《探讨新时期文学的发展——中国当代文学研究会第二次学术讨论会纪要》。

（二）成文日期

纪要的成文日期不同于其他党政机关公文，有的是纪要形成的时间，有的是会议结束的时间。成文日期标注的位置有两种：一种是写于标题下；另一种是写于正文右下方。成文日期一般置于标题正下方，且加圆括号。

（三）正文

纪要的正文一般由导言、主体和结尾三部分组成。

1. 导言

导言一般用于概括会议的基本情况，交代会议的名称、目的、议程、时间、地点、规模、与会人员、主要议题和会议成果等。导言不能写得过长，要简明扼要，让读者对会议有个总体的了解。

2. 主体

主体是纪要的核心部分。它根据会议的中心议题，按主次、有重点地写出会议的情况和成果，包括对工作的评价、对问题的分析、会议议定的事项、提出的要求等。主体部分一般有三种写法。

1）分项式写法，就是把主体内容包括讨论的问题和议定的事项，按主次分条列项地写出来，使其条理化，一目了然。办公会议和工作会议讨论的事项一般比较多且较为具体，因此多采用这种写法。

2）综述式写法，就是把会议的内容或议定事项，进行综合概括，按照逻辑关系将内容分成若干部分，每个部分写一个方面的内容。这是一种比较常用的写法，它有利于突出主要内容，分清主次，一般把主要的、重要的写在前面，而且尽量写得详细、具体一些，次要的和一般性的内容写在后面，可简略一些。议题比较复杂、涉及面较广的工作会议或经验交流会纪要多用这种写法。

3）发言式写法，就是把与会者的具有典型性、代表性的发言要点摘录出来，按发言顺序或按内容性质先后写出。为了便于把握发言内容，有时根据会议议题，在发言人前面冠以小标题，在小标题下写发言人的名字。这种写法的好处是，可尽量保留发言人讲话的风格，避免一般化和千篇一律，比较客观、具体。一些重要的座谈会纪要，常用这种写法。

3. 结尾

纪要的结尾部分，一般写对与会者的希望和要求，也有的纪要不写专门的结尾用语。用于指导下一步工作的纪要，还可在结尾部分对相关单位或有关人员提出要求，而不限于与会人员。

【扫码看案例】
纪要案例分析

五、纪要的案例分析及写作技巧

案例分析

××大学第×次校长办公会纪要
（20××年×月×日）

×月×日，××大学校长××主持召开本年度第×次校长办公会议。

会议原则通过了《××大学网络设施管理办法（试行）》和20××年度"双一流"学科建设及相关专项工作经费预算安排。

会议听取了关于公用房屋调整方案，关于××重点实验室相关设备购置论证，相关科研机构成立、撤销等有关事宜的汇报。

会议强调，学校各部门要牢固树立服务基层理念，进一步解放思想，优化服务环境，推动学校"双一流"建设高质量发展。

会议还研究了其他事项。

出　席：×××　×××　×××　×××　×××

列　席：×××　×××　×××

简析

这是一篇办公会议的纪要，此纪要采用的是分项式写法。导言部分写明会议时间等信息。主体部分将会议听取、讨论或审议的事项用分条列项的形式依次叙述，清晰明了。在写作时，将主要的、重要的内容写在前面，次要内容一笔带过。最后列出出席和列席人员名单，如有请假者，也可单独列出。

除了这种办公会议以外，专题会议的纪要一般要采用综述式和发言式写法。发言式的写法能够保留发言者的语言风格，原汁原味。发言式的写法便于把握发言内容，但是如何选择具有典型性的发言要点是纪要成败的关键。发言式写法的难点在于"择要"，就是如何把握要点。当发言人较多，观点或所谈内容比较分散时，就不好甄别发言的典型性和代表性，容易遗漏其他与会人员的发言。因此，可以采用概述式的写法，也可以采用概述式和发言式相结合的写法。

下面，谈谈纪要的写作要求。

（1）掌握会议的全部情况。写纪要首先要弄清楚会议的目的、任务和内容，掌握会议的所有文件材料，参加会议的全过程，并认真做好记录，特别要注意阅读会议的主体文件和材料、领导同志的发言，掌握会议的主要精神。

【扫码看视频】
专题会议纪要的写法

（2）抓住要点，突出会议主题。纪要虽然是会议情况和结果的反映，但不能像会议记录那样有言必录，面面俱到，而应该围绕会议主题，抓住要点，突出重点，把会议的主要情况简明扼要地反映出来，把会议议定的事项一一叙述清楚。

（3）注意与会议记录的区别。会议记录是对会议过程的如实记录，纪要则是在会议记录的基础上提炼会议要点而成的。纪要和会议记录有密切联系，又有显著区别，两者的主要区别是：①性质不同。会议记录是讨论发言的实录，属事务文书；纪要只记要点，是党政公文。②功能不同。会议记录一般不公开，无须传达或传阅，只作资料存档；纪要通常要在一定范围内传达或传阅，要求贯彻执行。纪要报送上级时，会议主办单位需另拟一份呈送报告，与纪要一并上报。

第八节 函

一、函的含义及适用范围

《党政机关公文处理工作条例》规定，函适用于不相隶属机关之间商洽工作、询问和答复问题、请求批准和答复审批事项。

作为公文中唯一的一种平行文种，函的适用范围相当广泛。在行文方向上，函主要用于平行或不相隶属的单位相互之间的往来，具有隶属关系的单位之间和没有隶属关系的单位之间也可使用函来相互行文。

在适用的内容方面，函除了主要用于不相隶属机关相互商洽工作、询问和答复问题外，也可向有关主管部门请求批准事项，向上级机关询问具体事项，还可以用于上级机关答复下级机关的询问或请求批准事项，以及上级机关向下级机关催办有关事宜，如要求下级机关函报报表、材料、统计数据等。

由于函主要是与业务主管部门而不是与有隶属关系的上级机关发生联系，所以它有别于"请示"。一般说来，向有直接隶属关系的上级机关请求指示或批准用"请示"，向无隶属关系的主管部门请求批准用"函"。

二、函的特点

（一）广泛性

函是平行公文，函的使用不受级别高低、单位大小的限制，它除了平行行文以外，还可以向上或向下行文，没有其他文种那样严格的行文规则限制。

（二）灵活性

灵活性表现在两个方面。一是格式灵活。除了国家高级机关的重要函必须按照公文的格式、行文要求行文以外，其他一般的函格式灵活，可以按照公文的格式及行文要求撰写，可以有文头版，也可以没有文头版，不编发文字号，甚至可以不拟标题。二是写法灵活。函的写法根据内容而定，如代行请示的函，可按请示的写法去写；代行批复的函，可参照批复的写法去写。函的习惯用语也比较灵活，但用语需注意谦恭有礼，多使用敬谦词，力求得到对方更多的理解和支持。

（三）沟通性

对于无隶属关系的机关之间相互商洽工作、询问和答复问题，函起着沟通作用，充分显示平行文种的功能，这是其他文种所不具备的特点。

三、函的种类

（一）按性质分

按性质分，函可分为公函和便函两类。公函用于机关单位正式的公务活动往来；便函则用于日常事务性工作的处理。公函的格式较为正规，一般需按照公文格式制发，由标题、主送机关、正文、落款等部分组成，还需编上发文字号。便函常不被列入正式公文，没有公文格式要求，甚至可以不要标题，不编发文字号，只需要在尾部署名署时，并加盖印章即可。

（二）按内容和用途分

按内容和用途大致可将函分为商洽函、问答函、批请函、告知函、邀请函、转办函、催办函、报送材料函等。下面介绍常用的四种类型。

（1）商洽函。这是不相隶属机关之间商洽工作、联系有关事宜时使用的一种函。这种函多用于平行机关之间或其他无隶属关系的机关之间洽谈业务、商调人员、联系参观学习、请求支援帮助等。

（2）问答函。问答函可分为询问函和答复函，适用于无隶属关系的机关之间或平行机关之间就某些问题进行询问或解答。上下级机关之间问答某个具体问题，联系、告知或处理某项具体工作，而又不宜采用请示、批复、报告、指示等文种时，则可使用函。

（3）批请函。批请函可分为请批函和批答函，请批函主要用于无隶属关系的机关向业务主管部门请求批准有关事项；批答函是有关主管部门答复请批事项的函。在实际工作中，批请函常常被有意无意地误用成请示、批复。

（4）告知函。告知函主要用于告知不相隶属机关有关事项。告知不相隶属机关有关事项不能用通知，因为通知是下行文。

（三）按行文方向分

按行文方向可以将函分为去函和复函两种。去函是主动提出公务事项所发出的函。复函则是针对来函所提出的问题或事项答复对方所发出的函。

四、函的写法

函的种类很多，结构格式和写作方法具有灵活性。信函格式为特定格式，《党政机关公文格式》对信函格式中的各个要素进行了详细的说明，参见附录部分。这里主要介绍规范性公函的结构、内容和写法。

公函的结构一般由标题、发文字号、主送机关、正文、落款五部分组成。

（一）标题

公函的标题一般有两种写法。

1）由发文机关名称、事由和文种构成，如《××市教委关于做好20××年天津市职工教育培训统计工作的函》《××大学关于××公司行政管理人员进修的复函》等。

2）由事由和文种构成的，如《关于推荐科技培训师资的函》。

（二）发文字号

与其他党政公文的发文字号相似，只需要在机关、单位代字中加上"函"字。如"津人社局函〔2021〕8号"表示天津市人力资源和社会保障局2021年第8号函件。公函的发文字号不是居中编排，而是顶格居版心右边编排在第一条红色双线之下。

（三）主送机关

主送机关即受理函件的机关单位，应顶格写明全称，其后用冒号。

（四）正文

函件正文一般由开头、主体、结尾和结语组成。

1. 开头

开头部分主要说明发函的缘由或依据，交代发函的原因、目的、依据等内容。如果是去函，即说明去函的原因；如果是复函，则说明答复对方的哪一个函件。

去函的开头或说明根据上级的有关指示精神，或简要阐述本地区本部门的实际需要、疑惑或困难，然后用"现将有关问题说明如下"或"现将有关事项函告如下"等过渡语转入下文。

复函的开头一般先要引用对方来函的标题、发文字号，有的复函还简述来函的主题，这与批复的写法基本相同。如"你局《关于明确临时工、合同工能否执罚问题的请示》（××字〔20××〕×号）收悉。现复函如下"。

2. 主体

主体是函的核心部分，主要说明致函事项或表达意见。简明扼要地写清需要商洽、询问、联系、请求、告知或答复的事项，这部分内容根据实际情况可多可少。

去函事项部分应采用叙述和说明的写作方法，直陈其事，交代清楚即可。无论是商洽工作、询问和答复问题，还是向业务主管部门请求批准事项等，都要用简洁得体的语言把需要告诉对方的问题、意见叙述清楚，如事项复杂，可分条列项来写。

如果是复函，还要注意答复事项的针对性和明确性，如不能满足对方要求时，应加以解释，不同意是什么原因，或应该怎么办，不应该怎么办，或对询问问题作出说明等。

3. 结尾

在结尾部分向对方提出希望或请求，或希望对方给予支持和帮助，或希望对方给予合作，或请求对方提供情况，或请求对方予以批准等，这些主要是去函的结尾写法。

4. 结语

在结尾下面另起一行写结语。不同种类的函结语有别。如果发函只是告知对方事项而不需对方回复，则用"特此函告""特此函达"等。如要求对方复函的，则用"请予函复"

"盼复"等。商洽函的结语常用"恳请协助""不知贵方意见如何，请函告""望协助办理，并请尽快见复""望大力协助，盼复"等。请批函的结语常用"请审核批准""当否，请审批""望准予为荷"等。答复函、批答函的结语常用"此复""特此复函""专此函告"等。

【扫码看案例】
函的案例分析

五、函的案例分析及写作技巧

 案例分析

天津市人民政府办公厅

津政办函〔2018〕11 号

**天津市人民政府办公厅关于同意
建立天津市市场监管工作联席会议制度的函**

市市场监管委：

　　《天津市市场和质量监督管理委员会关于建立天津市市场监管工作联席会议制度的请示》（津市场监管研〔2018〕1 号）收悉。经市人民政府同意，现函复如下：

　　市人民政府同意建立由市市场监管委牵头的天津市市场监管工作联席会议制度。联席会议不刻制印章，不正式行文，请按照市人民政府有关文件精神认真组织开展工作。

　　附件：天津市市场监管工作联席会议制度

天津市人民政府办公厅
2018 年 2 月 14 日

　　附件（略）

简析

　　这是一篇代行批复的函。虽然文中引用对方的来文为"请示"，但没有用"批复"进行回文，属于批答函，这是因为此函由"天津市人民政府办公厅"制发，天津市人民政府办公厅与天津市市场监管委不是直接隶属关系，不宜使用"批复"。批答的事项是经市人民政府同意，由政府办公厅函复。

1）开头部分，引述来文及发文字号，并说明经办情况。

2）主体部分，写明同意事项及相关要求。

3）结尾部分，此函没有专门的结尾和结语部分，作为代行批复的批答函，可以不写"特此函复"之类的结语。

【扫码看视频】
不同函的写法

"函"的写作方法灵活多样，但鉴于发函方和受函方的不相隶属关系，在用语上多有讲究。首先，要注意行文简洁明确，语言要朴素自然，把握分寸。无论是平行机关还是不相隶属机关的行文，都要注意语气平和有礼，不要以势压人或强人所难，也不必逢迎恭维、曲意客套。其次，函也有时效性的问题，特别是复函更应该迅速、及时，要像对待其他公文一样，及时处理函件，以保证公务活动的正常进行。

值得注意的是，有些公文的发文字号中出现"函"字，不等于这篇公文的文种就是"函"。发文字号中如果使用了"函"字，那么这篇公文要使用"信函格式"。例如，《教育部高等教育司关于开展 2019 年国家精品在线开放课程认定工作的通知》（教高司函〔2019〕32 号）这份公文，其发文字号中使用"函"字，这时公文的版头就要使用信函格式，但文种仍然是"通知"。

思考练习题

1. 阅读附录中的《党政机关公文处理工作条例》（中办发〔2012〕14 号）。

2. 阅读附录中的《党政机关公文格式》（GB/T 9704—2012）。

3. 请谈谈表彰性通报和表彰类决定有何异同？

4. 报告的种类有哪些？在写法上各有什么特点和注意事项？

5. 纪要与决议、会议记录、会议简报有何本质的区别？

6. 函的适用范围是什么？函的特点、写法和写作注意事项有哪些？

7. 谈谈你对应用文写作文风问题的认识。

【扫码做练习】
第十一章客观题

8. 甲大学××学院"沟通与写作"教研室的教学团队拟前往乙大学进行调研，学习乙大学在"沟通与写作"课程方面的建设经验，基本信息和作答要求如下。

【扫码看资料】
写作技巧及规范

调研主题：学习乙大学"沟通与写作"课程的建设经验

调研时间：20××年 9 月 15 日

调研人数：甲大学××学院"沟通与写作"教研室主任 1 人、副主任 1 人、骨干教师 3 人。

为此，甲大学××学院办公室需致函乙大学教务处，洽谈调研一事，请你代甲大学××学院办公室撰写这份公函。

9. 请找出下列公文中的错误并进行修改。

关于邀请×区长、×书记参加"10056"工 程奠基仪式并致辞的请示报告

区政府办公室、区委办公室并呈×区长、×书记：

根据"区长办公会纪要"，我局成立了专门的"10056"工程指挥小组，在区领导的指导和指挥小组的努力下，前期准备工作已经就绪。现定于三月二十一日举行工程奠基仪式，届时想请×区长、×书记参加仪式并致辞，请政府办公室提供方便。热切盼望×区长、×书记的到来！

此致

敬礼

附件一：讲话稿；

附件二：议程。

区市政工程局

二零二一年三月十一日

第十二章
学术类应用文

第一节　学术论文

一、学术论文的含义

学术论文是对科学领域中的学术问题进行深入、系统的探讨研究，并表述、论证科学研究成果的理论性文章，也称为科学论文或者研究论文。

撰写学术论文的目的是探求人文科学、社会科学、自然科学、工程技术等领域中的新课题，提供新的学术信息，重在新的发现和创造。

二、学术论文的特点

（一）创新性和独特性

论文的创新性，也就是相对于其他论文的独特之处，可以体现在以下几个方面：第一，问题创新，就是提出了一个值得研究的新问题。第二，理论创新，就是提出了一个新理论。第三，方法创新，就是在论文中提出了或应用了一个新方法、新材料、新工艺等。第四，结论创新，就是通过研究得出了一个新观点或新认识。第五，数据创新，就是采集或整理出一些有价值的新数据。第六，政策建议创新，就是为决策部门提出了新的政策建议。

（二）理论性和学术性

从研究对象来看，学术论文要有学术价值或者社会价值。从研究方法来看，学术论文要用事实和理论进行符合逻辑的论证、分析或说明，并进行理论层面的探讨。从研究结论来看，学术论文要有一定的理论高度，提出科学见解。

（三）科学性和准确性

进行学术研究时，要正确地观察研究对象、科学论证相关问题，尊重事实，尊重科学。撰写学术论文时，提出的论点要正确，论据必要而充分，论证严密，推理符合逻辑，数据可靠，计算精确，实验可重复，结论客观等。论文的准确性，就是要求论文中的相关概念、定义、判断、分析和结论要准确；同时，对他人研究成果的评价，要实事求是。

（四）规范性和可读性

撰写并发表论文，其目的是与同行交流相关科技信息，传播自己新的研究成果，所以为了方便读者及时、准确地获取论文信息，学术论文还必须遵照一定的格式来写，确保论文具有良好的可读性。从语言文字表达来看，论文的语言表述要准确、简明、通顺，文章的条理要清晰，论述要严谨。从技术表达来看，论文中使用的术语、数字、符号、图表、单位等要规范。

三、学术论文的选题

论文的选题很重要，因为论文价值的高低、质量的优劣，主要取决于论文选题的理论意义或实用价值，是否有自己的创新见解或独到之处。

爱因斯坦曾经说过："提出一个问题往往比解决一个问题更重要，因为解决问题也许仅是一个数学上或实验上的技能问题而已。而提出新的问题，新的可能性，以新的角度看旧的问题，却需要有创造性的想象力，而且标志着科学的真正进步。"那么如何提出问题呢？或者说问题从何而来呢？下面介绍论文选题的一般方法。

第一，从实践中找问题。根据自身的科研实践、生产实践、教学实践等，去发现有待解决的疑难问题。

第二，从定论中看疏漏。在自己的研究领域，查阅历史文献，从以往的定论中去思考：随着时代的发展，哪些定论过时了，或者有待进一步完善。

第三，从争鸣中求发展。科学的发展离不开不同学术观点和不同学派之间的争鸣。可以说，科学争鸣是科学发展的内在动力。同样的问题，人们可以从不同角度去观察、研究。理论基础和背景知识的不同、研究角度的不同，都会引起科学争鸣。

第四，从通说中查谬误。做科学研究，不能人云亦云，要有自己的主见。"真理往往掌握在少数人手里"这一说法未免有些绝对，需要人们以批判性思维去审视通说的合理性，也许能发现值得修正的地方。

第五，从现象中发现新领域、新问题。随着社会的发展，新事物、新现象层出不穷，我们可以观察身边的新现象，透过现象去挖掘事物的本质，经过思维加工，提出假说，再通过实践检验，探求事物发展的规律，或者构建新的理论。

以上是几种选题方法。选题之前，一般先要确定一个大方向，然后去广泛收集资料、查阅文献，了解这个方面的基本情况。当我们对某一方面的问题进行了深入的学习和研究之后，一定会有所体会、有所发现，选题就水到渠成。因此，学习、研究并大量地占有材料是选题的第一步。

在查阅文献的过程中，要积极思考以下问题：

在你选择的这个研究领域中，前人有哪些重要研究成果？

哪些问题解决了，哪些问题尚未解决？

哪些问题存在争议，争议的焦点是什么？

哪些问题至今还未触及？

哪些问题的研究具有重大的意义和广阔的前景？

对这些问题都了然于心，就不难确定自己的研究方向了。

四、学术论文的选题意义和选题原则

（一）选题意义

选题意义可以从理论意义和现实意义两个角度来看。

理论意义，也可以说是学术意义、学术价值。比较下面这两个题目：《怎样写学术论文》和《学术论文写作的心理研究》。前者主要是就如何撰写学术论文进行经验式的总结，用于指导论文写作的实践，虽然具有很强的实用价值，但不一定具有学术层面的价值。后者主要探讨论文作者的心理动因、心理变化，以及不同群体的心理特征与论文写作之间的关系，旨在探求一种规律性的东西，因而具有学术的理论意义。

现实意义，也就是选题的实用价值，是指所选的研究题目一般应能回答和解决现实生活或学术研究领域中的实际问题，对于推动精神文明建设或者物质文明建设具有一定的意义和作用。需要说明的是，不是任何论文选题都要求同时具备理论意义和现实意义。

（二）选题原则

论文选题一般应遵循专业性原则、创新性原则和可行性原则。

专业性原则就是论文作者必须具备相关专业的基础知识和基本技能等，论文选题要选择与自己专业相关的课题，体现出专业性，从而体现选题在专业领域的理论意义、现实意义和社会价值。

创新性原则也叫科学性原则。论文写作的关键在于创新，创新性可以体现在填补空白、补充前说、纠正通说、商榷声明等方面。创新可以是研究对象的新、研究材料的新、研究方法的新、研究手段的新和研究结论的新等。

可行性原则是完成学术论文的重要原则。选题时，我们需要综合考虑主客观条件，选择大小恰当、难易适度的课题。例如，考虑自身的兴趣、专长、学识水平以及可能收集到的资料等因素。题目不要过大，也不宜过小，以免影响可行性。

五、学术论文各部分的写作

从结构上来看，学术论文可以分为前置部分、主体部分和后置部分。

（一）前置部分

前置部分一般包括论文题目、作者署名、中文摘要和关键词。如有英文摘要和英文关键词，可放在前置部分，也可以放在文章最后，各个学术期刊的要求不同，按照相关期刊的要求来编排即可。

1. 论文题目

论文题目的拟定是作者对研究成果的命名，应能展现论文的中心内容、核心思想和主要论点。论文题目是论文中重要内容的高度概括，题目中一般含有若干个专业术语，以体现论文的学术性。拟定题目时，要做到高度精练、逻辑清晰、概括准确、用语严谨。

题目中的用词用语要严谨、规范，具体而言，就是不使用非公知公用、同行不熟悉的外来语、缩写词、符号、代号和商品名称，一般也不使用文学性语言，慎重使用汉语缩略词语，不使用网络流行语。题目的字数一般不超过 20 个字，如有必要，可以采用正副标题的形式。

2. 作者署名

作者署名一般写在论文题目的下面，分两行居中编排。第一行写作者姓名，如果有多个作者，要以贡献度大小来排序。第二行写明工作单位、所在城市和邮政编码。有些学术期刊还需要将作者的出生年月、学位、职称，以及通讯作者的电子信箱写在论文首页的页脚部分。

3. 摘要

摘要是对论文的内容不加注释和评论的简短陈述，用于提示论文要解决的问题、主要观点、成果或结论等。摘要要简洁明了、不加注释地表达出来，应具有独立性和自含性。写作时，要注意以下几点。

1）摘要应包括应有的构成要素，如研究目的、研究方法、主要结果或主要结论等。

2）摘要中的缩略词，第一次出现时应写全称。

3）写摘要时，不能对论文内容作出评价，特别是要避免自我评价。

4）摘要采用第三人称来撰写，应尽量避免使用"本文""作者""笔者"等词语作为主语。

5）先写什么后写什么，要按逻辑顺序来安排，一般不分段。

6）摘要的字数，以 200~300 字为宜。

为了方便学习者写好论文摘要，下面提供三个模板供参考。

模板一：×××（研究对象）是……，成为当前……的热点问题。为了解决……问题，文章采用……方法，对××、××、××等从……方面进行分析，建立了……系统（方案/体系），并运用到……中，结果××。

模板二：×××（研究对象）是……的重要部分，其中……问题是关键。文章从……角度，分析了……影响（特征/可行性），对××、××等进行了比较，发现……特征（性质/规律），提出……方法（技术/方案/体系），使……提高，对……产生……影响。

模板三：随着……的发展（应用），××对……产生了……影响，××对××提出了更高的要求。文章基于……需求，进行……实验，对……进行分析。实验结果表明，该方法（技术/方案/体系）对……有很大的……效果（作用），对提高……有……影响（帮助）。

4. 关键词

关键词一般是从论文题目、文中各级标题和正文中选出来的，能够反映论文主题概念的词或词组，以便文献标引或检索工作。关键词有数量上的要求，一般控制在 3~8 个。关键词写在摘要的下面，独立成段。

《学术出版规范 关键词编写规则》（CY/T 173—2019）中说"关键词之间宜用分号隔开"，这不是强制规定。关键词之间用分号、逗号还是空格来隔开，不同期刊有不同的要求，最后一个关键词的后面不加任何标点符号。关键词应按照反映主题的重要性来排序。表达核心主题因素的关键词排在前面，表达非核心主题因素的关键词排在后面。

5. 中图分类号

中图分类号，指的是采用《中国图书馆分类法》对科技文献进行主题分析，并依照文献内容的学科属性和特征，分门别类地组织文献所获取的分类代号。采用英文字母与阿拉伯数字相结合的混合号码，用一个字母代表一个大类，以字母顺序反映大类的次序，在字母后用数字作标记。各个学科的代码和分类可在网上查询（网址：http：//www.ztflh.com/）。

（二）主体部分

学术论文的主体部分一般包括引言、本论和结论三大部分。

1. 引言

引言主要用来介绍论文研究工作的前提和任务、理论依据，评述国内外研究现状，说明论文的研究对象、目的、方法和意义等。

不同性质的论文，引言的写法不一样。综述性质的论文，引言部分主要说明研究的理由和目的等，在主体部分才对国内外的研究现状进行综述。非综述类型的论文，可以在引言部分对国内外研究现状进行综述。科学研究都有一定的继承性，所以"文献综述"部分需要认真对待，这也是为自己的研究提供一个参照点。

下面来分析《课堂有效教学中语言节奏的实践研究》一文的引言：

课堂教学，是教师在学校教学中普遍使用的传授知识的教学方式，可以称之为教师向学生传授知识和技能的"主战场"。环节主要包括教师讲解示范、学生问答和讨论等教学活动。随着新课改的不断深化，对学校课堂教学质量和教学效果的要求也在不断提高，虽然现在的课堂教学手段越来越多，可以借助的科技手段越来越丰富，但是教师在课堂上和学生面对面的口语化交流依然是课堂教学的主旋律，是课堂教学最主要的构成部分，这就需要教师在教学中必须不断提升自我的教学语言表达能力。

这个引言首先说明什么是"课堂教学"，课堂教学都包括哪些环节，然后指出随着新课改的不断深化，教学手段和科技手段越来越丰富，同时强调了"口语化交流"还是主旋律，进而引出论文要研究的对象和目的，为主体部分的探讨做好了铺垫。

2. 本论

本论是学术论文的核心部分。在国家标准《科学技术报告、学位论文和学术论文的编写格式》中提到，由于研究工作涉及的学科、选题、研究方法、工作进程、结果表达方式等有很大的差异，对正文内容不能作统一的规定。因为不同学科的论文，具体写法上存在很大的差异。下面主要讲解常见的结构方式。

（1）并列式结构。这种结构就是各个分论点的部分都是并列关系，没有明显的主次、先后之分。在写法上，一般先对要讨论的问题进行拆分，拆分为几个并列的部分，然后对相关问题各个击破；或者对研究对象进行逻辑分类，逐一分析问题。

（2）递进式结构。这种结构就是各个分论点的部分意思一层比一层深入，它们之间的关系是递进的，在论证上也是一环扣一环、层层深入的。

（3）分总式结构。这种结构就是分别从几个方面对各个分论点展开论述，然后加以综合、概括，最后得出结论。

（4）综合式结构。在一篇论文的本论部分综合运用多种结构，以其中一种为主，以其他的结构为辅。这种结构适用于篇幅较长、内容较多的综合型学术论文。例如，大框架为并列式的论文，在各个分论点的部分，又采用了递进式结构。

学术论文是供学术界交流的科技信息，要让读者看明白，就需要有条理、有逻辑地阐述自己的研究过程和研究成果。在写作时，需要注意以下三点：

第一，论文整体要协调，分段要合理。论文本论部分一般由很多个段落构成，在段落处理上，要善于分段，体现论文的逻辑层次。

第二，注意层次性、相关性和递进性。要注意文中每个小标题的层级安排，以体现论文的层次性、结构的严谨性。特别是并列式结构、递进式结构的论文，在分析问题、提出对策和措施时，分类要合理，逻辑要清晰。段落之间的衔接顺序要符合逻辑顺序、因果顺序、总分顺序或并列顺序，不能出现交叉或者逻辑混乱的现象。

第三，概括准确，设置好各级小标题。各级小标题是论文的纲目，是论点或观点的直观体现。因此，不同的论点或观点可设置为小标题，小标题要概括准确，不要出现概括不当或概括过度的情况。

3. 结论

学术论文的结尾部分可以是结论、结语，还可以有余论。结论是学术论文正文之后的结尾，是本论部分论述的自然发展结果，对全文起到概括总结的作用。结论部分一般需独立成段，也可以分条总结。结论应该包括论文的核心观点，阐述研究中的创造性成果及其在本研究领域中的意义，还可以对研究课题提出自己的探索性看法，以及本研究的不足之处或遗留问题。在语言表达上，主要采用文字表达，结尾部分不再使用图表。

写一个高度概括的结尾，能让读者快速把握全文的主要内容和观点。结论主要包括：论文说明了什么问题，发现了什么规律，解决了哪些问题；还可以指出论文在前人的基础上进一步做了哪些研究工作，进行了哪些修正、补充、发展等。如果结论部分的内容比较多，可以分条列项来写，每一条写一个自然段。

在结论之后，如有必要，还可以写一段"余论"。余论多用来表达论文主题之外的相关内容，本论部分没有说到或者没有说透，但有必要单独用一部分进行进一步的说明或强调。

（三）后置部分

论文的后置部分，主要是注释和参考文献。

1. 注释

论文的注释主要用来对论文中某些特定内容作出必要的说明或解释，使表述的内容更加清晰易懂。注释不是论文必需的部分。

注释的范围大致包括：领导讲话、文件法规、内部资料，未公开的私人手稿、信件等有价值的资料，未见过而转引自别人的文献信息，古代或其他地域等较难理解的词句，对引文进行的评述或解释，插图、表格中需要加以说明的内容等。

注释有一定的书写规则。有的期刊采用脚注的形式，有的期刊采用文末注的形式。在文中相应位置采用上角标的形式进行编序，序号可用 1、2、3 或①、②、③等，不用方括号，以便与参考文献的标注序号相区别。

2. 参考文献

撰写论文应本着严谨、求实的科学态度，凡有引用他人成果和自己成果的地方，都应该按照论文中所引用的顺序列于文末参考文献部分。学术论文的参考文献多数位于正文之后，少数采用页下注的方式。

参考文献的著录格式应符合国家有关标准，现在最新的国家标准是 2015 年的《信息与文献　参考文献著录规则》（GB/T 7714—2015）。下面介绍几种常用参考文献的著录格式。

文末参考文献一般需要顶格书写。如果参考文献很长，需要转行时，第二行的第一个字符要跟上一行序号之后的第一个字符对齐。

1）普通图书（专著）的著录格式：

［序号］作者.书名［文献类型标志］.出版地：出版者，出版年：起止页码.

［1］杜纲.管理数学基础［M］.天津：天津大学出版社，2003：15-20.

［2］徐光宪，王祥云.物质结构［M］.北京：科学出版社，2010.

2）连续出版物（多数是期刊论文）的著录格式：

［序号］作者.文题［文献类型标志］.刊名：其他题名信息，年，卷（期）：起止页码.

［3］王传昌.高分子化工的研究对象［J］.天津大学学报：自然科学版，1997，53
　　　（3）：1-7.

3）学位论文的著录格式：

［序号］作者.文题［文献类型标志］.授予地：授予单位，授予年.

［4］王健.建筑物防火系统可靠性分析［D］.天津：天津大学，1997.

4）电子文献的著录格式：

［序号］作者.题名［文献类型标志/载体类型标志］.出版地：出版者，出版年（更新
　　　或修改日期）［引用日期］.获取和访问路径.

［5］刘江.假如陈景润被量化考核［N/OL］.新华每日电讯，2004-03-12［2004-04-04］.
　　　http：//sear-ch. cnki. net/ccnd/mainframe. asp？encode＝gb& display＝Chinese.

需要注意的是，专著的"出版地"或学位论文的"授予地"都是指文献出版公司或学校的所在地，是城市的名称，不是印刷地，也不是省份的名称。

六、学术论文写作的相关规范

（一）引文方式与引用标注规范

引文标注是尊重他人研究成果的一种体现，也是学术道德规范的要求之一。

论文中的引文要尽量少一些，引用时不能断章取义，并且要核对无误；引文的出处要进行规范标注。大多数期刊采用文末注的形式，也就是在参考文献部分将引用的文献按照一定的方式排列出来。引用标注方式有两种：一种是顺序编码制；另一种是著者-出版年制。

1. 顺序编码制

顺序编码制，就是按照全文引用的先后顺序，依次在引文的地方采用上角标的形式来标注。如果是多次引用同一个文献（专著），要使用同一个序号，在序号的方括号"[ ]"外注明引文所在的页码，例如：……结果[2]194-199，……目标[2]354。采用这种标注方式的，文末参考文献的排列顺序应当与在正文中引用的顺序相同。

顺序编码制的引文方式有直接引用和间接引用之分。

直接引用：

×××认为，"××××××。"[1]

×××的"××××"[2]看法，×××。

在××研究中，"×××"[3]，还有"×××"[4]，我们认为×××。

间接引用：

在××研究中，×××对××提出了××的看法。[1]

在××研究中，×××对××提出了××的看法[2]，我们认为×××。

直接引用的，需要将引文部分加上引号；间接引用的，不加引号。关于上角标的标注位置，直接引用的，应标注在引号之后；间接引用的，建议标注在引用内容所在的分句末尾逗号之前，若整句话为间接引用，可标注在句号之后。

2. 著者-出版年制

著者-出版年制，就是在引文的位置采用"著者-出版年"的形式注明文献出处。

引用论文的，标注格式为：

姓名（年份）认为："××××。"

或"××××。"（姓名，年份）

引用专著的，标注格式为：

姓名（年份：页码）认为："××××。"

或"××××。"（姓名，年份：页码）

（二）学术论文中图表的格式规范

论文中的图和表对论文表达有着重要的作用，具体体现在以下几个方面。

第一，能精确表达研究数据、数值等结果，并为论点提供依据。

第二，在与其他同类数据进行比较时，一目了然。

第三，能直观地反映各个因素之间的关系。

第四，能减少文字的叙述，在一定程度上节约论文的篇幅。

学术论文中的图应具有自明性，即只看图、图题和图例，就可理解图意。图要精选、简明，切忌与表和文字表述重复。图中的术语、符号、单位等应同文字表述一致。学术论文中的表，建议采用国际通行的三线表。表中参数应标明量和单位的符号。

（三）论文的学术道德规范

2019 年 5 月 29 日，国家新闻出版署发布了中华人民共和国新闻出版行业标准《学术出版规范　期刊学术不端行为界定》（CY/T 174—2019），从 2019 年 7 月 1 日开始实施。这个标准界定了学术期刊论文作者、审稿专家、编辑所可能涉及的学术不端行为，适用于学术期刊论文出版过程中各类学术不端行为的判断和处理。其他学术出版物参照使用。

这个行业标准对"论文作者学术不端行为类型"进行了界定，共有 8 种类型的不端行为，分别是：剽窃、伪造、篡改、不当署名、一稿多投、重复发表、违背研究伦理，以及其他学术不端行为。

第二节　学位论文

一、学位论文的含义

学位论文本质上属于学术论文，是学位申请者综合运用自己所学专业的基础知识、基本理论和基本技能，阐述对某一问题的见解或表述研究结果的学术性文章。

学位论文是为申请学位而撰写的学术论文，是评判学位申请者学术水平的主要依据，也是学位申请者获得学位的必要条件之一。由于学位论文需要向答辩委员会报告、答辩，并上报学校学位评审委员会审定，因此学位论文都采用单行本的形式。

二、学位论文的种类

学位论文可分为学士学位论文、硕士学位论文、博士学位论文。学士学位论文，是大学本科毕业生申请学士学位要提交的论文，篇幅一般为 1 万字左右。2006 年《学位论文编写规则》规定："学士论文表明作者较好地掌握了本门学科的基础理论、专门知识和基础技能，并具有从事科学研究工作或承担专门技术工作的初步能力。"硕士学位论文，是硕士研究生申请硕士学位要提交的论文。博士学位论文，是博士研究生申请博士学位要提交的论文。

本书主要针对本科生讲解学士学位论文的写作，不包括毕业设计。学士学位论文是本科生毕业取得学历的条件之一，因此常常将学位论文称作"毕业论文"。

三、学位论文选题的意义

论文价值的高低、质量的优劣，主要取决于论文的理论意义或实用价值，是否有创新见解或独到之处。因此，学位论文的选题很关键，选题意义主要体现在理论意义和现实意义两个方面，但不是任何论文都需要具备这两个方面的意义。

选题的理论意义也可以说是学术意义、学术价值。在选题上要注意避免步人后尘、拾人牙慧；要体现出独创性，而这种独创性又具有一定的理论意义，它可以提供一个理论探讨的空间，通过课题的研究，揭示某一事物或现象的客观规律。选题的现实意义即实用价值，是指所选的研究课题一般应能回答和解决现实生活或学术研究领域中的实际问题，对于推动精神文明建设或者物质文明建设具有一定的意义和作用。

四、学位论文选题的原则

学位论文的选题原则与学术论文的选题原则（专业性原则、创新性原则和可行性原则）基本一致，略有区别。对于学位论文来说，专业性原则中的"专业"是针对毕业生所学专业而言的，学位论文选题必须符合自己所学的专业，与申请学位的专业一致。创新性原则是论文写作的关键，也是衡量学位论文质量的指标之一。可行性原则是完成学位论文的重要原则。选题时，要考虑主客观条件，选择大小适当、难易适度的课题，确保在一定时间内顺利完成，还要符合学位论文所要求的工作量。另外，要与指导教师一起商定题目，以便得到指导教师的指导。

五、毕业论文的结构及写作

本科毕业论文（学士学位论文）的结构一般由以下部分组成，依次为：①封面；②题名页；③任务书；④开题报告；⑤中英文摘要及关键词；⑥目录；⑦正文；⑧参考文献；⑨附录；⑩致谢等。

（一）毕业论文题目

论文题目是对选题研究过程和成果的直接阐述，是对论文内容的高度概括，用以反映论文的中心内容，需呈现在封面页和题名页中。论文的中文题目一般不超过 25 个字，如有必要，可采用正副标题的形式。

【扫码看视频】
论文题目的拟定

（二）毕业论文任务书

学生与指导教师商定毕业论文的题目以后，由指导教师给学生制定任务书。任务书需从指导教师的角度来拟定。任务书一般包括论文题目、原始依据、参考文献、研究内容和撰写要求等内容。

原始依据部分，应包括毕业论文的工作基础、研究条件、应用环境、工作目的等。在写法上，就是写明课题的有关背景，说明为什么要研究它，并简要阐述研究它有何价值。参考文献是指导教师给学生提供的、建议或要求学生在开题前需阅读的一些文献。研究内容和撰写要求，包括研究的大致内容、研究目标、研究任务等，并根据课题性质对学生提出具体要求，工作量安排适中。研究内容不能只写研究对象，也不能写得过细，可列出论文中暂拟的一二级标题，并进行简单说明即可。

（三）毕业论文开题报告

毕业论文的开题报告由学生本人来独立完成。开题报告一般为表格形式，学生按照表格中所要求的有关项目进行阐述。开题报告的内容，一般包括课题的来源及意义，国内外研究发展现状，本课题的研究目标、研究内容、研究方法、研究手段和进度安排，研究方案的可行性分析，已具备的研究条件以及主要参考文献等。

（四）毕业论文主体部分

1. 中文摘要

中文摘要和关键词专页编排，称为摘要页。中文摘要应将毕业论文的主要内容简洁明了、不加注释地表达出来，应具有独立性和自含性。摘要基本上要涵盖论文的主要信息，是一篇可供单独引用的完整短文。摘要的语言力求精练，中文摘要字数一般为 300~600 字，如遇特殊需要，字数可略多。

2. 中文关键词

中文关键词紧随摘要之后，另起一段。关键词之所以关键，就在于它所选择的词语必须能反映论文的中心或主题，不能揭示核心内容的词语，就不能选作关键词。关键词一般为 3~8 个。

关键词应体现论文特色，在论文中有明确的出处。有些词一般不能选作关键词，如形容词、副词、代词不能选作关键词，介词、连词、助词等虚词也不能选作关键词；一些不具有学科性质的通用词语，如理论、报告、方法、协议、问题、对策、措施、特点、影响、作用、效应、发展、思考等，它们可以广泛运用于不同学科、不同领域，所指示的对象千差万别，缺乏专指度和唯一性，也不能选作关键词。

中文关键词与关键词之间，用什么符号来隔开，不同学校有不同的要求，有的用空格，有的用分号，有的用逗号，但最后一个关键词之后不加标点符号。

3. 目录

毕业论文为单行本，篇幅一般较长，为方便阅读，需编制目录。目录中的内容应包含正文以及其后的各部分，并附有相应的页码。目录中的文字与论文中各级标题的文字要保持一致。

4. 正文

正文一般包括绪论部分、主体部分和结语部分，也称绪论、本论和结论。

绪论部分，主要用来介绍毕业论文研究工作的前提和任务、理论依据，评述国内外研究现状，说明论文的研究对象、研究目的、理论依据、实验基础和研究方法等，并对全文章节的安排进行说明，简要阐述预期的成果及其作用和意义等。

主体部分，一般是论文的第二章、第三章或者第四章。在主体部分，要注意每个章节标题的层级安排，以体现论文的层次性、结构的严谨性。正文的结构形式主要有三种：①并列式，即各个论述分论点的部分是并列关系，没有明显的主次之分。②递进式，即各个论述分论点的意思一层比一层深入，它们之间存在递进关系。③分总式，就是分别从几个方面对各个分论点展开论述，然后加以综合、概括，最后得出结论。这三种形式还可以综合运用。

结语部分，一般需独立成章，作为论文的最后一章，是毕业论文总体的结论，应包括论文的核心观点，阐述研究中的创造性成果及其在本研究领域中的意义，还可以在结论中提出建议、研究设想、改进意见以及尚待解决的问题等。

5. 参考文献

参考文献位于正文之后，另起一页编排。参考文献部分一般只列出作者直接阅读过且在正文中被引用过的文献资料，也叫"引文参考文献"，而非"阅读型参考文献"。本专业的教科书一般不作为参考文献。参考文献的排列顺序一般以论文中引用的先后顺序为序，并且需在文中相应位置进行规范的引用标注。若引文采用著者-出版年制，文末的参考文献就应当按著者姓名的音序和出版年份来进行排序。参考文献的著录格式应符合国家有关标准，如《信息与文献 参考文献著录规则》（GB/T 7714—2015）。

6. 附录

参考文献之后，有的还有附录部分，附录需另起一页。附录部分不是论文必需的组成部分，附录的有无要根据毕业论文的实际情况而定。附录内容一般包括正文中不便列出的冗长公式推导、符号说明、计算机程序、调查问卷、各种供参考的统计表等。

7. 致谢

毕业论文致谢的对象一般包括：

1）毕业论文的指导教师。

2）如获得基金项目资助的，写明资助方。

3）协助完成研究工作和提供便利条件的组织或个人。

4）在研究工作中提出建议和提供帮助的人。

5）给予转载和引用权的资料、图片、文献、研究思想和设想的所有者。

六、毕业论文的格式规范

各个学校对毕业论文的格式都有明确的规范性要求，一般是依据《学位论文编写规则》（GB/T 7713.1—2006）、《信息与文献 参考文献著录规则》（GB/T 7714—2015）等国家标准制定的。下面介绍三个方面的相关规范。

（一）各级标题的层级规范

毕业论文一般需要设置多级标题。每一章的标题为一级标题，每章中再分二级标题、三级标题，甚至四级标题。《学位论文编写规则》要求论文的章节编号全部顶格编排，编号与标题之间空 1 个字的间隙。例如：

第 2 章 ×××××

2. 1 ×××××

2. 1. 1 ×××××

2. 1. 2 ×××××

2. 2 ×××××

2. 2. 1 ×××××

2. 2. 2 ×××××

2. 3 ×××××

……

【扫码看视频】
毕业论文相关规范

值得注意的是，编号与标题之间需空 1 个字的间隙。如果标题内容的第一个字恰好也是阿拉伯数字，就容易产生歧义，所以需要在编号与标题内容之间空一个汉字大小的格（2 个字节的空间）。标题末尾一般不使用标点符号。

（二）字体和段落排版规范

毕业论文应采用国家正式公布实施的简化汉字，以中文或英文为主来撰写，其他外语类专业除外。正文的中文字体使用宋体，英文字体采用新罗马字体（Times New Roman）。论文各部分的字号大小和段落行间距需按所在学校的论文格式要求进行排版。

数学公式和专门文字（如计算机程序代码、国际音标等），这些内容的字体可根据需要进行选择。

（三）毕业论文中的图表格式规范

毕业论文中的图应具有自明性，即只看图、图题和图例，就可理解图意。图要精选、简明，切忌与表和文字表述重复。图中的术语、符号、单位等应同文字表述一致。毕业论文中的表，建议采用国际通行的三线表。表中参数应标明量和单位的符号。

论文中的图、表，在格式编排上，有如下要求：

1）图和表，与其前后的正文之间要有一行的间距。

2）图、表采用阿拉伯数字分章编号。

3）图序及图题居中置于图的下方，表序及表题居中置于表的上方。以"图"或"表"开始，章节号和编号之间用"-"连接，如"表2-3"。

4）如果某个表需要转页接排，在随后的各页上应重复表序，后跟表题（可省略）和"（续）"，置于表格上方。续表应重复表头。

5）引用别人的图或表应在图题或表题右上角标出文献来源。

6）图或表的附注应位于图或表的下方。

7）图、表内容多为五号字，中文字体为宋体，英文字体为新罗马字体（Times New Roman）。

思考练习题

1. 从中国知网（https：//www.cnki.net/）上查阅自己所学专业的一些期刊论文，了解并学习学术论文各部分的写法和格式规范。

2. 请查阅并了解你所在学校对毕业论文管理的相关文件。

3. 任课教师可以从期刊数据库中选择与学生专业密切相关的一些学术论文，将论文正文部分提供给学生，学生根据论文正文练习撰写中文摘要并提取关键词。

【扫码做练习】
第十二章客观题

附　　录

附录 A　党政机关公文处理工作条例

（中办发〔2012〕14号）

（2012年4月16日由中共中央办公厅和国务院办公厅联合印发）

第一章　总　　则

第一条　为了适应中国共产党机关和国家行政机关（以下简称党政机关）工作需要，推进党政机关公文处理工作科学化、制度化、规范化，制定本条例。

第二条　本条例适用于各级党政机关公文处理工作。

第三条　党政机关公文是党政机关实施领导、履行职能、处理公务的具有特定效力和规范体式的文书，是传达贯彻党和国家的方针政策，公布法规和规章，指导、布置和商洽工作，请示和答复问题，报告、通报和交流情况等的重要工具。

第四条　公文处理工作是指公文拟制、办理、管理等一系列相互关联、衔接有序的工作。

第五条　公文处理工作应当坚持实事求是、准确规范、精简高效、安全保密的原则。

第六条　各级党政机关应当高度重视公文处理工作，加强组织领导，强化队伍建设，设立文秘部门或者由专人负责公文处理工作。

第七条　各级党政机关办公厅（室）主管本机关的公文处理工作，并对下级机关的公文处理工作进行业务指导和督促检查。

第二章　公文种类

第八条　公文种类主要有：

（一）决议。适用于会议讨论通过的重大决策事项。

（二）决定。适用于对重要事项作出决策和部署、奖惩有关单位和人员、变更或者撤销下级机关不适当的决定事项。

（三）命令（令）。适用于公布行政法规和规章、宣布施行重大强制性措施、批准授予和晋升衔级、嘉奖有关单位和人员。

（四）公报。适用于公布重要决定或者重大事项。

（五）公告。适用于向国内外宣布重要事项或者法定事项。

（六）通告。适用于在一定范围内公布应当遵守或者周知的事项。

（七）意见。适用于对重要问题提出见解和处理办法。

（八）通知。适用于发布、传达要求下级机关执行和有关单位周知或者执行的事项，批转、转发公文。

（九）通报。适用于表彰先进、批评错误、传达重要精神和告知重要情况。

（十）报告。适用于向上级机关汇报工作、反映情况，回复上级机关的询问。

（十一）请示。适用于向上级机关请求指示、批准。

（十二）批复。适用于答复下级机关请示事项。

（十三）议案。适用于各级人民政府按照法律程序向同级人民代表大会或者人民代表大会常务委员会提请审议事项。

（十四）函。适用于不相隶属机关之间商洽工作、询问和答复问题、请求批准和答复审批事项。

（十五）纪要。适用于记载会议主要情况和议定事项。

第三章　公文格式

第九条　公文一般由份号、密级和保密期限、紧急程度、发文机关标志、发文字号、签发人、标题、主送机关、正文、附件说明、发文机关署名、成文日期、印章、附注、附件、抄送机关、印发机关和印发日期、页码等组成。

（一）份号。公文印制份数的顺序号。涉密公文应当标注份号。

（二）密级和保密期限。公文的秘密等级和保密的期限。涉密公文应当根据涉密程度分别标注"绝密""机密""秘密"和保密期限。

（三）紧急程度。公文送达和办理的时限要求。根据紧急程度，紧急公文应当分别标注"特急""加急"，电报应当分别标注"特提""特急""加急""平急"。

（四）发文机关标志。由发文机关全称或者规范化简称加"文件"二字组成，也可以使用发文机关全称或者规范化简称。联合行文时，发文机关标志可以并用联合发文机关名称，也可以单独用主办机关名称。

（五）发文字号。由发文机关代字、年份、发文顺序号组成。联合行文时，使用主办机关的发文字号。

（六）签发人。上行文应当标注签发人姓名。

（七）标题。由发文机关名称、事由和文种组成。

（八）主送机关。公文的主要受理机关，应当使用机关全称、规范化简称或者同类型机关统称。

（九）正文。公文的主体，用来表述公文的内容。

（十）附件说明。公文附件的顺序号和名称。

（十一）发文机关署名。署发文机关全称或者规范化简称。

（十二）成文日期。署会议通过或者发文机关负责人签发的日期。联合行文时，署最后签发机关负责人签发的日期。

（十三）印章。公文中有发文机关署名的，应当加盖发文机关印章，并与署名机关相符。有特定发文机关标志的普发性公文和电报可以不加盖印章。

（十四）附注。公文印发传达范围等需要说明的事项。

（十五）附件。公文正文的说明、补充或者参考资料。

（十六）抄送机关。除主送机关外需要执行或者知晓公文内容的其他机关，应当使用机关全称、规范化简称或者同类型机关统称。

（十七）印发机关和印发日期。公文的送印机关和送印日期。

（十八）页码。公文页数顺序号。

第十条 公文的版式按照《党政机关公文格式》国家标准执行。

第十一条 公文使用的汉字、数字、外文字符、计量单位和标点符号等，按照有关国家标准和规定执行。民族自治地方的公文，可以并用汉字和当地通用的少数民族文字。

第十二条 公文用纸幅面采用国际标准 A4 型。特殊形式的公文用纸幅面，根据实际需要确定。

第四章 行文规则

第十三条 行文应当确有必要，讲求实效，注重针对性和可操作性。

第十四条 行文关系根据隶属关系和职权范围确定。一般不得越级行文，特殊情况需要越级行文的，应当同时抄送被越过的机关。

第十五条 向上级机关行文，应当遵循以下规则：

（一）原则上主送一个上级机关，根据需要同时抄送相关上级机关和同级机关，不抄送下级机关。

（二）党委、政府的部门向上级主管部门请示、报告重大事项，应当经本级党委、政府同意或者授权；属于部门职权范围内的事项应当直接报送上级主管部门。

（三）下级机关的请示事项，如需以本机关名义向上级机关请示，应当提出倾向性意见后上报，不得原文转报上级机关。

（四）请示应当一文一事。不得在报告等非请示性公文中夹带请示事项。

（五）除上级机关负责人直接交办事项外，不得以本机关名义向上级机关负责人报送公文，不得以本机关负责人名义向上级机关报送公文。

（六）受双重领导的机关向一个上级机关行文，必要时抄送另一个上级机关。

第十六条 向下级机关行文，应当遵循以下规则：

（一）主送受理机关，根据需要抄送相关机关。重要行文应当同时抄送发文机关的直接上级机关。

（二）党委、政府的办公厅（室）根据本级党委、政府授权，可以向下级党委、政府行文，其他部门和单位不得向下级党委、政府发布指令性公文或者在公文中向下级党委、政府提出指令性要求。需经政府审批的具体事项，经政府同意后可以由政府职能部门行文，文中须注明已经政府同意。

（三）党委、政府的部门在各自职权范围内可以向下级党委、政府的相关部门行文。

（四）涉及多个部门职权范围内的事务，部门之间未协商一致的，不得向下行文；擅自行文的，上级机关应当责令其纠正或者撤销。

（五）上级机关向受双重领导的下级机关行文，必要时抄送该下级机关的另一个上级机关。

第十七条　同级党政机关、党政机关与其他同级机关必要时可以联合行文。属于党委、政府各自职权范围内的工作，不得联合行文。

党委、政府的部门依据职权可以相互行文。

部门内设机构除办公厅（室）外不得对外正式行文。

第五章　公文拟制

第十八条　公文拟制包括公文的起草、审核、签发等程序。

第十九条　公文起草应当做到：

（一）符合党的理论路线方针政策和国家法律法规，完整准确体现发文机关意图，并同现行有关公文相衔接。

（二）一切从实际出发，分析问题实事求是，所提政策措施和办法切实可行。

（三）内容简洁，主题突出，观点鲜明，结构严谨，表述准确，文字精练。

（四）文种正确，格式规范。

（五）深入调查研究，充分进行论证，广泛听取意见。

（六）公文涉及其他地区或者部门职权范围内的事项，起草单位必须征求相关地区或者部门意见，力求达成一致。

（七）机关负责人应当主持、指导重要公文起草工作。

第二十条　公文文稿签发前，应当由发文机关办公厅（室）进行审核。审核的重点是：

（一）行文理由是否充分，行文依据是否准确。

（二）内容是否符合党的理论路线方针政策和国家法律法规；是否完整准确体现发文机关意图；是否同现行有关公文相衔接；所提政策措施和办法是否切实可行。

（三）涉及有关地区或者部门职权范围内的事项是否经过充分协商并达成一致意见。

（四）文种是否正确，格式是否规范；人名、地名、时间、数字、段落顺序、引文等是否准确；文字、数字、计量单位和标点符号等用法是否规范。

（五）其他内容是否符合公文起草的有关要求。

需要发文机关审议的重要公文文稿，审议前由发文机关办公厅（室）进行初核。

第二十一条　经审核不宜发文的公文文稿，应当退回起草单位并说明理由；符合发文条件但内容需作进一步研究和修改的，由起草单位修改后重新报送。

第二十二条　公文应当经本机关负责人审批签发。重要公文和上行文由机关主要负责人签发。党委、政府的办公厅（室）根据党委、政府授权制发的公文，由受权机关主要负责人签发或者按照有关规定签发。签发人签发公文，应当签署意见、姓名和完整日期；圈阅或者签名的，视为同意。联合发文由所有联署机关的负责人会签。

第六章　公文办理

第二十三条　公文办理包括收文办理、发文办理和整理归档。

第二十四条　收文办理主要程序是：

（一）签收。对收到的公文应当逐件清点，核对无误后签字或者盖章，并注明签收时间。

（二）登记。对公文的主要信息和办理情况应当详细记载。

（三）初审。对收到的公文应当进行初审。初审的重点是：是否应当由本机关办理，是否符合行文规则，文种、格式是否符合要求，涉及其他地区或者部门职权范围内的事项是否已经协商、会签，是否符合公文起草的其他要求。经初审不符合规定的公文，应当及时退回来文单位并说明理由。

（四）承办。阅知性公文应当根据公文内容、要求和工作需要确定范围后分送。批办性公文应当提出拟办意见报本机关负责人批示或者转有关部门办理；需要两个以上部门办理的，应当明确主办部门。紧急公文应当明确办理时限。承办部门对交办的公文应当及时办理，有明确办理时限要求的应当在规定时限内办理完毕。

（五）传阅。根据领导批示和工作需要将公文及时送传阅对象阅知或者批示。办理公文传阅应当随时掌握公文去向，不得漏传、误传、延误。

（六）催办。及时了解掌握公文的办理进展情况，督促承办部门按期办结。紧急公文或者重要公文应当由专人负责催办。

（七）答复。公文的办理结果应当及时答复来文单位，并根据需要告知相关单位。

第二十五条　发文办理主要程序是：

（一）复核。已经发文机关负责人签批的公文，印发前应当对公文的审批手续、内容、文种、格式等进行复核；需作实质性修改的，应当报原签批人复审。

（二）登记。对复核后的公文，应当确定发文字号、分送范围和印制份数并详细记载。

（三）印制。公文印制必须确保质量和时效。涉密公文应当在符合保密要求的场所印制。

（四）核发。公文印制完毕，应当对公文的文字、格式和印刷质量进行检查后分发。

第二十六条　涉密公文应当通过机要交通、邮政机要通信、城市机要文件交换站或者收发件机关机要收发人员进行传递，通过密码电报或者符合国家保密规定的计算机信息系统进行传输。

第二十七条　需要归档的公文及有关材料，应当根据有关档案法律法规以及机关档案管理规定，及时收集齐全、整理归档。两个以上机关联合办理的公文，原件由主办机关归档，相关机关保存复制件。机关负责人兼任其他机关职务的，在履行所兼职务过程中形成的公文，由其兼职机关归档。

第七章　公文管理

第二十八条　各级党政机关应当建立健全本机关公文管理制度，确保管理严格规范，充分发挥公文效用。

第二十九条　党政机关公文由文秘部门或者专人统一管理。设立党委（党组）的县级以上单位应当建立机要保密室和机要阅文室，并按照有关保密规定配备工作人员和必要的安全保密设施设备。

　　第三十条　公文确定密级前，应当按照拟定的密级先行采取保密措施。确定密级后，应当按照所定密级严格管理。绝密级公文应当由专人管理。

　　公文的密级需要变更或者解除的，由原确定密级的机关或者其上级机关决定。

　　第三十一条　公文的印发传达范围应当按照发文机关的要求执行；需要变更的，应当经发文机关批准。

　　涉密公文公开发布前应当履行解密程序。公开发布的时间、形式和渠道，由发文机关确定。

　　经批准公开发布的公文，同发文机关正式印发的公文具有同等效力。

　　第三十二条　复制、汇编机密级、秘密级公文，应当符合有关规定并经本机关负责人批准。绝密级公文一般不得复制、汇编，确有工作需要的，应当经发文机关或者其上级机关批准。复制、汇编的公文视同原件管理。

　　复制件应当加盖复制机关戳记。翻印件应当注明翻印的机关名称、日期。汇编本的密级按照编入公文的最高密级标注。

　　第三十三条　公文的撤销和废止，由发文机关、上级机关或者权力机关根据职权范围和有关法律法规决定。公文被撤销的，视为自始无效；公文被废止的，视为自废止之日起失效。

　　第三十四条　涉密公文应当按照发文机关的要求和有关规定进行清退或者销毁。

　　第三十五条　不具备归档和保存价值的公文，经批准后可以销毁。销毁涉密公文必须严格按照有关规定履行审批登记手续，确保不丢失、不漏销。个人不得私自销毁、留存涉密公文。

　　第三十六条　机关合并时，全部公文应当随之合并管理；机关撤销时，需要归档的公文经整理后按照有关规定移交档案管理部门。

　　工作人员离岗离职时，所在机关应当督促其将暂存、借用的公文按照有关规定移交、清退。

　　第三十七条　新设立的机关应当向本级党委、政府的办公厅（室）提出发文立户申请。经审查符合条件的，列为发文单位，机关合并或者撤销时，相应进行调整。

第八章　附　则

　　第三十八条　党政机关公文含电子公文。电子公文处理工作的具体办法另行制定。

　　第三十九条　法规、规章方面的公文，依照有关规定处理。外事方面的公文，依照外事主管部门的有关规定处理。

　　第四十条　其他机关和单位的公文处理工作，可以参照本条例执行。

　　第四十一条　本条例由中共中央办公厅、国务院办公厅负责解释。

　　第四十二条　本条例自 2012 年 7 月 1 日起施行。1996 年 5 月 3 日中共中央办公厅发布的《中国共产党机关公文处理条例》和 2000 年 8 月 24 日国务院发布的《国家行政机关公文处理办法》停止执行。

附录 B　党政机关公文格式

为提高党政机关公文的规范化、标准化水平，2012 年 6 月 29 日，国家质量监督检验检疫总局、国家标准化管理委员会发布了《党政机关公文格式》国家标准（GB/T 9704—2012）。该标准于 2012 年 7 月 1 日起正式实施。此标准是对国标《国家行政机关公文格式》（GB/T 9704—1999）的修订。

前　言

本标准按照 GB/T　1.1—2009 给出的规则起草。

本标准根据中共中央办公厅、国务院办公厅印发的《党政机关公文处理工作条例》的有关规定对 GB/T 9704—1999《国家行政机关公文格式》进行修订。本标准相对 GB/T 9704—1999 主要作如下修订：

a）标准名称改为《党政机关公文格式》，标准英文名称也作相应修改；

b）适用范围扩展到各级党政机关制发的公文；

c）对标准结构进行适当调整；

d）对公文装订要求进行适当调整；

e）增加发文机关署名和页码两个公文格式要素，删除主题词格式要素，并对公文格式各要素的编排进行较大调整；

f）进一步细化特定格式公文的编排要求；

g）新增联合行文公文首页版式、信函格式首页、命令（令）格式首页版式等式样。

本标准中公文用语与《党政机关公文处理工作条例》中的用语一致。

本标准为第二次修订。

本标准由中共中央办公厅和国务院办公厅提出。

本标准由中国标准化研究院归口。

本标准起草单位：中国标准化研究院、中共中央办公厅秘书局、国务院办公厅秘书局、中国标准出版社。

本标准主要起草人：房庆、杨雯、郭道锋、孙维、马慧、张书杰、徐成华、范一乔、李玲。

本标准代替了 GB/T 9704—1999。

GB/T 9704—1999 的历次版本发布情况为：

——GB/T 9704—1988。

党政机关公文格式

1 范围

本标准规定了党政机关公文通用的纸张要求、排版和印制装订要求、公文格式各要素的编排规则，并给出了公文的式样。

本标准适用于各级党政机关制发的公文。其他机关和单位的公文可以参照执行。

使用少数民族文字印制的公文，其用纸、幅面尺寸及版面、印制等要求按照本标准执行，其余可以参照本标准并按照有关规定执行。

2 规范性引用文件

下列文件对于本标准的应用是必不可少的。凡是注日期的引用文件，仅所注日期的版本适用于本标准。凡是不注日期的引用文件，其最新版本（包括所有的修改单）适用于本标准。

GB/T 148 印刷、书写和绘图纸幅面尺寸

GB 3100 国际单位制及其应用

GB 3101 有关量、单位和符号的一般原则

GB 3102（所有部分） 量和单位

GB/T 15834 标点符号用法

GB/T 15835 出版物上数字用法

3 术语和定义

下列术语和定义适用于本标准。

3.1 字 word

标示公文中横向距离的长度单位。在本标准中，一字指一个汉字宽度的距离。

3.2 行 line

标示公文中纵向距离的长度单位。在本标准中，一行指一个汉字的高度加 3 号汉字高度的 7/8 的距离。

4 公文用纸主要技术指标

公文用纸一般使用纸张定量为 $60g/m^2 \sim 80g/m^2$ 的胶版印刷纸或复印纸。纸张白度 $80\% \sim 90\%$，横向耐折度 ≥ 15 次，不透明度 $\geq 85\%$，pH 值为 $7.5 \sim 9.5$。

5 公文用纸幅面尺寸及版面要求

5.1 幅面尺寸

公文用纸采用 GB/T 148 中规定的 A4 型纸，其成品幅面尺寸为：210mm×297mm。

5.2 版面

5.2.1 页边与版心尺寸

公文用纸天头（上白边）为 37mm±1mm，公文用纸订口（左白边）为 28mm±1mm，版心尺寸为 156mm×225mm。

5.2.2 字体和字号

如无特殊说明，公文格式各要素一般用 3 号仿宋体字。特定情况可以作适当调整。

5.2.3 行数和字数

一般每面排 22 行，每行排 28 个字，并撑满版心。特定情况可以作适当调整。

5.2.4 文字的颜色

如无特殊说明，公文中文字的颜色均为黑色。

6 印制装订要求

6.1 制版要求

版面干净无底灰，字迹清楚无断划，尺寸标准，版心不斜，误差不超过 1mm。

6.2 印刷要求

双面印刷；页码套正，两面误差不超过 2mm。黑色油墨应当达到色谱所标 BL100%，红色油墨应当达到色谱所标 Y80%、M80%。印品着墨实、均匀；字面不花、不白、无断划。

6.3 装订要求

公文应当左侧装订，不掉页，两页页码之间误差不超过 4mm，裁切后的成品尺寸允许误差±2mm，四角成 90°，无毛茬或缺损。

骑马订或平订的公文应当：

a）订位为两钉外订眼距版面上下边缘各 70mm 处，允许误差±4mm；

b）无坏钉、漏钉、重钉，钉脚平伏牢固；

c）骑马订钉锯均订在折缝线上，平订钉锯与书脊间的距离为 3mm~5mm。

包本装订公文的封皮（封面、书脊、封底）与书芯应吻合、包紧、包平、不脱落。

7 公文格式各要素编排规则

7.1 公文格式各要素的划分

本标准将版心内的公文格式各要素划分为版头、主体、版记三部分。公文首页红色分隔线以上的部分称为版头；公文首页红色分隔线（不含）以下、公文末页首条分隔线（不含）以上的部分称为主体；公文末页首条分隔线以下、末条分隔线以上的部分称为版记。

页码位于版心外。

7.2 版头

7.2.1 份号

如需标注份号，一般用 6 位 3 号阿拉伯数字，顶格编排在版心左上角第一行。

7.2.2　密级和保密期限

如需标注密级和保密期限，一般用 3 号黑体字，顶格编排在版心左上角第二行；保密期限中的数字用阿拉伯数字标注。

7.2.3　紧急程度

如需标注紧急程度，一般用 3 号黑体字，顶格编排在版心左上角；如需同时标注份号、密级和保密期限、紧急程度，按照份号、密级和保密期限、紧急程度的顺序自上而下分行排列。

7.2.4　发文机关标志

由发文机关全称或者规范化简称加"文件"二字组成，也可以使用发文机关全称或者规范化简称。

发文机关标志居中排布，上边缘至版心上边缘为 35mm，推荐使用小标宋体字，颜色为红色，以醒日、美观、庄重为原则。

联合行文时，如需同时标注联署发文机关名称，一般应当将主办机关名称排列在前；如有"文件"二字，应当置于发文机关名称右侧，以联署发文机关名称为准上下居中排布。

7.2.5　发文字号

编排在发文机关标志下空二行位置，居中排布。年份、发文顺序号用阿拉伯数字标注；年份应标全称，用六角括号"〔〕"括入；发文顺序号不加"第"字，不编虚位（即 1 不编为 01），在阿拉伯数字后加"号"字。

上行文的发文字号居左空一字编排，与最后一个签发人姓名处在同一行。

7.2.6　签发人

由"签发人"三字加全角冒号和签发人姓名组成，居右空一字，编排在发文机关标志下空二行位置。"签发人"三字用 3 号仿宋体字，签发人姓名用 3 号楷体字。

如有多个签发人，签发人姓名按照发文机关的排列顺序从左到右、自上而下依次均匀编排，一般每行排两个姓名，回行时与上一行第一个签发人姓名对齐。

7.2.7　版头中的分隔线

发文字号之下 4mm 处居中印一条与版心等宽的红色分隔线。

7.3　主体

7.3.1　标题

一般用 2 号小标宋体字，编排于红色分隔线下空二行位置，分一行或多行居中排布；回行时，要做到词意完整，排列对称，长短适宜，间距恰当，标题排列应当使用梯形或菱形。

7.3.2　主送机关

编排于标题下空一行位置，居左顶格，回行时仍顶格，最后一个机关名称后标全角冒号。如主送机关名称过多导致公文首页不能显示正文时，应当将主送机关名称移至版记，标注方法见 7.4.2。

7.3.3　正文

公文首页必须显示正文。一般用 3 号仿宋体字，编排于主送机关名称下一行，每个自然段左空二字，回行顶格。文中结构层次序数依次可以用"一、""（一）""1.""（1）"标注；一般第一层用黑体字、第二层用楷体字、第三层和第四层用仿宋体字标注。

7.3.4　附件说明

如有附件，在正文下空一行左空二字编排"附件"二字，后标全角冒号和附件名称。如有多个附件，使用阿拉伯数字标注附件顺序号（如"附件：1.×××××"）；附件名称后不加标点符号。附件名称较长需回行时，应当与上一行附件名称的首字对齐。

7.3.5　发文机关署名、成文日期和印章

7.3.5.1　加盖印章的公文

成文日期一般右空四字编排，印章用红色，不得出现空白印章。

单一机关行文时，一般在成文日期之上、以成文日期为准居中编排发文机关署名，印章端正、居中下压发文机关署名和成文日期，使发文机关署名和成文日期居印章中心偏下位置，印章顶端应当上距正文（或附件说明）一行之内。

联合行文时，一般将各发文机关署名按照发文机关顺序整齐排列在相应位置，并将印章一一对应、端正、居中下压发文机关署名，最后一个印章端正、居中下压发文机关署名和成文日期，印章之间排列整齐、互不相交或相切，每排印章两端不得超出版心，首排印章顶端应当上距正文（或附件说明）一行之内。

7.3.5.2　不加盖印章的公文

单一机关行文时，在正文（或附件说明）下空一行右空二字编排发文机关署名，在发文机关署名下一行编排成文日期，首字比发文机关署名首字右移二字，如成文日期长于发文机关署名，应当使成文日期右空二字编排，并相应增加发文机关署名右空字数。

联合行文时，应当先编排主办机关署名，其余发文机关署名依次向下编排。

7.3.5.3　加盖签发人签名章的公文

单一机关制发的公文加盖签发人签名章时，在正文（或附件说明）下空二行右空四字加盖签发人签名章，签名章左空二字标注签发人职务，以签名章为准上下居中排布。在签发人签名章下空一行右空四字编排成文日期。

联合行文时，应当先编排主办机关签发人职务、签名章，其余机关签发人职务、签名章依次向下编排，与主办机关签发人职务、签名章上下对齐；每行只编排一个机关的签发人职务、签名章；签发人职务应当标注全称。

签名章一般用红色。

7.3.5.4　成文日期中的数字

用阿拉伯数字将年、月、日标全，年份应标全称，月、日不编虚位（即 1 不编为 01）。

7.3.5.5　特殊情况说明

当公文排版后所剩空白处不能容下印章或签发人签名章、成文日期时，可以采取调整行距、字距的措施解决。

7.3.6　附注

如有附注，居左空二字加圆括号编排在成文日期下一行。

7.3.7　附件

附件应当另面编排，并在版记之前，与公文正文一起装订。"附件"二字及附件顺序号用 3 号黑体字顶格编排在版心左上角第一行。附件标题居中编排在版心第三行。附件顺序号和附件标题应当与附件说明的表述一致。附件格式要求同正文。

如附件与正文不能一起装订，应当在附件左上角第一行顶格编排公文的发文字号并在其后标注"附件"二字及附件顺序号。

7.4　版记

7.4.1　版记中的分隔线

版记中的分隔线与版心等宽，首条分隔线和末条分隔线用粗线（推荐高度为 0.35mm），中间的分隔线用细线（推荐高度为 0.25mm）。首条分隔线位于版记中第一个要素之上，末条分隔线与公文最后一面的版心下边缘重合。

7.4.2　抄送机关

如有抄送机关，一般用 4 号仿宋体字，在印发机关和印发日期之上一行、左右各空一字编排。"抄送"二字后加全角冒号和抄送机关名称，回行时与冒号后的首字对齐，最后一个抄送机关名称后标句号。

如需把主送机关移至版记，除将"抄送"二字改为"主送"外，编排方法同抄送机关。既有主送机关又有抄送机关时，应当将主送机关置于抄送机关之上一行，之间不加分隔线。

7.4.3　印发机关和印发日期

印发机关和印发日期一般用 4 号仿宋体字，编排在末条分隔线之上，印发机关左空一字，印发日期右空一字，用阿拉伯数字将年、月、日标全，年份应标全称，月、日不编虚位（即 1 不编为 01），后加"印发"二字。

版记中如有其他要素，应当将其与印发机关和印发日期用一条细分隔线隔开。

7.5　页码

一般用 4 号半角宋体阿拉伯数字，编排在公文版心下边缘之下，数字左右各放一条一字线；一字线上距版心下边缘 7mm。单页码居右空一字，双页码居左空一字。公文的版记页前有空白页的，空白页和版记页均不编排页码。公文的附件与正文一起装订时，页码应当连续编排。

8　公文中的横排表格

A4 纸型的表格横排时，页码位置与公文其他页码保持一致，单页码表头在订口一边，双页码表头在切口一边。

9　公文中计量单位、标点符号和数字的用法

公文中计量单位的用法应当符合 GB 3100、GB 3101 和 GB 3102（所有部分），标点符号的用法应当符合 GB/T 15834，数字用法应当符合 GB/T 15835。

10 公文的特定格式

10.1 信函格式

发文机关标志使用发文机关全称或者规范化简称，居中排布，上边缘至上页边为30mm，推荐使用红色小标宋体字。联合行文时，使用主办机关标志。

发文机关标志下4mm处印一条红色双线（上粗下细），距下页边20mm处印一条红色双线（上细下粗），线长均为170mm，居中排布。

如需标注份号、密级和保密期限、紧急程度，应当顶格居版心左边缘编排在第一条红色双线下，按照份号、密级和保密期限、紧急程度的顺序自上而下分行排列，第一个要素与该线的距离为3号汉字高度的7/8。

发文字号顶格居版心右边缘编排在第一条红色双线下，与该线的距离为3号汉字高度的7/8。

标题居中编排，与其上最后一个要素相距二行。

第二条红色双线上一行如有文字，与该线的距离为3号汉字高度的7/8。

首页不显示页码。

版记不加印发机关和印发日期、分隔线，位于公文最后一面版心内最下方。

10.2 命令（令）格式

发文机关标志由发文机关全称加"命令"或"令"字组成，居中排布，上边缘至版心上边缘为20mm，推荐使用红色小标宋体字。

发文机关标志下空二行居中编排令号，令号下空二行编排正文。

签发人职务、签名章和成文日期的编排见7.3.5.3。

10.3 纪要格式

纪要标志由"××××纪要"组成，居中排布，上边缘至版心上边缘为35mm，推荐使用红色小标宋体字。

标注出席人员名单，一般用3号黑体字，在正文或附件说明下空一行左空二字编排"出席"二字，后标全角冒号，冒号后用3号仿宋体字标注出席人单位、姓名，回行时与冒号后的首字对齐。

标注请假和列席人员名单，除依次另起一行并将"出席"二字改为"请假"或"列席"外，编排方法同出席人员名单。

纪要格式可以根据实际制定。

11 式样

A4型公文用纸页边及版心尺寸见图1；公文首页版式见图2；联合行文公文首页版式1见图3；联合行文公文首页版式2见图4；公文末页版式1见图5；公文末页版式2见图6；联合行文公文末页版式1见图7；联合行文公文末页版式2见图8；附件说明页版式见图9；带附件公文末页版式见图10；信函格式首页版式见图11；命令（令）格式首页版式见图12。

样式图：

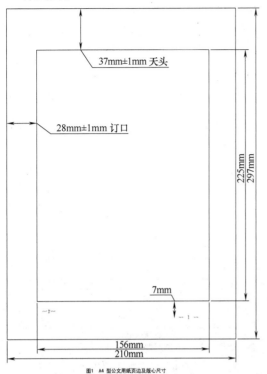

图1 A4型公文用纸页边及版心尺寸

图1 A4型公文用纸页边及版心尺寸

注：版心实线框仅为示意，在印制公文时并不印出。

图2 公文首页版式

图2 公文首页版式

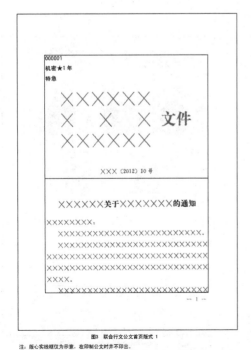

图3 联合行文公文首页版式1

注：版心实线框仅为示意，在印制公文时并不印出。

图3 联合行文公文首页版式1

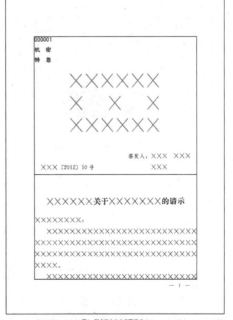

图4 联合行文公文首页版式2

注：版心实线框仅为示意，在印制公文时并不印出。

图4 联合行文公文首页版式2

图5 公文末页版式 1
注：版心实线框仅为示意，在印制公文时并不印出。

图 5　公文末页版式 1

图6 公文末页版式 2
注：版心实线框仅为示意，在印制公文时并不印出。

图 6　公文末页版式 2

图7 联合行文公文末页版式 1
注：版心实线框仅为示意，在印制公文时并不印出。

图 7　联合行文公文末页版式 1

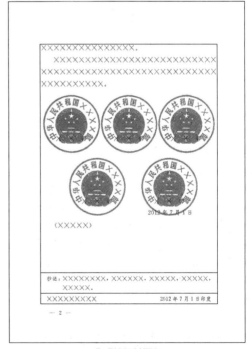

图8 联合行文公文末页版式 2
注：版心实线框仅为示意，在印制公文时并不印出。

图 8　联合行文公文末页版式 2

图9　附件说明页版式

注：版心实线框仅为示意，在印制公文时并不印出。

图 9　附件说明页版式

图10　带附件公文末页版式

注：版心实线框仅为示意，在印制公文时并不印出。

图 10　带附件公文末页版式

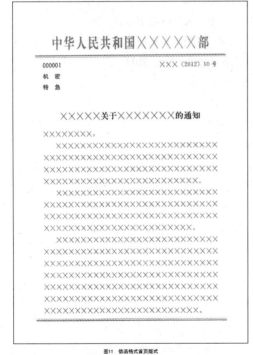

图11　信函格式首页版式

注：版心实线框仅为示意，在印制公文时并不印出。

图 11　信函格式首页版式

图12　命令（令）格式首页版式

注：版心实线框仅为示意，在印制公文时并不印出。

图 12　命令（令）格式首页版式

参 考 文 献

[1] 卢卡斯. 演讲的艺术 [M]. 顾秋蓓, 译. 北京: 外语教学与研究出版社, 2014.

[2] 常敬宇. 汉语词汇文化 (增订本) [M]. 北京: 北京大学出版社, 2009.

[3] 崔梅, 周芸. 话语交际导论 [M]. 北京: 北京师范大学出版社, 2010.

[4] 董义连. 行政公文写作指要 [M]. 呼和浩特: 内蒙古大学出版社, 2005.

[5] 杜蓉. 实用沟通与写作 [M]. 北京: 机械工业出版社, 2009.

[6] 耿二岭. 体态语概说 [M]. 北京: 北京语言学院出版社, 1988.

[7] 耿二岭. 仪态万方: 体语学丛话 [M]. 厦门: 厦门大学出版社, 2001.

[8] 耿云巧, 马俊霞. 现代应用文写作 [M]. 北京: 清华大学出版社, 2007.

[9] 关彤. 交际写作 [M]. 北京: 北京师范大学出版社, 1999.

[10] 蒋竹荪. 常用书信用语辞典 [Z]. 上海: 上海辞书出版社, 2014.

[11] 康家珑. 交际语用学 [M]. 厦门: 厦门大学出版社, 2000.

[12] 刘锡庆, 朱金顺. 写作通论 [M]. 北京: 北京出版社, 1983.

[13] 刘艳春. 语言交际概论 [M]. 北京: 北京大学出版社, 2007.

[14] 路德庆. 普通写作学教程 [M]. 北京: 高等教育出版社, 2010.

[15] 吕行. 言语沟通学概论 [M]. 北京: 清华大学出版社, 2009.

[16] 马志强. 语言交际艺术 [M]. 北京: 中国社会科学出版社, 2009.

[17] 茅海燕. 公关言语表达学 [M]. 苏州: 苏州大学出版社, 2008.

[18] 王用源. 沟通与写作: 应用文写作技能与规范 [M]. 北京: 人民邮电出版社, 2019.

[19] 王用源. 沟通与写作: 语言表达与沟通技能 [M]. 北京: 人民邮电出版社, 2020.

[20] 吴婕. 有效沟通与实用写作教程 [M]. 北京: 中国人民大学出版社, 2011.

[21] 伍新春. 高等教育心理学 [M]. 北京: 高等教育出版社, 1999.

[22] 夏晓鸣. 应用文写作 [M]. 上海: 复旦大学出版社, 2012.

[23] 夏中华. 交际语言学 [M]. 沈阳: 辽宁教育出版社, 1990.

[24] 徐春艳, 赵一. 说话艺术全知道 [M]. 北京: 华文出版社, 2010.

[25] 杨直. 共青团常用公文写作技巧 [M]. 北京: 北京理工大学出版社, 2009.

[26] 应届生求职网. 应届生求职简历全攻略 [M]. 上海: 上海交通大学出版社, 2009.

[27] 应届生求职网. 应届生求职面试全攻略 [M]. 上海: 上海交通大学出版社, 2009.

[28] 张波. 口才与交际 [M]. 北京: 机械工业出版社, 2008.

后 记

　　2013 年，作为"国家试点学院"的天津大学精密仪器与光电子工程学院，正大力推进人才培养模式改革，在积极探索改革实施方案的同时，组织开展教学改革项目研究。本书就是参与天津大学本科教学改革项目（国家试点学院专项）课题的初步成果。我之所以欣然接受了本书的编写任务，是因为这个教学改革项目与自己所授课目、所感兴趣的课题相近，正可趁机做一较系统的梳理。只是学识浅薄，难膺重任，疏漏之处，留待日后在教学研究和教学实践中去不断完善。

　　从 2010 年起，我面向天津大学全校本科生开设"现代公文写作"选修课，面向中文系汉语言文学专业本科生和辅修学位学生开设"语言交际艺术"和"语言表达技能培养"课程，得到了学生的广泛认可，也让我备受鼓舞。开设沟通与写作类课程主要基于内外二因：内起"自悟"，即从工作、日常交往中自觉提高自身语言表达与沟通能力之重要；外由接触学生而生，深切意识到他们有此迫切需求，且不少学生这方面的能力委实亟待提高——而对交往环境相对闭塞的大学生而言，开设"语言沟通学""公文写作"等"应用-理论"类课程，既"授之以鱼"，又"授之以渔"，实不失为一有效途径。

　　《礼记·学记》："是故学然后知不足，教然后知困。知不足然后能自反也，知困然后能自强也。故曰教学相长也。"教学是教与学的交往、互动，师生双方相互交流、相互沟通、相互启发、相互补充，在这个过程中教师与学生彼此间进行情感交流，从而达成共识、共享、共进，实现教学相长与共同发展。在语言交际教学中，同学们全情投入，认真对待每一次上讲台练习的机会；在写作教学中，同学们积极参与，允许并鼓励我把他们的写作作品作为教学案例。同学们还为我提供了很多改进教学方式、完善教学内容的建议和意见。我想，没有同学们的积极参与、没有同学们对教学效果的及时反馈，这些课程是不会有强大的生命力的。在此，我对同学们的参与、支持和帮助表示衷心的感谢。

　　本书的编写工作得到了诸多单位和个人的大力支持。感谢天津大学教务处和精密仪器与光电子工程学院对本课程教学改革的项目支持，感谢天津大学团委为本书提供了诸多主持类案例。南开大学汉语言文化学院施向东教授和天津大学文学院耿二岭教授对本书的编写工作给予了悉心指导，在此深表谢意！感谢天津大学精密仪器与光电子工程学院副院长杨秋波先生为本书的编写和出版付出的辛劳！

王用源记于北洋园

2015 年 12 月